# M&A マネジメントと競争優位

中村公一
【著】

M&A MANAGEMENT AND COMPETITIVE ADVANTAGE
NAKAMURA Koichi

東京 白桃書房 神田

# はしがき

　近年の我が国において，M&A（合併・買収）に対して多方面からの関心が非常に高い。例えば，国家レベルからは，経済産業省が対日投資促進策として外資による日本企業のM&Aに対する規制緩和に積極的に着手している。企業レベルにおいては，日本経済新聞社がまとめた経営者100人に対するアンケート調査（2002年6月23日）では，我が国の大企業経営者は，日本企業が国際競争力を高め，事業再編やグループ経営の効率化を行う上で非常に重要なものとしてM&Aを位置付けている。また，商工会議所などを中心に，民間のM&A関連事業を行う企業においてもM&Aに関わるセミナーの開催が活発に行われている。このように，現在では，M&Aは非常に身近な存在になり，また重要な経営戦略として認識されている。

　本書は，2001年3月に横浜国立大学から授与された博士学位論文を基礎にしたものである。従って，M&Aに関するノウハウやテクニックなどを扱ったものではない。特にM&Aのマネジメントに関わる論点を，企業の競争優位との関係を焦点に展開したものである。

　まず，研究対象としては，戦略目標を達成するための時間短縮効果に焦点を当て，自社内部の経営資源に基づく技術開発や市場拡大の代替的手段として継続的に複数のM&Aを行うマルチプルM&Aを分析する。特に，M&Aの実行というマネジメントにおける側面を中心課題とする。さらに，先行研究では，対等合併などの1企業対1企業の関係を基盤に研究が進められてきたが，マルチプルな視点を導入することにより，一連のM&Aを成功的に行う

i

際に必要不可欠な組織的能力として「M&Aコンピタンス（M&A competence）」という新しい概念を提唱する。これは，経営戦略論において積極的に議論されている資源ベースの戦略論（Resource-based View）における研究を応用して導き出された概念である。

M&Aコンピタンスは，個々のM&Aの意思決定から統合というプロセスに関わる能力であるとともに，企業の競争優位の源泉であるコア・コンピタンスの1つである。単独のM&Aの場合にも当然要求されるものであるが，マルチプルに展開する時にはより効果を持ち，将来のM&Aの誘因にもなる。マルチプルM&Aでは，複数のM&Aを繰り返すために，過去のM&Aからの学習が行われ，将来にはより良いアプローチを採択していくために，成長戦略の基盤として考えている企業では，組織内にそれに対応する仕組みを構築する。

従来の経営学的視点からのM&A研究の多くは，M&Aの動機や多角化戦略との関連，ポストM&Aの文化的・人的統合に関する研究であった。しかし，M&Aそのものを実行する能力に関しての検討はされていない。そこで，研究対象であるマルチプルM&Aを技術獲得型と市場拡大型に類型化し，日本と米国で先進的な企業の比較事例研究を行い，M&Aコンピタンスの概念化とその形成要因，形成プロセスを導き出す。特に形成要因として，戦略目標や組織構造との関係，影響要因として企業の内部でのM&Aの認知度とそれを取り巻く風土・雰囲気，外部に対する評判と威信の存在に関して論証している。本書は，M&Aをプロセスの視点から考え，マルチプルM&Aという複雑な対象を分析し，M&Aコンピタンスという概念を抽出しているのが特徴点である。そして，単なる新しいコンセプトの紹介に留まらず，4つの個別事例研究を用いてその形成要因の詳細な検討が行われている。

本書の構成を簡単に論じる。第1章では，競争優位に関する視点から，M&Aの先行研究をサーベイしたものである。従って，内容は多少複雑なものとなっている。企業間の適合を焦点とした適合性研究から，M&Aプロセスに注目したプロセス研究に展開してきたというのがポイントである。

第2章では，マルチプルM&Aという今までは論じられることのなかったM&Aのタイプを分析対象にし，M&Aコンピタンスという概念を提唱している。本書の理論研究の中核部分である。

　第3章は，個別事例研究（ケーススタディ）の部分である。ここでは，マルチプルM&Aを積極的に進めている先進的企業（4社）の客観的事実の記述が中心になり，マルチプルM&Aを実行する背景や組織構造・経営管理面における変化を論じている。

　第4章では，第2章の理論研究から導き出されたM&Aコンピタンスの形成要因のフレームワークを明示し，それにより第3章の事例研究の分析を通じて，その検証作業を行っている部分である。フレームワークを構成するそれぞれの要素に関して詳細かつ多面的に論じている

　第5章は，本書の結論部分であり，先行研究に対して本書の持つ意義があらためて検討され，今後の研究課題に関しても展望している。


　人生では分岐点（ターニングポイント）の存在がその後の方向性を決定付けると言われるように，私にとっては横浜国立大学大学院の博士後期課程に入学したことが，これからの研究者生活に対して非常に重要な意味を持ったと感じている。博士後期課程での3年間というプロセスは，研究水準を飛躍的に向上させ，研究者としての基盤を形成した期間であった。入学当初は博士論文の方向性も明確ではなかったが，大学独自のカリキュラムと多くの先生方からのご指導のもと「M&Aプロセス」「マルチプルM&A」「M&Aコンピタンス」というキーワードを使い，従来にはなかった切り口からM&Aの分析が行えたからである。

　特に，指導教授である山倉健嗣先生からは，ご丁寧な指導のもとで，多くのことを教えて頂き学ぶことができた。もし先生にお会いしていなかったら，現在の私の研究水準までには達していないだろう。入学前，先生の研究室に伺った時に，本研究の基本文献にもなっているPhilippe C. Haspeslagh & David B. Jemisonの*Managing Acquisitions*を「君が今後研究を展開して

いく上で，この本が参考になるだろう」と手渡され，自分の知らなかったM&Aの研究分野があったことに驚嘆した。また，先行研究に対して自分の研究がどのように位置付けられるのかどうかという論文のオリジナリティの重要性を良く指摘して頂いた。こうした理論的貢献に関しては，本研究でも特に重視し，先行研究サーベイには十分なページを割き，独自の視点から論じることが可能となった。そして，先生の研究室に伺う度に，的確なアドバイスを頂いたことが，テーマの明確化とスムーズな論文執筆につながった。山倉先生という良き指導者に巡り会えたことが，研究生活を充実させ，今後の研究活動の中でも大きな影響を持つと感じている。

　博士後期課程での指導期間を通して，溝口周二先生には，多くの場面で重要なアドバイスを頂くことができた。先生のご専門は，管理会計や情報会計であるが，これらの視点は，本研究の次の課題であるM&Aプロセスの評価や，M&Aコンピタンス自体の評価を行う場合に必要となってくる。そして，M&Aコンピタンスの形成プロセスに対して，よりダイナミックな視点から分析していくことの意義を良く指摘して頂いた。藤森立男先生からのアドバイスは，本研究に多角的な視点を入れるのに有益であった。欧米諸国では組織心理学者がポストM&Aで発生する人的コンフリクトの研究を行うなど，先生のご専門とする心理学の研究を応用しているものも見られる。こうした点も今後の課題である。また，博士論文の審査を通じて，周佐喜和先生，岡田依里先生からは，貴重なコメントとアドバイスを頂いた。今後，先生方からご指摘された点を明確にして，研究水準を向上させて，よりオリジナリティに溢れるものにすることが目標である。

　さらに，私がM&Aを研究テーマに選ぶきっかけを作って頂いたのは，立教大学大学院の博士前期課程で指導教授としてお世話になり，現在でも研究会でご指導頂いている鈴木秀一先生からのアドバイスによるものである。当時は，現在ほどM&Aに対する世間の認識は高くなかったが，今後，我が国でもクローズアップされる時代が来るとアドバイスを受けたことが本研究につながっている。また，亀川雅人先生には，立教大学大学院在籍時から現在

においても，学会や研究会などを通じてご指導頂いている。

　本研究の一部の内容は，組織学会（2000年度研究発表大会）において報告したが，司会をして頂いた一橋大学の沼上幹先生には，報告の趣旨を的確にまとめて頂き，今後の研究の方向性に関してのアドバイスも頂いた。先生からのご指摘は，研究水準を向上させるには，必要不可欠な論点であるので，現在も課題としている部分である。東京大学の清水剛先生からは，合併行動の研究をなさっていることもあり，多くの貴重なコメントを，さまざまな場面で頂いている。学会や研究会を通しては，多くの先生方から多面的な示唆を受け，大変感謝している。

　また，我が国を代表するM&A仲介・調査会社である株式会社レコフから2000年度RECOF賞の優秀賞を頂いた。同社の吉田允昭代表は，M&Aを我が国に根付かせた中心的な方であり，当時のエピソードなど貴重なお話を聞くことができた。また，同社のスタッフの方々にも大変感謝したい。著者の研究が，実務の最前線で活躍されている方々からも関心を受けたことも大変光栄に思っている。その他にも，実際にM&Aに関連する業務に携わっている方々から，実務上での刺激のあるお話を聞く機会があり，研究を進める上で大変勉強になった。関係各位に厚く御礼申し上げる。

　なお，本書は，日本学術振興会　平成15年度科学研究費補助金（研究成果公開促進費）＜課題番号；155270＞の交付を受けている。

　本書の刊行に際し，格別のご尽力を頂いた白桃書房の照井規夫氏に感謝したい。

　最後に，私の生活において多大な影響を与えた亡き祖父・漆原徳蔵に本書を捧げたい。進んでいる道は全く異なるが，祖父の偉大なる功績を目標に，私は研究者というフィールドで，今後も一歩一歩着実に進めていきたい。

平成15年6月　緑豊かな駒沢オリンピック公園を望む研究室にて

中　村　公　一

# 目　次

はしがき

## 序　論 ─────────────────── 1
1. 研究の目的と意義 ………………………………… 1
2. 研究の概要と構成 ………………………………… 4

## 第1章　M&A研究の展開 ─────────── 9
### 第1節　M&Aと競争優位 …………………………… 9
1. M&Aの特徴 ……………………………………… 10
2. M&Aと競争優位 ………………………………… 20

### 第2節　企業間適合と価値創造 …………………… 26
1. 戦略的適合と価値創造 ………………………… 27
2. 組織的適合と価値創造 ………………………… 32

### 第3節　M&Aプロセスと価値創造 ………………… 41
1. M&Aプロセスと価値創造 ……………………… 41
2. プレM&Aの意思決定プロセス ………………… 46
3. ポストM&Aの統合プロセス …………………… 51

## 第2章　M&AマネジメントとM&Aコンピタンス────61

### 第1節　マルチプルM&Aの経営戦略とマネジメント……61
1. マルチプルM&Aの経営戦略……………………62
2. マルチプルM&Aのマネジメント ………………67

### 第2節　マルチプルM&AとM&Aコンピタンス…………80
1. マルチプルM&Aの分析………………………80
2. M&Aコンピタンスの内容……………………85
3. 組織的経験の影響……………………………93

### 第3節　M&Aコンピタンスの組織的形成………………103
1. 専門担当者の設置……………………………103
2. M&A推進体制の確立…………………………109
3. M&Aプロセスのシステム化……………………116

## 第3章　マルチプルM&Aの事例研究────125

### 第1節　リサーチデザイン………………………………125
1. M&A研究の手法………………………………125
2. リサーチデザイン……………………………130

### 第2節　横河電機の事例…………………………………134
1. 横河電機の概要………………………………134
2. 過去の合弁と合併……………………………135
3. 新規事業への進出……………………………139
4. ビジネスコンセプトと長期経営構想………………141
5. ビジョン推進のためのM&A……………………146

### 第3節　資生堂の事例……………………………………151
1. 資生堂の概要…………………………………151

2. 海外戦略の特徴……………………………152
　　3. 海外事業の拡大……………………………154
　　4. グローバル No.1 と M&A…………………157
　　5. グローバル・マルチブランド戦略と M&A……162
　第4節　シスコシステムズの事例………………168
　　1. シスコシステムズの概要…………………168
　　2. 顧客重視の経営と戦略……………………170
　　3. A&D マネジメント…………………………173
　　4. 社内の M&A 推進体制……………………177
　　5. M&A マネジメントの特徴…………………180
　　補足：IT 不況とシスコの現状………………185
　第5節　GE キャピタルの事例……………………187
　　1. GE キャピタルの概要………………………187
　　2. 市場拡大のための M&A…………………189
　　3. 社内の M&A 推進体制……………………194
　　4. パスファインダーモデルの策定…………197
　　5. 組織統合の方法……………………………201

# 第4章　M&A コンピタンスの形成要因 —— 207
　　——事例研究の解釈と考察——
　第1節　M&A コンピタンスの内容と形成要因………207
　　1. M&A コンピタンスの内容と形成要因……207
　　2. 各事例企業の M&A コンピタンス…………211
　　3. 小括……………………………………………229
　第2節　戦略目標とマルチプル M&A………………232

   1. 戦略目標とマルチプル M&A ……………………233
   2. 各事例企業の比較分析……………………………236
   3. 小括………………………………………………240
  第 3 節 組織と M&A コンピタンス ………………………………243
   1. 組織と M&A コンピタンス ……………………244
   2. 各事例企業の比較分析……………………………246
   3. 小括………………………………………………253
  第 4 節 M&A コンピタンスと影響要因 …………………………258
   1. M&A コンピタンスと影響要因 …………………258
   2. 各事例企業の比較分析……………………………261
   3. 小括………………………………………………267

# 第 5 章 結　　論 ───────────────── 269

  第 1 節 M&A コンピタンスの形成と競争優位 ……………269
   1. M&A 研究に対する意義 …………………………270
   2. M&A コンピタンスと競争優位 …………………274
  第 2 節 今後の研究課題 …………………………………………278

**参考文献** ……………………………………………………………283
**索引** …………………………………………………………………303

# 序　論

## 1.　研究の目的と意義

　本研究は，企業の経営戦略として重要視されている M&A（企業合併・買収；Merger & Acquisition）に関する理論的研究を整理した上で，従来の M&A 研究では対象とはされてこなかった企業が戦略目標を達成するために，内部の経営資源による技術開発や市場拡大の代替的手段として，複数の企業を連続して買収するというマルチプル M&A を分析する。そして，M&A に関する組織的能力として「M&A コンピタンス（M&A competence）」という概念を提唱することにある。つまり，M&A コンピタンスの存在が個別の M&A を成功裏に実行していくとともに，マルチプル M&A を有効な戦略として活用できるかどうかということに影響し，企業の競争優位を向上させることにつながることを議論する。

　従来の経営学的視点からの M&A 研究では，M&A の動機や戦略的特徴，そしてどのようなタイプの M&A が価値を創出するのかという戦略的視点のものや，期待した効果を実現するにはどのようなことがマネジメント上の課題となるのかという組織的視点からの分析が積極的に議論されてきた。こうした先行研究は，1つの買収企業対1つの被買収企業の関係を基本とする1度限りの M&A を暗黙の前提にしていた。また，企業が複数の買収を行う場合でも，その中から1つの事例を抜き出して分析する傾向が強かった。依然としてそのような1対1のダイアド的な関係の M&A を詳細に分析して理論的意味付けを考察していくことは重要な課題である。

その一方で，戦略目標の達成のために1度ではなく連続的に複数のM&Aを繰り返すマルチプルM&Aと言えるべき新しいタイプのM&Aを積極的に行う企業が登場してきた。この背景には，市場のグローバル化と情報化の急激な進展が影響している。つまり，従来の日本企業は，新技術や新製品開発においては内部開発を基盤にする傾向が強く，新規市場への進出やその活動をグローバルに行っていく上でも自社内部の経営資源を活用して実施されていた。しかし，環境変化の激しい競争状況の中では，そうしたことを自社の内部に蓄積された資源や能力だけで実行していたのでは，時間とそれに付随するコストがかかってしまう可能性が高い。

　そこで，自社が活動する市場で必要となるが，現在は不足している製品・技術・人材を補完することを目的に，M&Aの時間短縮効果に注目して，それを有効な戦略として使っていくのである。つまり，事業多角化というよりも中核事業を強化し，さらにそれを基盤に関連市場へ進出するために，自社内部での新製品開発や新規市場開発の代替的戦略としてM&Aを実行するということである。従って，M&Aは1回限りの単独的な性格のものとしてではなく，戦略目標を策定した上で，その達成手段として連続的に複数の企業を対象に実行されていく。そのために，すべてのM&Aは無関連というわけではなく，一貫したビジョンのもとで行われるという特徴がある。

　このようなマルチプルM&Aを分析対象にすることにより，新たな研究課題が生じる。マルチプルにM&Aを展開する場合には，1回限りのM&Aの分析では見ることのできなかったM&Aに関する何らかの組織的要因が存在するのではないかということである。つまり，こうした企業では個別のM&Aを成功的に実行するとともに，さらに他のM&Aを行う時にも同じように効果をあげている。これは，M&Aの形成からその後のマネジメントという一連のM&Aプロセスを効果的に実行していく能力が存在すると指摘できる。そして，この能力の存在により，同じ業界で事業展開する企業であるにも関わらず，M&Aに積極的な企業とそうではない企業という行動の差があるのではないかとも考えられる。この組織的能力には将来のM&A活動を促進す

るという側面もあると認識できる。

　本研究では，一連のM&Aプロセスを効果的に実行していくM&Aに関する専門的知識やスキルは，企業特殊的な組織的能力の1つであるために，それを「M&Aコンピタンス」として提唱する。そして，M&Aコンピタンスは特にマルチプルM&Aを展開する場合には重要な要因となるのである。また，M&Aコンピタンスは，組織的能力であるために，それを形成していくには時間がかかり，簡単には企業間を移転できない経路依存的な特徴を有する企業特殊的能力であるためにコア・コンピタンスの1つとしても考えられる。そして，M&Aコンピタンスの内容，この概念が必要となる背景，コンピタンス形成のための組織的役割と企業内外の影響要因の分析を中心に議論を展開する。

　従って，本研究は従来の経営学的なM&A研究に新しい視点を導入するものである。M&A研究においてもコンピタンスに関しては，企業間における重要な経営資源や能力の移転，組織間学習との関連で議論されている。しかし，M&Aそのものを形成し，さらにマネジメントしていく能力の存在に関しては十分には認識されていない。さらに，近年の経営戦略論の主要なパラダイムとしても認識されている企業の有する独自性のある経営資源や能力を競争優位の源泉とする資源ベースの視点による戦略論（Resource-Based View ; RBV）に対しても新しいテーマを提供するものである。従来のRBVの研究では，企業内部で開発された経営資源や能力が焦点とされ，外部企業の経営資源や能力，そして事業システム等を獲得して，それを組織的に活用していく能力の存在や，M&Aなどの外部成長戦略を実行する能力に関しては十分な議論は展開されていない。従って，M&Aコンピタンスという概念を論じることは，RBVに対しても新たな課題を提供することができる。

　そして，M&Aコンピタンスをコア・コンピタンスの1つとして位置付けることによって，M&Aコンピタンスを組織的に形成することがマルチプルM&Aを効果的に展開する上で必要であり，それによって企業の競争優位に大きい影響を与えることを主張する。

## 2. 研究の概要と構成

本研究は，M&Aの価値創造の源泉をM&Aプロセスに求めるプロセス・パースペクティブによって展開される。そのパースペクティブからマルチプルM&Aを分析し，M&Aコンピタンスの概念を提唱する。さらに，M&Aコンピタンスの内容とその形成に関して詳細に議論し，研究テーマである企業の競争優位に与える影響について考察する。

第1章では，M&Aの価値創造に関する研究をサーベイすることからプロセス・パースペクティブの有効性を考察する。第1節では，M&A戦略の特徴として，その動機に関する議論を整理し，外部成長戦略としてのM&Aの特徴と，他企業との融合を図るハイブリッド戦略としての特徴から考える。さらに，M&A戦略と競争優位の関係を論じ，M&Aにおける価値創造とは何を示すのかについて検討する。

次に，M&Aの価値創造の源泉を分析した先行研究を，適合性研究とプロセス研究（プロセス・パースペクティブ）に分類して，本研究の分析視点を明確にする。第2節では，価値創造の決定要因を企業間の適合性に求めた適合性研究を論じる。まず，多角化戦略研究の一部として，既存事業と何らかの関連がある事業を買収した場合にはシナジー効果による価値を獲得でき，さらに買収前の分析と計画が重要な影響を及ぼすという戦略的適合性研究である。さらに，それを批判する形で，実際にM&A契約後に多くの問題が発生し，それが失敗につながるために，組織構造・組織過程・人的資源・企業文化という組織的側面の統合が重要であるとする組織的適合性研究へ展開する。

第3節において，適合性研究ではM&Aを適合という静態的視点から考えているが，プロセスとして認識できることを指摘する。適合性研究では，M&Aプロセスの一方の段階だけを焦点として議論が展開されてきたが，M&Aを一連のプロセスとして考え，そのプロセスを価値創造の源泉とするプロセス・パースペクティブに基づく研究の必要性を提唱する。そして，プレM&Aの意思決定プロセスとポストM&Aの統合プロセスで課題とされる論

点や期待した効果を創出するためのM&Aマネジメントに関して論じる。

　第1章におけるM&Aの先行研究は，1対1のダイアド関係のM&Aを前提としており，それは1回限りの出来事として考えられていた。しかし，マルチプルM&Aの存在を分析することも近年のM&A戦略を考察するには必要となる。そこで，第2章においては，先行研究を基礎とした上で，新しい研究テーマであるマルチプルM&Aを分析対象にして展開する。第1節でマルチプルM&Aの種類として，技術獲得型M&Aと市場拡大型M&Aの2つに大きく分類できることを述べる。そして，マルチプルM&Aの経営戦略とマネジメント上の課題を述べてから，それがどのようにM&Aコンピタンスと関係するのかについて論じる。

　第2節においてM&Aコンピタンスの特徴に焦点を当て，その概念が必要となる背景とその内容，その形成に対する組織的経験の影響をまとめる。M&Aコンピタンスの内容に関してはM&Aプロセスに従って整理する。そして，過去に行ったM&Aの経験がM&Aコンピタンスに対してどのような影響を与えるのかということに関して議論する。特に，経験からの学習に基づく効果と，M&Aコンピタンス形成に対する影響要因として，企業の内部的要因である社内におけるM&Aの認知度とM&Aを取り巻く風土・雰囲気の存在を検討する。外部的要因として他の企業に対する評判と威信のもたらす効果を指摘する。

　次の第3節では，M&Aコンピタンス形成に対する組織的役割に注目する。M&Aは日常の企業経営の中では経験しない複雑かつ困難なプロセスである。従って，M&A経験のない企業には，M&Aコンピタンスは形成されていない。そこで，外部のベストプラクティスに接近してそれを吸収する能力や，過去の経験を蓄積し将来の案件の時に活用する能力が求められる。そのために，M&Aコンピタンスの重要性を認識した上で，それを形成していくために組織的に取り組む姿勢が多大な影響を与える。ここでは，M&Aに関する知識やスキルを組織内に蓄積するための専門の担当者や担当チームの設置と，M&Aコンピタンスを形式知化する方法としてのM&Aプロセスのシステ

ム化に注目する。そして，社内のM&A推進体制の発展に従って，M&Aコンピタンスも強化されていくことを指摘する。

第3章では，マルチプルM&Aを実行している企業の実態を把握するために，4つの企業の事例研究を行う。ここでは各企業のマルチプルM&A戦略を実行する背景とそれに対する組織的な取り組み方に焦点を当てた客観的事実の記述が中心となる。まず，リサーチデザインとして，なぜ個別事例研究という方法を使用するのかに関して論じた後に，事例企業の選択理由を明確にする。そして，第2節から第5節において各事例企業を考察する。事例対象企業として日本企業では横河電機と資生堂，米国企業ではシスコシステムズとGEキャピタルを取り上げる。その分類としては，横河電機とシスコシステムズは技術獲得型，資生堂とGEキャピタルは市場拡大型のマルチプルM&Aを行っている企業である。これらの企業は，マルチプルM&Aを経営戦略上の手段として積極的に活用していると実業界では一般的に認識されており，分析対象にすることによって多くの示唆を与えてくれるものと考えられる。

第4章では，第2章で展開したM&Aコンピタンスに関する議論をまとめることからM&Aコンピタンスを形成するためのフレームワークを提示する。そして，それに基づいて事例企業の解釈と考察を行う。第1節において分析フレームワークを整理し，大きく3つの視点から以下の節で考察する。第2節では戦略目標とマルチプルM&Aの関係という戦略的側面に注目し，技術獲得型M&Aと市場拡大型M&Aにおける相違点を指摘する。戦略目標の違いによってマルチプルM&Aの種類とその後のアプローチも異なるのである。第3節では組織内M&A推進体制とM&Aコンピタンスの関係という組織的側面を考察し，日米企業間ではM&A推進体制の発展段階における位置付けが異なるために，M&Aコンピタンスの内容にもそれが影響するのである。さらに米国企業の現状を認識することによって，日本企業が今後M&Aコンピタンスを強化していく上での課題を検討する。第4節ではM&Aコンピタンス形成に対する企業内外の影響要因の存在を読み取っていく。それは，単

にM&Aだけではなく，企業の文化や評判という全般的な企業活動が関連していることを述べる。

　第5章は結論部分であり，本研究で示したM&Aコンピタンスという概念を用いることが，従来のM&A研究に対してどのような意義を持つのかを検討し，企業の競争優位に与えるM&Aコンピタンスの影響について整理する。その中からRBVに対しても新しい視点を導入することが検討される。さらに今後の研究課題に関しても論述する。なお，本研究の構成は次頁の図に示した通りである。

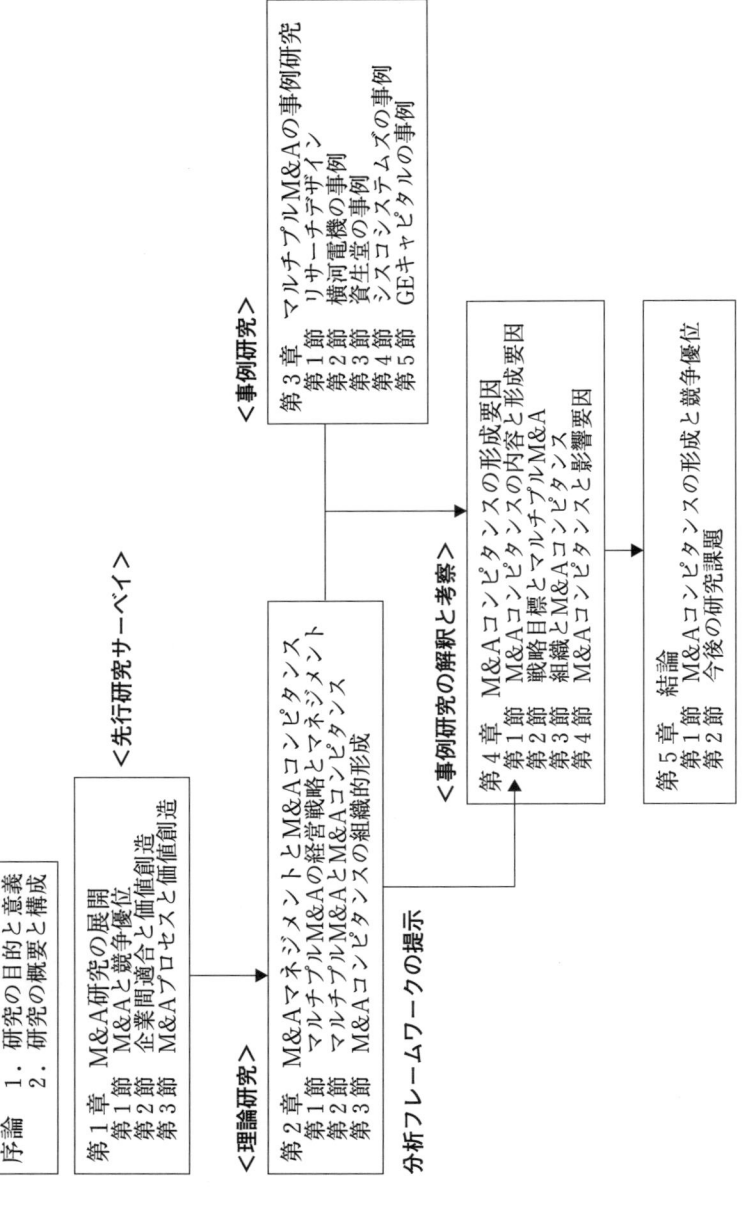

# 第1章

# M&A 研究の展開

## 第1節　M&A と競争優位

　グローバル規模での業界再編や情報技術が急速に進展している環境の中で，M&A は重要な経営戦略の1つとして認識されている。その中で，M&A が企業経営に与える影響やいかに M&A を効果的に実行していくのかということに関する議論も盛んになってきた。M&A は従来から多くの研究分野において分析されているテーマである。例えば，Larsson & Finkelstein（1999）では，M&A 研究の分野として，経営戦略論，経済学，財務論，組織論，人的資源管理論に分類し，それぞれの研究が対象とするテーマに関して整理している。経営戦略論では，多角化戦略に関する研究を中心として，事業関連性と業績の関係を分析する。経済学では，M&A の動機としての規模の経済や市場支配力の問題，会計的基準の尺度で財務業績を説明する。財務論では，株式市場基準で株価変動を分析する。組織論では，特にポスト M&A の組織統合に焦点を当て，企業文化の衝突や組織間調整の方法などを分析する。人的資源管理論では，M&A の従業員に与える心理的問題，コミュニケーション問題，キャリアに対する影響を対象にしている。

　このように M&A 研究の分析視点は多様に分割されるが，本研究ではこれらの研究蓄積を総括的に検討することにより，M&A が企業の競争優位にどのような影響を与えるのかに関して考察する。そして，M&A から価値を創

造していくにはどのような視点が重要になるのか先行研究のサーベイを中心に論じる。従来の研究の多くは企業間の適合に価値創造の源泉を求めていたが（適合性研究），その議論では十分とは言えず，プロセスの視点を考慮した価値創造に対するマネジメント（プロセス研究／プロセス・パースペクティブ）の重要性を指摘する。

はじめにM&Aを経営戦略の1つの手段として考えた場合の特徴と他の経営戦略との相違に関して整理し，M&Aにおける価値創造とはどのようなことを示し，それが企業の競争優位に与える影響に関して検討する。

## 1. M&Aの特徴

まず，本研究で対象とするM&Aという用語の定義を整理する。そして，なぜ企業はM&Aを実行するのかという動機に関する側面を考察する。これは，主に金融経済学や財務論の対象としてきたテーマである。本研究ではそれらの各論には詳細に触れず，M&Aの価値創造に対する要因としてこれらの研究成果を考える。次に，M&Aを経営戦略上の1つの手段として見た場合に，それは企業の外部成長戦略として認識できる。自社内部の経営資源を使って成長する研究技術開発や社内ベンチャーによる成長，新市場・海外市場へ進出する場合の新設投資であるグリーンフィールド型の内部成長戦略とどのように異なるのかを論じる。そして，M&Aは他企業との融合を目的とする戦略であり，ハイブリッド戦略（hybrid arrangement）として論じられている。そこで，同じハイブリッド戦略である戦略的提携（アライアンス）や合弁（ジョイント・ベンチャー）との異同に関して述べる。

### (1) M&Aの定義

M&Aという用語は，研究分野や論者によって，その捉え方や対象とする内容が異なる幅広い概念である。そこで，本研究で使用する場合のM&Aとそれに関連する用語の定義を整理する。

M&Aという用語には，合併と買収が含まれるが，それぞれは性質の異な

るものであり，Lajoux (1998) は以下のように定義している。まず，狭義のM&Aは取引の性質に基づくテクニカルな意味を表し，合併は一方の実体 (entity) が解散して他方に法的に吸収される吸収合併と，両方の実体が解散して第3の実体を設立する新設合併のような所有権 (ownership) の移転に分類される。そして，所有権が企業間で移転することを買収とする。広義には，合併とは重要な経営資源・管理・技術の統合に対する計画を成し遂げた買収に対して使われる。つまり，買収企業が被買収企業を統合した状態のことを合併企業として指摘する。

M&Aに関する経営学関連の文献では，「合併」「買収」「M&A」を上記のような定義にそって正確に区別せずに使用しているものがほとんどであり，文献を読む限りどれを使っていても内容には大きな違いが見られないのが現状である。そこで，本研究では特に注意書きをしない限り，基本的に次のような定義によってこれらの用語を使用する。「買収」は企業の経営戦略の1つの手段として，ある企業の所有権を取得する行為であり，その関係が対等性が高い場合が「合併」である。そして，それから期待した経営上の効果を創出するために「統合」という行為が必要になる。「M&A」とはこれらの一連の行為のことを指す。従って，本研究ではM&Aを経営戦略上の1つの手段と認識して議論を展開する。

また，論者によってはM&Aの中にアライアンスや合弁を含める場合もあるが，本研究ではこれらはその範囲に含まない。アライアンスとは特定の目的を達成するために他の企業と協力関係を結ぶことである。ケースによっては資本関係を有することもあるが，基本的に互いの主従関係はないものであり，企業間の対等性が重視される。合弁は，2つの企業がそれぞれ資本を出して新しい事業を設立することであり，2つの親会社間には直接的な所有関係はないものとして考えられる。最近になって，M&A，アライアンス，合弁などを総合的に表した「合従連衡」戦略という言葉が使われる場面もある。しかし，本研究ではそれぞれは異なった戦略的特徴と目的を有するものであるので，それらを明確に区別して使用する。

さらに，M&Aを一連のプロセスとして見る場合，契約締結を境界としてその前の段階であるプレM&A段階と，その後の段階であるポストM&A段階に分割される。そして，具体的に効果を生み出していく統合活動を行うのがポストM&Aである。

M&Aのタイプにも戦略的M&A（strategic M&A）と金融的M&A（financial M&A）がある（Anslinger & Copeland, 1996）。戦略的M&Aとは，事業展開上の戦略目標を達成する手段としてM&Aを実行するものであり，単独企業で獲得する以上の効果であるシナジー（synergy）の実現を目的とする。従って，戦略的M&Aは本研究で使用するM&Aという用語と同義である。一方，金融的M&Aは財務上のリストラクチャリングを目的とするものであり，被買収企業の売却を通しての利鞘の獲得を中心的課題とするために戦略的要素は考慮されていない。つまり，本研究では戦略的M&Aを対象として議論が展開される。

### (2) M&Aの動機

企業がM&Aを実行する動機を分析する研究は，資本市場との関係で論じられてきた（Haspeslagh & Jemison, 1991）。まず，企業の経営資源の管理を決定する権限である会社支配権を取得するためにM&Aが実行されるとする会社支配権市場に関する議論がある（Manne, 1965／Fama & Jensen, 1983／Jensen & Ruback, 1983／山本，1997）。会社支配権とは，具体的にはトップマネジメントの採用・解雇・報酬決定のための権限を指す。また，企業内に蓄積されているフリーキャッシュフローを巡ってM&Aが実行されるとする議論がある（Jensen, 1988, 1989）。ここで指摘されるフリーキャッシュフローとは，営業活動から発生した現金収支から，設備投資額を差し引いた額であり，これがプラスの場合には，自由に使える現金が手元にあることを示す。さらに，企業の所有者である株主（プリンシパル）と経営上の意思決定者である経営者（エージェント）の間に存在する情報の非対称性によって発生するエージェンシー・コストを低減させるためにM&Aが実行されるとす

るエージェンシー理論が挙げられる（Jensen & Meckling, 1976 ／村松, 1995）。

　これらは金融経済学や財務論の分野が積極的に議論してきた課題であり，マクロ的視点における M&A の効用や機能という側面に注目している。つまり，なぜ M&A が行われるのかという原因に関する分析であり，その結果としての価値創造という側面には十分に考察したものではない。そこで，Seth (1990) は M&A が生じる動機として，株主利益の最大化と経営者利益の最大化という2つの視点から M&A の価値創造を分析する。

　株主利益の最大化ということは，M&A を行うことによって正のシナジー効果を創出させることを意味し，外部環境に対して企業の経営資源を最適に使用して対応していくための戦略的行動を示すものである。その源泉は市場支配力の向上，規模の経済，範囲の経済，リスク分散を含むものである (Seth, 1990)。

　第1の市場支配力（market power）の向上は，製品の価格・量・品質をコントロールする市場に関連する能力であり，それは超過利益の源泉となるものである。市場支配力は，同業企業を買収する水平的買収によって，市場占有率（シェア）が大きくなることから発生する収入効果を通して関係者に利益をもたらす（Stigler, 1968）。寡占に対する支配的企業モデルは，1つの産業内での価格は，支配的企業による水平的買収の影響によるものであると指摘する。つまり，市場支配力の強い企業が，市場を動かすことができるのである。

　第2の規模の経済（economics of scale）は，共通の原材料を使用する企業を含む買収の場合に，購買・生産・在庫管理において発生する。また，製品に加えて，広告・流通・サービス・研究開発等の他の機能においても存在する。これは，Ansoff（1965）において指摘された販売シナジーと生産シナジーに該当し，M&A によって重複した経営資源を削減することから発生するコスト削減効果によるものである。

　第3の範囲の経済（economics of scope）は，企業が複数の事業活動を行

うことにより，それぞれの事業を独立して行う場合よりも，効率的な事業運営が可能になることから発生する利益である。例えば，複数事業間で販売チャネル・技術・ブランド・生産設備などの経営資源を共有することから発生する。また，蓄積されたノウハウや他の見えざる資産の利用による効果もある（Teece, 1980）。この効果は，関連型買収において見られる一方で，非関連型買収であるコングロマリットにおいても，意思決定の内部化によるモニタリング・人材配置・資源配分という管理的側面から利益を獲得している（Williamson, 1975）。

第4のリスクの分散（diversification of risk）は，新規市場へ進出するコングロマリット型M&Aにおいて見られるものである。自社とは異なる事業サイクルを持つ企業を買収する場合には，環境の変動によって本業が不振になっても，他の事業で業績をカバーすることによって，企業全体へのダメージを軽減することが可能となる（Gaughan, 1996）。その結果，多くの非関連事業を持つことが事業リスクを分散させることにつながるのである。

さらに，株主の価値創造の最大化を志向したものではなく，経営者の個人的利益拡大のためにもM&Aは実行される。Mueller（1969）は，経営者の報酬は利益よりも売上高で示される企業規模と正の相関関係にあり，また自分の権力や名声のために意思決定における自由裁量権の拡大を図る手段として，M&Aが実行されると指摘する。

以上の議論では，M&Aの動機の側面から価値創造の創出に関して分析し，M&Aがもたらす利益の源泉に関しての解明が研究の焦点とされてきた。従って，M&Aの動機の有効性に対する有無を目的とした議論であると指摘できる。また，清水（2001）では実際の合併の大部分は期待した価値を創造していないという先行研究の調査結果が多いにもかかわらず，なぜ合併が実行されるのかということを「将来における市場での地位の確保」という側面に注目している。

しかし，これらの研究ではM&Aが企業の成長戦略や競争戦略とどのような関係にあるのかという経営戦略上の視点からの分析はされていない。企業

には，このようなM&Aの動機を持ちながらも，戦略的手段としてM&Aは実行されているために，その戦略的特徴を分析することが必要である。本研究では，M&Aは企業が成長するための手段の1つであり，それは他企業に対する競争優位性を獲得するためにも重要な位置付けにある戦略として考えている。次に，経営戦略とM&Aの関係について整理する。

### (3) 外部成長戦略としてのM&A

企業が成長していく上で，組織規模の拡大とともに事業領域の拡大も重要な課題である（石井他，1996）。まず，自社内部の経営資源を利用して成長を図る内部成長戦略（internal growth）がある。Burgelman（1983）は，企業内の管理者層の戦略行動に注目して2つのタイプに分類する。現在の戦略概念から引き出された新製品開発プロジェクトである誘発的戦略行動（induced strategic activities）と，既存戦略から離れた戦略的イニシアティブに基づく社内ベンチャーによる事業創造である自律的戦略行動（autonomous strategic activities）である。

製品開発に基づく成長を志向する場合，既存の企業内に蓄積された経営資源を外部環境の機会と市場ニーズに対応させていくことが必要となる。それは，既存の蓄積資源をもとにそれから外部に有効な事業を探索するものと，初めに有望な事業機会を見つけ出して，その後にその事業を実行するのに必要な資源が自社に蓄積しているのかを検討するものがある（吉原，1986）。そのために自社内部での技術開発や製品開発が行われ，それを販売するためのチャネルの構築や製品のイメージを向上させるためのブランドの形成が試みられる。外部の事業機会の発見という成長目的以外に，Penrose（1959）は企業を単なる管理単位以上のものであり，組織的に利用される資源の集合体として認識した上で，企業内部に存在する未利用資源の有効利用が企業成長の要因であると指摘した。

また，新規事業を創造するために，社内ベンチャーの存在も重要な方法とされている（榊原他，1989／山田，2000）。これは，企業内部の社内企業家

を中心として組織本体からスピンオフする形で新規事業を運営していくことである。社内で本業とは異なった新しいアイデアや事業構想を利益の上がる新製品や新サービスとして提供していくことを目的としている。そして，Burgelman & Sayles（1986）も指摘するように社内ベンチャーにとっては，社内に企業家精神を持つ人物がいるのかどうかという問題が前提とされる。

しかし，有望な事業機会に適合した製品開発とそのための新しい技術的ノウハウの獲得，組織内に未利用資源を構築すること，国際化のような戦略目標の達成，製品市場のポートフォリオの再調整，関連市場への参入を初めから自社内部の経営資源の利用によって達成することは長い時間のかかることである（Deiser, 1994）。環境変化の激しい今日では，必要な技術などを内部開発していたのでは，それを市場に出した時にはすでに陳腐化されているという状況も出てくる。さらに，社内ベンチャーにおいて企業家精神を持つ有望な人材の出現を待つことも不確実性が高く，またその事業が規模的に大きくなるまでには相当の時間を有する。

そこで，それらの戦略的意図を達成するのに最も迅速な手段としてM&Aの有効性が指摘される（Barney & Walter, 1990）。つまり，必要となる経営資源を企業内部で構築する代わりに，そうした経営資源を有する企業を買収することにより，素早く容易に目標を達成することを意図とするのである。従って，M&Aは外部企業の経営資源を活用して成長するので，外部成長戦略（external growth）である。例えば，新規市場に参入する場合には，その市場ですでに活躍している企業を買収することによって，参入に必要な技術やノウハウを獲得できるので，時間的なメリットを享受できる（Haspeslagh & Jemison, 1991）。また，社内ベンチャーではその独立性が問題とされるが，買収した企業に対しては本社の有する経営資源を導入し，その管理も積極的に行っていくために，全社的レベルからの経営目標の達成に貢献するものとなる。

このM&Aの効果に関しては，海外市場への進出戦略として，新設（スタートアップ）と買収の選択に関する問題として企業の国際化の重要なテー

マの1つであった。Root（1982）は海外市場への参入戦略として輸出，契約，直接投資の3段階に分類したが，この直接投資に関する議論の中で新設と買収は論じられる。Barkema & Vermeulen（1998）は，直接投資の内容を企業の所有政策によって，完全所有子会社の設立と合弁事業に分割し，さらに完全所有子会社を設立する場合の投機方法によって新設と買収を分類する。

新設は，ゼロから海外での新組織を構築することであり，新たに労働力を雇い，訓練する必要がある。また，工場や販路を新たに形成するために，経営を軌道に乗せ，市場に浸透させるまでには相当の時間を有する。一方で，本社から優れた知識や技術なども初めからスムーズに移転でき，経営の過程において現地の制度や慣行を学び，新たな知識を獲得して企業特有の優位性を創造することも可能である（Barkema & Vermeulen, 1998）。

買収の場合には，相手企業の持つ経営資源のすべてを取得できるために，内部開発の代替としての技術の獲得や，新たな顧客の獲得による市場拡大という効果を短期間のうちに達成できる。また，買収企業の優れた経営資源や能力を相手企業に移転し，さらには相手企業のそれらを吸収することも可能であるので，単独企業では獲得できなかったシナジー効果を創出することも期待できる。しかし，相手企業の経営に深く介入することになるので，従業員達に大きな影響を与えるために組織統合における調整や妥協のコストも存在する。

以上のように，M&Aの場合には自社が必要とするさまざまな経営資源の獲得や市場の拡大を短期間のうちに達成できるという時間短縮効果が大きいメリットであり，これが内部開発や海外市場への新設投資による成長戦略との違いである。しかし，外部の企業を自社内部に取り込むということで，組織統合上の新たなコストの存在も認識することが必要である。

### (4) ハイブリッド戦略としてのM&A

M&Aは2つまたはそれ以上の組織が共通の利害を追求するために結合す

るハイブリッド協定（hybrid arrangement）の1つである。単独組織では，経営上の非効率，経営資源の不足，規模の経済性を得るための許容範囲の不足などを伴う。そこで，単独では創造できない価値の創出を目的に，外部企業の持つ経営資源やケイパビリティを利用するためにハイブリッドが形成される（Borys & Jemison, 1989）。Powell（1987）は，ハイブリッド組織が拡散していく背景にある要因として，変化する市場により迅速に適応していくこと，大規模企業に柔軟性を導入すること，優れた情報的資源の源泉へのアクセスの必要性を指摘する。つまり，ハイブリッド戦略は，競争優位をもたらすための経営資源を外部企業から獲得し，企業に柔軟性と効率性をもたらすための有効な方法である。

　ハイブリッド戦略の特徴は，組織間の融合を行うことであるので，それは組織間関係論の支配的パースペクティブである資源依存パースペクティブによる組織間調整メカニズムを分析した議論を用いることによって整理することができる（Pfeffer, 1972, 1987／Pfeffer & Salancik, 1978）。組織が存続し成長する場合に，他の組織の存在は重要な外部環境として認識される。組織は他組織に対して主体的な行動を通じて積極的に対処していくことが必要になる。そこで，他組織という環境の不確実性を減少させてその安定化を図るために，他組織への資源依存をいかにして回避し，操作するのかを焦点として依存関係を調整することが課題とされる（山倉, 1981, 1993）。その中で，自らの自主性を維持・拡大する際に依存関係そのものを吸収する自律化戦略としてM&Aが選択される。また，お互いの自主性を維持しつつ依存関係を部分的に吸収する協調戦略としてアライアンスや合弁がある。つまり，M&Aよりも協調戦略で採られるものの方が，柔軟性の点で優れているが，各自の要求や目的を調整することが課題となる。

　これらの議論では，M&A，アライアンス・合弁を組織間調整メカニズムという1つの分析枠組みの中で論じているが，各戦略についての議論をさらに詳細に行う場合には，各論者はそれぞれの研究対象に焦点を当てて，個別に論じているために統合的理論は存在しないのが現状である（Zeira & Newburry, 1999)。そこで，M&A 戦略の特徴を分析するためには，アライアンスや合弁における特徴との比較が必要になる（Hennart & Reddy, 1997）。

まず，M&A は基本的に相手企業の経営資源のすべてを取得するものであり，買収企業対被買収企業という関係を構築するために，買収企業は全面的なマネジメントが可能となる（Lewis, 1990）。それは，相手企業の優れた経営資源や能力を独占的に取得でき，他企業との競争上の差別化を進める上で重要な影響を持つ。また，相手企業に対しても買収企業の経営資源を移転して，経営改善や生産性の向上を達成することができ，両企業間でのシナジー効果も期待できる。

アライアンスや合弁においても，相手企業の経営資源の取得は可能であるが，それは企業間での交渉や調整が課題となり，両企業は同等の立場という特徴があるので，片方の企業だけが独占的に利益を獲得することはできない。また，相手企業が将来にどのような行動を採るのかという不確実性を伴い，さらに相手企業が優秀な人材や価値ある資源を提供するとは限らない。そして，永続的に事業を運営していくことは考えておらず，その途中やある目的を達成したら解散する場合も多い（竹田，1998）。従って，全社的戦略の視点から実行されるというよりも，ある特定の目的を達成するために協調関係を築いているのであり，それ以外の側面では競合することもあるために，構造的側面における不安定性を伴うものである（Child & Faulkner, 1998）。つまり，相手企業に対するコントロールと効果を引き出すという面では，M&A の方が迅速に実行できる状況にあることが認識できる。

しかし，すべての経営資源を吸収するということは，必要としない経営資源も含むために，それを取り除くためのコストや保持するコストの存在も無視できない。人事面でのコンフリクトが発生する可能性もある。また，M&A は相手企業の株式を所有するために，柔軟性の面でアライアンスに劣る。例えば，技術革新が激しい産業では，将来の不確実性が高いために，柔軟性の獲得を重視して株式を所有しないアライアンスの方が選択される（Hagedoorn & Sadowski, 1999）。一方，技術革新の程度が低い産業では，株

式所有を行う M&A や合弁が採用される傾向が高くなる（Harrigan, 1986）。つまり，株式を所有しない有利性は，場合によっては迅速にアライアンスを解消して，そこから撤退することができるという柔軟性や環境変化の不確実性とリスクの回避にある。一方で，こうした特徴は，組織間の関係がいつ解消されるのかという不安を作る原因にもつながる要因である。

アライアンスは M&A の準備期間としての性格を持つとも指摘されている（Bleeke & Ernst, 1993 ／ Hagedoorn & Sadowski, 1999）。M&A は組織統合コストが大きいので，その前にアライアンスによって企業間関係をゆっくりと形成していくことから，統合過程で発生するコストの低減を目的とする。さらに，相手企業の内部の様子を調査する買収機会の探索期間としても考えられる（Haspeslagh & Jemison, 1991）。

以上のように，M&A はアライアンスや合弁と異なり，相手企業のすべての経営資源を一度に獲得することが特徴である。他の戦略では，2つの企業間関係は対等であり，特定の目的以外では競争企業の立場にある可能性も高いために，相互の利害調整が困難であり，妥協の必要性もある。一方で，M&A では買収企業のマネジメント次第で効果を迅速に引き出すことが可能である。しかし，M&A には組織統合のコストや環境変化への柔軟性が他の戦略よりも低いという点に関しても考慮しなければならない。

## 2. M&A と競争優位

前項では，M&A が行われる動機と，その戦略的特徴に関して外部成長戦略とハイブリッド戦略の視点から整理した。次に，M&A 戦略が企業の競争優位に与える影響に関して考察する。つまり，企業の競争優位に M&A が貢献しているのかを分析するには，M&A の価値創造の側面を考える必要がある。M&A を行うことによって新たな価値を企業にもたらさなければ，M&A は有効な戦略とはなりえないのである。そこで，まず M&A の価値創造とは何を示すのか，その尺度をどのように判断するのかという価値創造を巡る議論を整理する。そして，M&A を通して企業の競争優位を創造するとはどの

ようなことであるのか考察する。

### (1) M&Aの価値創造とは

M&Aの価値創造に関する研究は数多くなされているが，対象とするデータや業績測定・評価基準の相違のために，一貫した結論や共通の見解は得られていない（Larsson & Finkelstein, 1999）。そもそもM&Aは被買収企業の実質価値よりも，超過プレミアムが支払われるために，買収企業に対しての価値の創造ではなく，価値破壊をもたらすとする研究結果も多く議論されてきた（例えばSirower, 1997がこの問題を整理している）。

本研究では，このようなM&Aの価値創造の源泉やその評価問題に関する議論を詳細に行うことは目的ではない。そこで，M&Aの価値創造の課題を次のように整理して考えていく。第1に，M&Aの価値創造の定義に関する議論であり，これはどのような効果をM&Aの価値創造とするのかということである。第2に，価値創造の評価尺度に関する議論である。これは，M&Aからもたらされる価値をどのような尺度によって評価するのかということである。第3に，どの関係者に価値がもたらされるのかということであり，価値創造をどの視点から考えるのかという議論である。第4に，価値創造に影響を与える要因，つまり成功を導く決定要因の分析である。これは，M&Aの成功と失敗を分ける原因の探求である。第5に，価値創造の源泉に関する議論であり，これは第2節の適合性研究と第3節のプロセス研究において詳細に論じられる。従って，はじめの4つの課題を整理した上で，本研究における見解を述べていくことにする。

第1に，どのような効果をM&Aの価値創造とするのかという議論である。M&Aには，価値獲得（value capture）と価値創造（value creation）の2つの側面がある（Haspeslagh & Jemison, 1991）。価値獲得とは，買収前の株主・被買収企業の株主・他の利害関係者から買収企業の株主へ価値がシフトするものであり，それはM&Aという取引自体に依存する。例えば，市場価格が低く評価されている企業を探し，その取得によって実質的評価との差

額分を「現在の売り手」から獲得する場合や,取得した事業を売却することによって「将来の買い手」から獲得する場合とがある。また,税務上の利益や固定資産の取得なども該当する。特に金融志向型M&Aでは,転売によってこの効果を狙ったものが多い。つまり,価値が買収企業に対して一方的に移転しているに過ぎない。

一方で,価値創造とはM&Aを戦略的手段として実行する場合に期待される効果であり,それは取引自体に依存するのではなく,ポストM&Aにおけるマネジメントを通して実現される。つまり,重要な経営資源や戦略的ケイパビリティの移転,企業間の相互学習によって,単独企業では獲得できない新たな成果を創造することである (Deiser, 1994)。これは,シナジー効果としても論じられるものであり,企業の競争優位を向上させる源泉として考えられる (Porter, 1985 ／ Schweiger et al., 1994)。従って,M&Aの価値創造を分析するには,長期的視点からM&Aプロセスにおける課題を考察する必要がある。

第2に,価値創造の評価尺度の問題である。価値の評価尺度は,多くの研究では財務諸表上の業績と株価変動による判断の2つの視点から考えられている。しかし,その評価法やデータ源泉の差異などを反映して,一致した結論は出ていない。また,当該M&Aが買収企業全体に与える効果の算出においては,企業の業績は環境の変動や他の戦略からも影響を受けているために,どの部分がM&Aを行ったことから発生した価値なのかを判断することは困難である (Baden-Fuller & Boschetti, 1996 ／ Gulati, 1998)。

さらに,M&Aによる経営資源や戦略的ケイパビリティの獲得,組織間学習効果ということは,直接的に客観的数字として表れない部分もある (Vicari, 1994)。財務的数値や株価という定量的尺度以外に,M&Aの定性的効果にも注目すべきである。従って,本研究では厳密な統計的手法によって価値創造の有無を判断していくのではなく,企業がM&Aの実行によって期待する定性的効果も含めて価値創造として考え,それを実現するためにどのような行動を採るのかという事に注目する。これは,価値創造のプロセスとそれ

に対するマネジメントを分析することを意味する。

　第3に，誰に対する価値創造なのかという問題である。これは，買収企業や被買収企業の株主を主体とするストックホルダーと，従業員・顧客・取引業者などのステークホルダーに対する見方が議論されている（Haspeslagh & Jemison, 1991）。本研究では，M&A を経営戦略として考えているために，M&A による戦略目標の達成や競争優位性の強化ということが焦点である。そこで，具体的に価値創造の対象者は限定されないが，買収企業が戦略目標を M&A によって達成できるかどうかという視点から考えているために，買収企業の立場から価値創造を見ていることになる。

　第4に，M&A による価値の創造を成功の認識基準とした場合に，それに影響する要因を分析する問題である。これは，M&A の成功のための原則として指摘される場合（Drucker, 1981）もあり，M&A の関係者には最も興味のあるテーマであると考えられる。従って，このテーマは仮説検証型の研究において積極的に議論されており，その決定要因も論者によって多岐に渡る。例えば，Hitt et al.（1998）ではクロス・セクショナル分析から決定要因を抽出している（図表1-1）。本研究では，具体的な要因の抽出は目的ではなく，その成否を分けるマネジメント上の課題に注目して議論が展開される。

図表1-1　M&A 成功・失敗の影響要因

| 成功要因 | 失敗要因 |
| --- | --- |
| 補完的資源を持つ企業の買収 | 非関連多角化 |
| コア事業への集中 | 多面的買収 |
| 注意深い選択・交渉 | 不適性な評価 |
| 友好的買収 | 敵対的買収 |
| 低い負債比率 | 高い負債比率 |
| 財務スラック | トップの異動 |
| 研究開発，イノベーションの強調 | 組織構造の大きい変化 |
| 変革経験，柔軟性 | |

出所）　Hitt, Harrison, Ireland & Best（1998）より作成
＊産業別に調整した ROA（総資産利益率）で評価

以上で，M&Aの価値創造に関する議論を分類して述べてきたが，本研究では価値を定量的に考えるのではなく，M&Aマネジメントを通じて獲得される効果や，戦略目標を達成するまでのプロセスなどの定性的視点から考察する。つまり，M&Aの結果分析ではなく，それに至るまでのプロセスとして影響する買収企業の組織内部の問題や被買収企業に対するマネジメントが，企業の競争優位の強化につながるという点を重要な課題としている。

### (2) 企業の競争優位とM&A

ここでは，まず企業の競争優位の源泉が，多くの経営戦略研究の中でどのように考えられてきたのかを整理し，それとM&A戦略との関係を考察する。つまり，M&Aは企業の競争優位を強化し，持続させるための1つの手段である。それは，他の戦略と比較した場合にM&Aの特徴でもある時間短縮効果，シナジー効果，さらに独占的に相手企業の経営資源や能力を取得する効果が大きく影響するということを指摘する。

企業は特定の業界において他の企業と競争関係にあり，その中でいかに優位性を形成して，持続していくのかが重要な課題である。そして，この競争優位性の源泉に関するテーマを扱った研究として，Porter (1980) は業界の競争環境の中において他の企業よりも有利な競争的ポジションを探すことであると指摘した。この考え方は，競争優位の源泉を企業の外部に求めている。一方，企業内部の独自性のある経営資源や能力の存在を競争優位の源泉とする資源ベースの戦略論もWernerfelt (1984) やBarney (1991) 等によって展開され，Prahalad & Hamel (1990) がコア・コンピタンスとして提示して以来，戦略論の主要なパラダイムとなっている。

競争優位の議論は，競争的ポジションに関する研究の焦点は産業や業界であり，資源ベースの焦点は個別企業であった。しかし，企業は経営活動を展開する中で多くの他の企業と結び付いているために，組織間の関係性も対象にする必要がある（山倉，1999）。つまり，重要な経営資源は企業の境界を超えて広がっているために，独自性のある企業間関係を構築することも競争

優位の源泉の1つと認識できる。この考え方をDyer & Singh（1998）は，競争的ポジション研究における産業構造の視点（the industry structure view）や独自の経営資源に焦点を当てる資源ベースの視点（the resource-based view）と比較して，関係性の視点（the relational view）として指摘する。つまり，これは組織間における重要な経営資源や能力の共有，相互学習，補完的資源の活用によってもたらされる競争優位である。

競争優位の源泉を分析した研究を3つの視点から見てきたが，M&Aが競争優位を強化するための重要な手段であることは，それぞれの視点から考察することができる。まず競争ポジションの視点からは，自社にはない製品市場分野を持つ企業を買収することによって，競争ポジションを補完でき，また同業企業を買収することによって市場支配力を高めることができる。これは，内部成長による方法の場合も考えられるが，M&Aによる方が時間的なメリットを獲得し，企業間の激しい競争を回避できるという効果がある。

資源ベースの視点からは，経営を展開していく上で必要となる経営資源や能力を持つ企業を買収することによって，自社のコア・コンピタンスを強化し，また補完的資源の獲得により企業の有する経営資源・能力の独自性や模倣困難性を向上させることができる。M&Aが他の戦略と異なるのは，その内部開発時間を考えなくても良いことや，独占的に相手企業の経営資源と能力を吸収できるために自社の有する資源との融合によりシナジー効果の創出も可能となることである。

関係性の視点からM&Aを分析する場合には，優れた企業と結び付くことから新しい価値の高い経営資源や知識を獲得できるということである。そして，その関係性は所有権の支配によって強化されているために，経営資源の共有や相互学習を行っていくことができる。また，相手企業との関係は，資本関係のないアライアンスなどとは異なり，他企業が同様の関係性を形成することは不可能であるために，その企業が独占的に利益を獲得することができる。

つまり，M&Aは競争的ポジション，独自性のある経営資源，優れた企業

との関係性を独占的に短期間で獲得することが可能な戦略である。これは，M&Aを行った結果が競争優位につながるのではなく，M&Aが競争優位の源泉に対して影響を与えるために，その強化要因の1つであるということを意味する。仮に，異なる2つの買収企業が同じ対象企業を買収した場合を考えたとしても，同じ効果を獲得できるとは限らない。もし，M&Aが直接的に競争優位性を向上させるのであれば，すべての企業はM&Aを戦略として実行すると想定される。実際には，一部の企業のみがM&Aを行い，その中でもM&Aから効果を引き出している企業とそうではない企業が存在するのである。

そこで，次の課題は競争優位を強化するためにM&Aのパフォーマンスに影響を与える源泉を分析することである。この点に関して，次節において先行研究のサーベイから検討する。

## 第2節　企業間適合と価値創造

経営学的視点によるM&A研究において，どのような状況の場合にM&Aから優れたパフォーマンスを実現できるのかということを分析することが重要なテーマとして考察され，その決定要因や関連指標分析がなされてきた。その中で，買収企業と被買収企業の適合性が高い場合には，優れた成果を獲得できるとする仮説を証明するための研究が活発に議論されてきた。この一連の研究は，適合性研究と指摘でき，戦略的な適合性を対象としたものから組織面での適合性を焦点としたものに展開する。そして，戦略的適合性研究はM&A契約前の段階であるプレM&Aを，組織的適合性研究は契約後のポストM&Aを対象にしている。本節では，それぞれの研究対象を整理し，その上で批判的に検討することから問題点を論じ，新しい視点に基づく研究の必要性を提唱する。

## 1. 戦略的適合と価値創造

　戦略的適合性研究は，企業の戦略的側面に注目したものである。それは多角化戦略実行における事業関連性を対象にしたものと，買収前の分析と計画がM&Aの成功を導くとする研究の2つに大きく分類できる。すなわち，関連性に基づく研究では買収対象企業を選択した時点で，分析と計画に基づく研究では計画を策定した時点で，高いパフォーマンスを達成できると考えられている。

### (1) 多角化戦略と関連性

　戦略的適合性研究は，多角化戦略における事業関連性と企業の業績や成長性の関係を分析する研究をベースに行われてきた（Datta, 1991）。つまり，多角化戦略を実行する時に，どのような市場を対象にし，どの企業を買収するのかという戦略的側面に注目している。

　この研究の先駆的業績であるRumelt（1974）では，企業の業績と採用した経営戦略および組織形態の関係を多角化戦略の視点から分析し，業績は製品－市場範囲の大きさよりも企業のタイプに，また事業数よりも事業相互間の関連性の性格に密接に関わっていると結論づけた。つまり，既存事業と何らかの共通関連性がある事業への多角化である関連事業多角化の方が，非関連型多角化よりも業績の面で優れた結果を得ることができるとする。この背景には，事業間に関連性があった方が，経営資源の共通利用や相互補完，内部管理の複雑さの軽減からシナジー効果を獲得することができ，その結果として非関連型多角化よりも優れた成果を享受できるという考えがある（吉原他，1981）。

　Ansoff（1965）は，新規事業分野に進出する際には，創業と操業という2つの段階を伴い，それぞれの段階で発生する費用に対して事業間で関連性があればシナジーが働くとする。創業時のシナジー（start-up synergy）は，新しい事業活動を行う場合に企業が何らかの優れた経営資源や能力を持てば，創業時に発生するさまざまな金銭上の費用を削減できるという形態と，操業

するまでの時間の節約という形態がある。また，操業時のシナジー（operating synergy）とは，規模の経済性から発生する効果と間接費の負担配分による効果であり，それは企業の部分的な各ラインで発生する販売シナジー・生産シナジー・投資シナジー，そして全社的な経営管理の効果に影響を与える経営シナジーに分類される。

　Rumelt（1974）の研究では，多角化に際して内部成長もしくは外部成長を採るのかを明確に区別していないために，その後に，多角化手段を外部成長であるM&Aに限定して業績との関係を分析した研究へと展開する(Salter & Weinhold, 1979／Lubatkin, 1987／Singh & Montgomery, 1987)。これらの研究では，関連型買収の方が非関連型買収よりも高い成果を上げることを実証的に証明することを目的としている。そして，買収において関連性に基づく選択が生じる要因には，生産・マーケティング・経営システム・報酬などの事業上のシナジー（Lubatkin, 1983）や，財務上のシナジー（Chatterjee, 1986）がある。

　この戦略的適合を分析するために，2つの異なったアプローチが使用されてきた。まず，財務諸表上のデータや株式収益率という会計的業績を指標として用いるものである（Rumelt, 1974／Salter & Weinhold, 1979）。このアプローチで使われる尺度は非常に多く，どの指標を使うかによって，結果も異なるものとなる。一方で，市場ベースを基準として，買収発表前後の株価変動に注目するイベント・スタディの方法論を用いる研究がある（Chatterjee, 1986／Singh & Montgomery, 1987）。このアプローチは，資本市場は買収の価値創造の潜在性についてバイアスのない期待をすると仮定し，それが株価に影響すると述べる。会計的基準が過去のパフォーマンスに焦点を当てる一方で，市場ベースは期待価値というように将来の現在価値に焦点を当てる。

### (2) 買収前の分析と計画

　次の研究グループは，より最適な買収前分析と計画がM&Aの成功を導くとするものであり，そうではない買収を行った企業との比較によって結論付

けられている（Ansoff, 1965／Ansoff et al., 1971／Salter & Weinhold, 1979）。この背景にある考え方は，分析型戦略論で展開されたものである。分析型戦略論は，経営戦略の合理的側面に焦点を当て，個人的な意向，組織内の政治問題，感情的な対立などは一切考慮しないものである（奥村，1987）。そして，マクロ分析，産業分析，競争市場分析，競争企業分析によって機会と脅威を導き出す外部環境分析と，自社の経営資源を分析することによって強みと弱みを導き出す内部資源分析の結果として経営戦略が策定される（SWOT分析とも言われる）。従って，買収前分析によって自社のニーズを満たし，経営戦略を補強し業績を向上させるような買収対象企業の選択とその評価が行われる（Fray et al., 1984）。

　また，Ansoff et al.（1971）は事前に買収計画を策定し，それに基づいて行われたものでは優れた成果を上げていると指摘する。買収計画は2つのタイプに分類される。まず，企業が買収を探索すべき条件と時期を決定する戦略上の実施時期の計画作成である。このような計画作成は，買収機会の絶えざる調査や買収を行うタイミングを提示してくれる。次の計画作成タイプは，企業が買収の実行を意思決定したことを前提とした買収の実施手段，つまり買収のための方法上の計画作成である。これは，候補企業の探索，企業の評価基準，買収活動を支える特別予算の配分のための方法を確立することにある。つまり，M&A仲介会社の情報提供や売りに出されている案件にすぐに飛びつくのではなく，M&Aを戦略の一貫として実行することを示す（Kitching, 1967）。

　そして，システム的な計画，探索，評価はより良い成果を生むだけでなく，成果をより正確に断定できるとして，買収のリスクを最小化するための有益な方法である。例えば，対象企業をどういう基準で選択するのか，戦略的評価や財務的評価をどのような方法で行うのか，交渉はいかなる形で行うのかなどに関する計画の設定がこの中に含まれる。また，対象企業の選択に関してだけではなく，その後の統合計画を策定することも，高いパフォーマンスを獲得することにつながるということが指摘されている（Shrivastava,

1986／Datta & Grant, 1990)。

### (3) 戦略的適合性研究の特徴と問題点

　戦略的適合性研究の特徴は，プレM&A段階における買収対象企業の評価と選択に重点を置いている研究である。関連性に関わる研究では，自社とどのような関係を持つ企業を買収すれば優れた成果を創出しやすいのかということが焦点にある。また，分析と計画に関わる研究では，自社と適合しやすい企業を分析によって発見し，その分析をもとに詳細な実行計画を策定し，事前にどの程度の適合が可能であるのか予測される。

　しかし，プレM&Aを主な対象にしているということから問題点も指摘される。まず，多角化における関連性は，M&Aの価値創造の潜在性や実行困難性を示しているに過ぎないという点である。この一連の研究は，すべての調査結果が一致しているわけではなく，一貫した決定的な裏付けも得られていないのが現状であり，関連性の基盤になっているシナジーという概念に対して論争が存在することからも認識できる（Sirower, 1997)。例えば，非関連型買収を繰り返したコングロマリットであるITTは，1960年にハロルド・ジェニーンが会長に就任してから，80年までの間に売上高を約22倍にし，1株当たり利益率も15％以上に維持していた（Geneen & Bowers, 1997)。従って，非関連型買収のすべてが関連型買収よりも劣るわけではない。つまり，多角化の基準の1つとして考えられているシナジーは直観に訴える所が多分にあり，予想や期待に過ぎず，それが将来実現される保証はない。また，関連性における業績の差異は，多角化戦略それ自体というよりも企業が活動している市場の特性によるものであるとする見解もある（Christensen & Montgomery, 1981／Bettis & Hall, 1982)。

　こうした研究状況に対して，Seth（1990）は3つの課題をあらためて考える必要があると指摘する。第1に，買収の価値創造に対する理論的議論を再検討し，先行研究の衝突する結論をもたらす理論上の問題を認識することである。第2に，さまざまな結論をもたらした方法論的問題を再検討すること

である。例えば，価値創造の測定方法，買収タイプの分類，サンプリングの基準などが該当する。第3は，研究課題を実証的に検証するための分析から導出された結果を再検討することである。

そして，分析に重点を置く研究では，M&Aに関連する人々を合理的意思決定者として考えている。しかし，現実の人間は情報収集能力と予想能力に限界がある「限定された合理性」に基づいて意思決定を行うものである（Simon, 1976）。従って，代替案をすべて完全に評価することはできず，計画がそのまま何の問題もなく実行されるとは限らない。また，買収前の分析だけでは，買収対象企業に対する情報のすべては分からず，買収後に失望する結果に終わる場合が多くある（Pritchett et al., 1997）。これは，単に買収前の調査が不適切で不正確だったということだけではなく，被買収企業は重要な情報を隠蔽している可能性もあるからである。さらに，買収対象企業の評価においても，意思決定者は相手企業の業績や専門的知識の潜在性を過大評価する傾向にあると指摘される（Duhaime & Schwenk, 1985）。それは，買収に際して意思決定者の個人的動機が大きい場合にはその傾向が強くなる。

以上のような点から，戦略的適合性研究は優れたパフォーマンスの説明要因としては不十分である（Jemison & Sitkin, 1986）。つまり，関連性の有無や緻密な分析・計画が優れた業績に直接的につながるわけではない。多くのケースでは，M&Aを行った後にさまざまな問題が顕在化している。また，関連性の根拠とされてきたシナジーは，将来に実現するとされる潜在的なシナジーに過ぎず，その創出過程においてはさまざまな障害要因が存在し，ポストM&Aのマネジメント次第で実現されるかどうか決定される（Schweiger et al., 1994）。すなわち，ポストM&Aでどのような経営がなされるのか，業績に悪影響を及ぼすいかなる問題が発生するのか，そうした問題を解決するためにはどういうことが必要なのか，ということに対する側面が欠如している。

こうした批判を受けて，戦略的適合性研究ではブラックボックスとして考えられていた企業の組織的側面における適合性に注目した研究へと展開す

る。

## 2. 組織的適合と価値創造

　戦略的適合性研究の批判の上で，M&A のパフォーマンスに直接的な影響を与えるのは，ポスト M&A において両企業の経営資源を効率的に利用し成果を上げるための組織統合段階であるということから，組織的な適合性を焦点とした研究が展開される。組織的適合性は，組織のハード的側面とソフト的側面を対象にしている（Deiser, 1994）。ハード的側面とは，組織構造，組織システムを指し，ソフト的側面とは人的資源，経営スタイル，組織文化・風土である。ここでは，まず組織的適合性の焦点となる組織統合とはどのようなものであり，統合レベルの高低は何を意味するのかを述べ，組織のハード的側面とソフト的側面の統合に関して整理する。

### (1) 組織統合とそのレベル

　組織統合は，共通の目標を達成するために，企業間で組織的活動と組織的資源を調整することである（Pablo, 1994）。この行為は，潜在シナジーを実現するための企業の価値創出活動である。統合は，2つの組織を再組織化することによって，新しい組織構造，組織システム，組織文化を形成する（銭・清水，2001）。しかし，買収においては，こうした変化は，被買収企業でのみ生じるというワンサイドのものであり，一連の活動は買収企業による政策・システム・プランのもとで実行される（Schweiger & Walsh, 1990）。つまり，被買収企業は買収企業の組織構造や組織文化の中に吸収されることを表す。例えば，Lajoux（1997）は具体的に統合する必要がある要因として，資源（人的資源，物理的資源，財務的資源，情報的資源）の統合，プロセス（経営システム，報酬評価システム）の統合，利害関係者（顧客，サプライヤー，株主，債権者，債務者，従業員，コミュニティ）のコミットメントを満たすための企業責任の統合を挙げる。

　統合のレベルは，組織の構造的側面，管理的側面，文化的側面におけるポ

ストM&Aの変革の程度として定義できる（Pablo, 1994）。理論的には，高いレベルの統合は，潜在シナジーの実現を促進する。一方で，高レベルの統合は調整コストや組織間コンフリクトの可能性を増大させ，負のシナジーを招いてしまう。従って，統合レベルは，買収のタイプ，企業経営の特徴，対象となる機能によって変化させることが必要になる。

統合レベルに関しては，その高低により次のような特徴がある（Schweiger & Walsh, 1990）。低いレベルでは，技術的・管理的変化が小さいために，経営資源の共有やコミュニケーションを促進する経営システムの標準化は不十分である。中間レベルでは，物理的・知識ベースの資源が共有され，価値連鎖内に変更が見られる。この段階の管理的変化は，報告関係や権限委譲などの修正が行われる。高いレベルでは，すべての経営資源の広範囲な共有が実現される。そして，被買収企業の完全な組織的・文化的吸収や，買収企業の経営手法・管理体制・計画システム・各種手続が移転され，それが日常業務の中で採用される。

次に，統合レベルを決める要因はどのようなものなのか考察する必要がある。Pablo（1994）は，タスク特性，文化的特性，政治的特性を指摘する。まず，タスク特性とは買収の戦略的意図を理解することである。これは2つの組織の価値連鎖間における相互依存に由来する潜在的シナジーの認識であり，企業間の相互依存性の程度を示す。そして，この潜在シナジーの実現は，適正な企業間調整の達成のために遂行される戦略的タスクと組織的タスクを要求する（Haspeslagh & Farquhar, 1994）。戦略的タスクとは，価値創造に対する基盤を形成する買収企業の持つ重要な資源やスキルの移転と共有である。それには，統合企業の価値活動間の連結が必要である。組織的タスクとは，被買収企業の独特な能力の構築の基盤となっている組織的特性であり，その企業の独自性と言えるべきものである。従って，過度な相互依存は被買収企業の独自性を消滅させる可能性が出てくる。つまり，統合計画決定において，戦略的タスクを重視する場合には相互依存的な関係を，組織的タスクを重視する場合には自律的な関係を構築することが要求される。

文化的特性とは，組織間の文化的差異や多様性の問題である。M&Aにおいて組織文化は重要な内部変数であり，統合の調整と管理機能に対して役立ち，変化の激しい状況下で組織的安定性を促進し，組織メンバーにアイデンティティの意識を構築する（Deal & Kennedy, 1982）。従って，統合企業においては異なる組織文化が並存することを意味し，文化的多様性をどの程度容認するのかが統合計画に盛り込まれるべきである。

　政治的特性とは，組織間コンフリクトを抑制する手段としてビジョンの共有とパワーを統合の管理的機能としてどのように使うかということである（Schweiger et al., 1994）。つまり，企業間でビジョンなどが異なる場合には，コンフリクトが発生する。それに対して，買収企業は共通の戦略目標を設定し，パワーに基づいた行動を採るのである。

### (2) 組織のハード的側面の統合

　組織統合のハード的側面は，まず被買収企業を買収企業に取り込むことを意味するために，組織構造を同一化することである。両企業間における職能制・事業部制などの組織形態，分権組織・集権組織という権限責任体制などが異なる場合に，それを統合することが必要になる（Deiser, 1994）。また，それに伴う管理者達の地位の変化も考慮すべき点である。しかし，組織構造面から統合を行うことは，被買収企業に対して大規模な変化をもたらすことであり，また具体的にどういう所から統合を進めればいいのかは不明確である。そこで，企業の機能面に注目することが有効な方法である。

　大部分の企業は研究開発・生産・販売・財務などの機能別に分離されている。従って，重複した機能の統廃合や人材の融合などによって，より効率的に運営できる体制を構築することが必要である。Baden-Fuller & Boschetti (1996) は，販売，生産，財務機能に注目して統合の困難性を分析する。企業はその販売スタイルとして，マーケティング志向か製品志向に分類される。マーケティング志向の企業では，商品のパッケージング・イメージ・広告を元にした販売を展開する。一方，製品志向の企業では，価格と割引に重

点を置いた販売を行う。こうした販売スタイルの違いは，組織面に影響を与えるだけでなく，取引先の種類や期待にも影響している。従って，販売スタイルの異なる企業同士を統合することは非常に困難な作業となる。また，生産機能においては，工場間の距離が遠い場合には，スタッフの移動などの問題が発生する。特に，組織統合においては重複した生産ラインの合理化が重要な役割を担うために，工場閉鎖やそれに伴う人員削減が行われる。財務機能に関しては一元化することが比較的容易であるとする。

機能面の統合は，組織における人の配置換えや削減ということがその本質である。しかし，それらは人的資源そのものを企業間で調整したものに他ならない。そこで，具体的に被買収企業の人材を効果的にマネジメントしていくためには，各機能の内部に存在するさまざまなシステムに関しての統合が必要になる。

Datta（1991）は，従業員の行動に影響を与える重要な要因として報酬・評価システムを指摘する。これらのシステムは，企業が最終結果志向なのか，プロセス志向なのかということに影響を与えるために，それが類似しているかどうかということは，統合の困難性を予測するのに役立つ。また，従業員に対するインセンティブにもつながっているので，統合の仕方によって大きい効果を生み出すものとしても考えられる。

近年の企業経営においては，これらの機能は情報システムが基盤になって運営されており，その統合がM&Aを成功に導くかどうかの重要な役割を果たしていると指摘されている（McKiernan & Merali, 1997／中村，2003）。つまり，情報システムは企業の重要な経営資源と考えられ，経営戦略との相互関連性の上で重要な概念となっている（溝口，1993）。従来は，外部環境の将来の不確実性を低減し，外部環境に適合することを目指すために情報システムは構築されてきたが，現在では企業の競争優位性をもたらすための重要な機能として認識されている。

情報システムの統合の利点は，第1にシステム維持管理コストの削減にある。M&Aを行ったにも関わらず別々のシステムを運用していると経費がそ

れぞれに発生する。統合すれば，システム担当者の数を減らせ，また社内の統一化による経営の効率を向上させることができ大幅なコスト削減が実現できる。第2に受注・発注業務を一元化することにより，迅速な対応が可能になり効率的な活動が展開できる。これは，結果的に顧客に対しての満足度を向上させる。さらに，顧客データベースなどの統合は，新たなサービスや製品の提供にもつながる。つまり，M&Aによって発生する情報システムの見直しや，スタッフの配置，コンピュータセンターの統合などの情報関連の統廃合は，経営効率の改善につながる機会としても考えられる（日経情報ストラテジー；1998.11, 1999.1）。

実際の統合においては，それぞれの既存システムの利用を中止し，新しいシステムを開発する全面再構築型と，既存システムを活用して利用環境などの統一を進める既存システム活用型が利用され，方法の選択は，統合にかかる時間やコストによって判断される（日経コンピュータ；1999.11.22）。

しかし，買収企業が被買収企業に対して自らのシステムへの統合を強制する場合は，不必要な抵抗を招く恐れがあるために，両企業の担当者を中心として十分な話し合いをして，両者納得の上で実行していくことが必要となる (Jemison & Sitkin, 1986／中村, 2003)。

### (3) 組織のソフト的側面の統合

組織のソフト的側面における適合性を焦点とする研究は，M&Aの大部分が失敗に終わっている原因の1つは，人に関する側面の洞察が欠如していたからであるという問題意識から出発している。Cartwright & Cooper (1996)は，人の統合をhuman synergyという用語で示し，M&Aとは本質的には組織文化の融合をも含む人的活動であると指摘する。そして，統合活動によって組織の経営スタイル，アイデンティティ，シンボルを変更する場合も，このようなソフト的問題が大きい影響を持っている。ここでは，まず人的資源に関する統合を整理した後，人の行動に影響を与える組織文化の問題に関して論じる。

この研究では，組織統合によって新たに発生する組織内部の問題点に注目している。統合活動によって新たに発生する期待利益実現の障害となる根本的な原因を，被買収企業側の従業員やトップマネジメントの行動にあると考えている (Shrivastava, 1986)。つまり，M&A が人々の行動に与える影響や，それに対して彼らはどういう反応を示すのか，どのように彼らの行動を管理していくことが必要になるのかという人的資源管理を中心テーマにしている (Marks, 1982／Marks & Mirvis, 1985／Buono & Bowditch, 1989／Cartwright & Cooper, 1993, 1996／林，1993)。

　M&A は不連続的であり，将来に対する不確実性や曖昧さを伴うために，従業員の心理面に対してネガティブな影響を与える (Jemison & Sitkin, 1986)。すなわち，従業員は，M&A による雇用・給料・異動・昇進・退職金・パワーバランスの変化に対する不安から，ストレスや精神的なダメージを感じ，それが職場の信頼感の破壊，モラルの欠如，コミットメントの欠如，混乱，失望感を引き起こす。M&A は被買収企業の従業員や管理者に対してトラウマ（trauma）を作るとも指摘されている (Cartwright & Cooper, 1996／Weber, 1996)。また，Cartwright & Cooper (1996) は M&A に対する個人の心理的反応を Kubler-Ross (1969) で提示した死の個人に与える影響過程のフレームワークを使って分析する。最初の反応は，自分の企業が買収されたという報告に対するショックからの現実の拒否である。そして，なぜ経営者が自分達の企業を売却したのかということに対しての怒りに代わり，過去への哀愁や将来への不安から抑鬱状態になる。最後に，このような過程を経て，彼らは自分達の置かれている状況を認識し，新しい環境に立ち向かわなければならないということを受諾するのである。最初の3つの段階は，偏見や非生産的行動をもたらし，従業員の組織を去る原因になる。受諾の段階は，行動的受諾を意味するに過ぎず，必ずしも新しい組織へのコミットメントを示しているわけではない。

　これらは，組織の一般従業員に注目したものであるが，Weber (1996) はトップマネジメントチームの行動的・態度的問題に注目することから失敗の

原因を探求する。まず，結合したトップマネジメントチーム間の文化的差異が大きくなるほど，統合活動の有効性は低くなり，財務的業績に悪影響を与える。さらに，買収側のトップマネジメントは，買収後に潜在的シナジーを達成するために被買収企業側トップの意思決定を干渉し，彼らに新しい基準や規則を課す。そのために，トップの異動・離反・相対的地位の低下を招いてしまう（Walsh, 1988／Krug & Hegarty, 1997／Lubatkin et al., 1999）。また，シナジー実現のためにはトップ間における方向性の一致などのコミットメントが必要になるが，そのためのコミュニケーションを行うことによって新たな問題を発生させる。そして，こうしたトップの離反や組織内のコンフリクトの発生は，生産性の低下さらには業績の低下を促す。従って，強圧的な管理は避けるべきであり，相互が良く納得した上で業務を進めることが必要になる。Hambrick & Cannella（1993）は，被買収企業のトップマネジメントそのものが，その企業の重要な経営資源としての特徴を有し，それを維持することが買収後のマネジメントにとっても必要不可欠であることを実証している。

　仕事をする上で，新しい方法と古い方法の間に不一致が生じる場合に，文化的ショックが生じる（Pritchett et al., 1997）。そのような場合には，人々は初めに混乱し，不満や不安を感じ，変化に抵抗を示す。例えば，M&Aが従業員の行動に与える影響として，コミュニケーションの低下，生産性・意欲の低下，権力闘争などがある。これらは従業員が現在置かれている状況についての情報把握ができず，将来に対しての方向性が明瞭でないことから発生し，本来は企業の目標を追求するために使われるべき時間とエネルギーを，各自が自己の利益を保護するために使うという状況に陥る（Buono & Bowditch, 1989）。

　つまり，組織文化は組織の価値観・伝統・信条などの集合体であり，従業員の行動規範にもなっている。従って，組織を有効に機能させるには，2つの企業間の文化統合に対する問題が発生してくる（Nahavandi & Malekzadeh, 1988, 1993／Elsass & Veiga , 1994）。組織文化を中心課題にする研究で

は，組織統合を2つの組織文化の接触段階であると考え，文化変容（acculturation；Nahavandi & Malekzadeh, 1988）や文化衝突（culture collisions; Walter, 1985）の問題を扱う。例えば，Cartwright & Cooper（1996）では，企業の組織文化を4つに分類し，買収企業と被買収企業の組織文化の特徴によって，文化的共存性（culture compatibility）の問題を扱い，結合した組織間に存在する文化的適合の程度やその関係がM&Aの成果に影響すると指摘する。実証的研究では，被買収企業は買収企業の組織文化に適合することが高い業績につながるとする（Chatterjee et al., 1992）。

さらに，国際的M&Aの場合には，企業間の文化的差異だけではなく，国文化の影響も受けるために，さらに問題が複雑化し，その管理も困難かつ高度なものになっていく（Weber et al., 1996）。また，こうした現象は，異文化組織のマネジメントとしても考えられるので，異文化経営学の中で蓄積された理論も適用されている（Harris & Moran, 1979／Adler, 1991）。しかし，あまりにも近視眼的な文化統合は，文化崩壊をもたらす可能性があり，組織の表層・中間・深層というように，どのレベルの文化を融合させるのかを長期的視点に立って対応することが必要である（山倉，1999）。

組織文化は直接的に把握できないが，それは企業の経営スタイル・管理システムなどに反映されている。従って，それらが企業間で著しい相違があり，組織構造が大きく変化する場合には問題が顕著になる傾向がある（Lubatkin, 1983）。そこで，事前に被買収企業の経営スタイルを分析して，自社と融合可能なのかどうかを認識する必要がある。M&Aは企業のパーソナリティを変えるための機会であるとも考えられ，組織構造の変化に伴い企業のパーソナリティも変化するために，人々が企業から離脱する原因となってしまう（Pritchett et al., 1997）。欧米企業では，M&Aの後に行われる人員削減は一般的なものとして考えられているが，特に有能な技術者や企業管理におけるキーパーソンの離脱が大きい問題なる。そこで，人的資源管理の視点に立った研究では，人間関連問題の認識を中心課題として考え，さらに，問題発生の最小化のために企業が採るべき施策としてコミュニケーション

(Schweiger & Denisi, 1991), シンボリズムの有効性や経営者の役割 (Schweiger et al., 1987) を説明している。

### (4) 組織的適合性研究の特徴と問題点

組織的適合性研究は, 戦略的適合性研究が無視していた論点を扱っている。Jemison & Sitkin (1986) は買収意思決定における障害は, 意思決定者が組織的問題よりも戦略的問題に焦点を当てることから引き起こされると述べ, Schweiger & Weber (1989) は買収計画の策定においては財務的・戦略的基準が人的資源基準や他の組織的変数よりも重視されると指摘する。こうした批判を受けて, ポストM&Aの組織統合を行う中で発生する組織的問題に注目し, ハード的側面としての組織構造や, ソフト的側面である人的資源・組織文化の適合性を対象にし, M&AのメリットよりもM&Aが組織や個人に及ぼすマイナス面を研究の焦点にしている。

従って, 買収企業と被買収企業の間の組織構造・管理慣行・文化慣行・人的特性が適合し, さまざまな問題が解消されている状態を表わす組織的適合の追求を重要課題としている。また, 扱う問題は必ずしもM&Aに特有のものであるとは限らないので, 組織論以外に人的資源管理論・心理学・人類学などの多様な学問分野で蓄積された理論を使用し, 幅広い観点から議論を展開しているのが特徴である。

その一方で, プレM&A段階で強調されてきたM&Aの戦略的側面に関する視点が欠如している。また, 組織統合を行う対象やその重要性に関しては詳細に触れられているが, そのための手段や方法等に関しての考察は不十分であり, 統合に至るまでのプロセスも不明確である。

以上のように, 2つの適合性研究ではM&Aの異なるプロセスを対象に研究が展開され, それらが統合的に論じられることはなかった。また, 高い適合の達成が高いパフォーマンスの獲得につながると考えており, 要素間の相関関係は認識できるが, どの程度まで統合が進めば効果が上がるのか, 適合

の限界点は果たして存在するのかという疑問が生じる。現状での統合段階を客観的に判断することは困難な作業である。そこで，適合性研究をベースに，M&Aを段階ごとに分割して，静態的に考えるのではなく，一連のプロセスとして分析していくプロセス研究（プロセス・パースペクティブ）に展開していくことになる。

## 第3節　M&Aプロセスと価値創造

適合性研究は，M&Aにおける任意の一時点を基準にした静態的視点からの研究であった。つまり，パフォーマンスに影響する決定要因としての適合性を重要視し，高い適合の達成を目標に，プレM&A段階では戦略的適合を，ポストM&Aでは組織的適合を課題としていた。従って，この2つの研究は別個に展開されてきた。しかし，プレM&AとポストM&Aは独立したものであり，単に片方だけを対象にしてM&A全般に関わる価値創造の問題を論じることで十分なのだろうか。本節では，適合性研究を補足し，また統合する研究視点として，M&Aプロセスを分析対象にしたプロセス研究（プロセス・パースペクティブ）を検討する。

### 1. M&Aプロセスと価値創造

プロセス・パースペクティブに基づく研究は，プレM&AからポストM&Aを一連の流れとして考えるために，ダイナミックな視点からM&Aを分析する。ここでは，まずM&Aプロセスとは何を表すのかに関して整理し，この研究が適合性研究における議論とどのように研究対象や視点が異なるのかについて論じる。

#### （1）　M&Aプロセスの視点

M&Aプロセスは準備段階・交渉段階・統合段階に分類される（Sudarsanam, 1995）。準備段階とは，全社的な戦略目標を達成する手段としてM&A

戦略を立案し，その中で候補企業の探索を行って戦略的評価によって絞り込む段階である。交渉段階とは，選択した企業に対する財務的評価から買収価格を算定し，実際に交渉を進めて契約を締結するまでの段階である。統合段階は，組織統合を行うために統合アプローチを展開していき，企業間で戦略・組織・文化の融合が図られる。そして，Haspeslagh & Jemison（1991）は，契約時点を境界にプレM&A段階を意思決定プロセス，ポストM&A段階を統合プロセスと位置づける。

図表1-2　M&Aプロセスの分類

| | | | |
|---|---|---|---|
| | 準備 | 戦略目標の策定<br>買収戦略の立案<br>候補企業の探索・選別<br>戦略的評価 | プレ<br>M&A ←意思決定プロセス |
| 契約→ | 交渉 | 入札競争<br>財務的評価・買収価格算定<br>交渉<br>取引締結 | |
| | 統合 | 組織的・文化的適合の評価<br>統合アプローチの展開<br>両企業間の戦略・組織・文化の調和<br>結果 | ポスト<br>M&A ←統合プロセス |

出所）Sudarsanam（1995）p.43に加筆修正

　これらは，M&Aを直線的なプロセスとして考えているが，McKiernan & Merali（1997）は6つの段階から成り立つ循環的なライフサイクルとして分析する（図表1-3）。まず買収候補企業の選択に始まり，その統合のコスト評価と買収監査が行われ，統合計画が策定される。その後，実際の統合活動が展開され，それまでの計画と行動に関しての検討が行われる。これは統合活動の実施後の3から6カ月の間に行われ，具体的に情報システムの統合やスタッフの異動などの観点から考えられ，統合過程でどのようなことが障害になったのか，優れた暗黙知を持つ個人を引き止めるには何が必要なのかということを分析することから学習する。そして，統合過程の評価によって獲得した成果を次のM&A戦略から活用する。つまり，このモデルでは実行し

第1章　M&A研究の展開　43

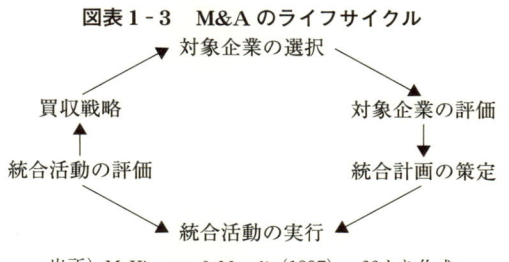

**図表1-3　M&Aのライフサイクル**

```
              対象企業の選択
           ↗              ↘
      買収戦略            対象企業の評価
        ↑                    ↓
   統合活動の評価          統合計画の策定
           ↖              ↙
              統合活動の実行
```

出所）McKiernan & Merali（1997）p.66より作成

たM&Aを評価する段階が存在し，それを次の時にフィードバックさせることが明確にされているのが特徴であり，当該M&Aは次のM&Aへの布石になると考えている。

　このように，M&Aは一連のプロセスとして考えられるものであるが，適合性研究ではプレM&AとポストM&Aのどちらか一方を対象に研究が展開されてきた。戦略的適合性研究はプレM&Aの意思決定プロセスに焦点を当てた研究であり，組織的適合性研究はポストM&Aの統合プロセスを扱っている。

　意思決定プロセスに対する研究は，M&Aの動機や買収価格の算定，買収対象企業の戦略的選択の有効性分析という，いわゆる「選択」に関する問題を扱っている。従って，Jemison & Sitkin（1986）は，これを選択パースペクティブ（choice perspective）に基づいた研究であると指摘している。これらは，M&Aを行う企業をブラックボックスとして見ている。従って，M&Aに関連する人々を合理的意思決定者として考え，そうした人々の間で発生するコンフリクトなどは議論から除いている。そして，実際に行われるM&Aが，期待した財務リターンやシナジー効果を生まないとする多くの調査報告は，選択パースペクティブには限界があることを示している。しかし，選択パースペクティブはそれ自体誤った見解ではない。買収価格の算定や戦略的適合性が依然としてM&Aの重要な要因であることには変わりない。ただ，この見解に限界がある限り，それを補足するようなパースペクティブが必要になる。

その1つとして登場してきたのが，買収後の統合プロセスに焦点を当てた組織的適合性研究であった。すなわち，M&Aにおける価値創造は，M&Aという取引それ自体から生じるものではない。ポストM&Aの組織統合プロセスにおいて，買収企業と被買収企業の間で組織的適合が有効に実現された時に生じると考えている。

しかし，M&Aプロセスを分割して個別に論じることには限界があると考える。M&Aが一連のプロセスとして考えられる以上は，研究においてもプロセスの視点から展開すべきである。そこで，本研究で論じるプロセス・パースペクティブに基づくM&A研究とはいかなるものであるのか説明する。

### (2) プロセス・パースペクティブとは

プロセス・パースペクティブとは，意思決定プロセスと統合プロセスの両方に焦点を当てたものであり，M&Aを一連の流れの中で考えている。以下，先行研究との違いを明確にしながらその特徴について考察する。

まず，M&Aの価値創造に関する問題である。適合性研究はM&Aの成果の重要な決定要因を企業間の「適合」に求めていた。しかし，有効な適合とはどのような状態を示し，どの程度までの適合に達すれば十分であるのかということが，客観的には評価できないという問題点がある。また，M&Aにおける価値創造とは，Jemison & Sitkin（1986）が選択パースペクティブとし

**図表1-4　M&A研究の対象**

＊Aは買収企業，Bは被買収企業である

て指摘したようなM&A取引それ自体から生じるものでもない。つまり，プロセス・パースペクティブでは，M&Aのプロセスから価値が創出されていくと考えている。

　第2に，2つの適合性研究がM&Aプロセスの別個の段階を対象にしていることに関する問題である。つまり，M&Aプロセスにおける2つの段階は独立的な関係にあるのではなく，相互依存的な関係として考えられる。それは，意思決定段階からポストM&Aで行う統合計画を策定することは，その後に企業の進むべき方向を明確にするので，マネジャーは戦略的要因だけでなく組織的要因も考慮して対象企業を選択すべきである（Pablo, 1994）。また，友好的M&Aや敵対的M&Aという買収方法が，被買収企業の抵抗の程度に影響を与えるという側面もある（Pritchett et al., 1997）。敵対的買収の場合には被買収企業の従業員は買収企業に対して悪い印象を持つために，その後のマネジメントにおいてもさまざまな障害が発生してくることが予想される。同様のことは関連性のタイプでも指摘でき，関連型または非関連型によってM&Aに要求するものが異なるので，その後の両企業間の経営関係が異なってくる（Shrivastava, 1986）。つまり，買収方法や買収形態は統合マネジメントにも大きな影響を与えるのであり，Schweiger & Walsh（1990）は統合プロセスの重要性は，それを導く意思決定プロセスを説明しなければ認識できないと指摘する。従って，プレM&AとポストM&Aは相互に関連し合っている関係であり，一連の流れとして見ていくことが必要となる。

　第3に，プロセス・パースペクティブは，ダイナミックな視点に立つものである。M&A研究のスタイルとしてスタティックな性格を有するのが，適合性研究におけるM&Aの成功・失敗の評価に対するものである（Pritchett et al., 1997）。これは，任意のある一時点の財務状況や株価などから認識するために，M&Aを実行してからの間に，企業がどのような経営を展開してきたのかが不明確な場合が多い。さらに，M&Aの成功率を事前に予想することや，成功・失敗の具体的尺度を決めることは困難である。なぜなら，成功・失敗に対する認識というものは，たいてい各企業によって異なるため比

較が難しく，それよりも戦略目標の達成程度などの質的な問題が重視されるからである。そこで，期待した目標に到達するまでの過程を考察することが有効である。つまり，プロセス・パースペクティブでは，M&Aによって企業がどのように変革していくのかというダイナミックな側面を論じている。

以上のように，プロセス・パースペクティブでは，M&Aを一連の流れとして考え，結果に影響する要因の分析や，どのようにM&Aプロセスが戦略目標の達成に影響するのかというメカニズムを考察している（Shanley & Correa, 1992）。しかし，意思決定プロセスと統合プロセスを同じウェートで見ているわけではないと考えられる。これは，プロセス・パースペクティブの研究方法の中心が事例研究であることと関連している。

つまり，事例研究はある現象の後追い研究としての性格を有するために，研究の視点は現在から過去を見ることになる。これをプロセス・パースペクティブに基づくM&A研究に適用するならば，ポストM&Aの変革プロセスに対する視点を中心として，そこから過去のプレM&A段階へと視点を移していくことになる。従って，研究の中心はポストM&Aの統合プロセスに対するものであり，この段階に影響を与える要因がプレM&A段階にも存在するという意味で意思決定プロセスを考えていると言えよう（Pablo, 1994）。

M&A研究におけるプロセス・パースペクティブの位置づけと特徴を考察してきたが，プロセス・パースペクティブは，適合性研究と排他的関係にあるのではなく，それらが基盤となって発展したものである。次に，プロセス・パースペクティブによってM&Aプロセスを概観した場合，各プロセスに対してどのようなことを問題の対象として考え，議論を展開しているのか述べる。

## 2. プレM&Aの意思決定プロセス

プレM&Aの意思決定プロセスは，買収対象企業の選択と交渉が中心的課題であり，さらに後の統合プロセスに対しても大きい影響を及ぼすので，M&A成功の基盤となる段階であると指摘できる（Hubbard, 1999）。しかし，

M&Aは，1つの企業または事業における有形・無形資産や従業員をすべて取得するために，買収・被買収企業の両方に対して多大な影響を与え，不連続な性格を有し，将来において曖昧なものである。こうしたM&Aの特性が意思決定プロセスに反映されている。ここでは，意思決定における質を向上させるという問題と，決定した内容を素早く従業員達に知らせる場合の問題点に関して論じる。

### (1) 意思決定の質に関わる問題

 M&Aの不連続かつ曖昧性を伴うという特徴は，意思決定の情報源やそれに関係する人達も考慮する必要が出てくるので，意思決定の質に関する問題を引き起こす。

 まず，買収企業と被買収企業の利害の不一致から発生するものである。これは，買収企業は少しでも安く買収したいと望み，一方で被買収企業は少しでも高く売却したいという，両者の考え方の違いに由来する（Sirower, 1997）。そして，被買収企業は自分達の企業が少しでも高く売却できるように，重要な情報を隠蔽し歪んだ情報を提供する可能性があり，その結果，意思決定を行うために利用できる情報は常に相手企業の正確な状態を示したものとは限らず，不均衡情報としての特徴を有するということである（Shanley, 1994）。

 こうした不均衡情報は，買収企業が選択基準の1つとして考えていた潜在シナジーを具体的に実現していく上で障害になる。つまり，そもそも正確に評価できていないシナジーを具体化していくということは，不適正かつ矛盾する行為である。この点に関して，Duhaime & Schwenk（1985）は，M&Aの意思決定は複雑性と曖昧性が伴う悪構造問題を有し，そうした曖昧性をできる限り回避するために，意思決定の質を向上させるには，多面的に考えていくことが有効な手段であるとする。

 次に，買収企業と外部アドバイザーの利害の不一致から発生するものである。M&Aを行うには，産業・競争企業分析，製品・市場分析，候補企業の

選択と財務評価，法律問題，交渉などその過程は複雑なものであり，高度の専門的知識が要求される（Lajoux, 1998）。これらは，日常の企業経営の中では経験しないものであり，M&Aを過去に行ったことのない企業には，こうした複雑なタスクの分析能力が不足している（Bruton et al., 1994）。従って，多くの企業では外部アドバイザーとして，投資銀行，コンサルティング会社，会計事務所，法律事務所などの手を借りながら進めることになり，彼らは潜在的候補企業の経済的・財務的分析や交渉・契約の仲介的役割を担う（Harbison & Pekar, 1998）。

　しかし，外部アドバイザーの利害は，手数料収入や成功報酬にあり，M&A契約をすること自体を主目的にしている。一方で，買収企業当事者は，M&Aから効果を上げていくというポストM&A段階を重点にしているので，両社の利害関係は異なるということを認識しなければならない（Jemison & Sitkin, 1986）。そして，外部アドバイザーのこうした特性は契約の早期完了を促し，またM&Aでは競合ビッドを割けるために秘密性が重んじられるので，企業側にも契約を短期間で終わらせたいという動機が生じる。従って，将来の統合プロセスにおいて予想される障害への対処策を十分には分析・計画する時間がなく，さまざまなプレッシャーから不十分な意思決定のまま実行に移される可能性が高い（Pablo, 1994）。

　以上のように，M&Aにおいては買収企業と被買収企業・外部アドバイザーの利害が一致していないということから，常に正確で完璧な質を持つ意思決定を行えることは不可能に近い。そこで，買収企業は常にこれらの障害があることを認識した上で，少しでも優れた意思決定ができるようにその対策を考える必要がある。つまり，買収選択企業の探索やその評価を専門の業務とするチームや機関を企業内に創設し，他者の意見を一方的に受け入れるのではなく，積極的な行動を採り，さまざまな関係者と協力できる体制を構築することが意思決定の質の向上に貢献しよう。

### (2) 意思決定の階層に関わる問題

次の意思決定の階層に関する問題とは，M&Aの意思決定が経営トップや関連するごく一部の人だけで行われる場合に発生するものである。M&Aは企業の運命を左右するほどの巨大な投資であり，入札競争が発生するのを回避するために外部に対する秘密性の保持から，その意思決定は経営トップを中心とする限られた階層の人物だけで行われる（Haspeslagh & Jemison, 1991）。そして，それ以外の人たちは買収発表がされてから初めてその事実を知ることになる。

組織統合プロセスを有効に機能させるためには，経営トップが直接的に関与し，強力なリーダーシップを発揮して組織を導いていくことが重要とされる（McCann & Gilkey, 1988）。しかし，実際に，M&Aに期待する成果を実現するために組織を動かしているのは，従業員や管理者たちである。従って，彼らが突然M&Aの事実を知った場合には，雇用や報酬に対する不安感や重要な意思決定から外されたという疎外感から，トップに対して不信感を抱き，実行されたM&Aにも懐疑的になる（Buono & Bowditch, 1989）。さらに，売却された企業の場合は，この傾向が強くなる。

こうしたことは，統合プロセスの混乱にもつながってくる。そこで，M&Aの意思決定をオープンにするのは秘密性の面から無理だとしても，買収後に従業員の不安感を癒し，混乱を避けるためにどのような方法を採っていくのかをあらかじめ考慮する必要がある。例えば，トップが従業員に買収目的を明確に伝えるためのミーティングの開催や，組織統合を目的とした一時的なチームやタスクフォースの創設，カウンセリング室の開設などの準備をしていくことが有効な手段となる（Pritchett et al., 1997）。

さらに，実際はM&Aの実行を対外的に発表してから契約までは数カ月間に渡る時間ギャップがある。この期間に，その後の経営を効率的に行なうためにも，情報交換を積極的に行なうことによって両組織間のコンテクストを理解し合い，従業員の協働を促進する雰囲気や風土を形成することが重要な役割を担う（Haspeslagh & Jemison, 1991）。つまり，M&Aの意思決定は

トップ階層によって行われるが，決定した内容に関しては管理者や一般従業員も納得し容認できる体制を構築することが必要となる。

### (3) 意思決定プロセスの特徴

意思決定プロセスで生じる可能性のある問題について，関係者の利害の不一致から発生する質の問題と，意思決定階層がトップを中心とする一部分の人物だけということに由来するコンフリクトの発生に関して論じてきた。これらの特徴は，問題の源泉は意思決定プロセスに存在するが，その後の統合プロセスにも影響するということである。例えば，選択企業の評価を誤って，現実の評価価格よりも買収プレミアムを多く支払った場合には，それだけ買収後に創出するのに必要なシナジーの額が大きくなり，その分だけ目標とする経済的パフォーマンスを獲得することは困難になる（Sirower, 1998）。

そして，この段階で採られる問題解決のためのさまざまな施策は，意思決定プロセスの範囲だけで問題を直接的に解決するというものではなく，統合プロセスで発生すると予想される問題を最小限に止めようとする予防的な性格を有している。意思決定プロセスは統合プロセスに対する重要な準備段階として位置付けられる。

つまり，プロセス・パースペクティブにおいては，統合プロセスを円滑に実行することを第一義に考え，そのためには意思決定プロセスから問題を認識する必要があると考えている。Pablo（1994）はポストM&Aにおける人的資源や組織文化の統合に関する研究が盛んになってきた中で，単にその問題だけを扱うのではなく，管理者が行う統合に関する意思決定の重要性を指摘し再検討している。そして，プレM&Aにおける統合計画の決定から統合実行活動，結果という一連のプロセスにおける変数の関連性を経時的に検討することの必要性を提唱する。従って，意思決定プロセスはM&Aを成功させるための基盤となる段階であり，単に買収対象企業を選択・評価し，交渉していくということ以上に，将来に対する影響も見落とすことはできないので，この段階を企業がいかにマネジメントしていくのかということが重要な

課題である。

## 3. ポストM&Aの統合プロセス

　プロセス・パースペクティブでは，統合プロセスのマネジメントが重要視されている。そこで，なぜM&Aの後に統合活動が必要になるのかという統合プロセスの本質について考察する。組織的適合性研究においては，組織統合とは企業間で組織構造や人的資源・企業文化を融合することであるとされてきたが，プロセス・パースペクティブにおいては重要な経営資源やケイパビリティを移転し，さらに企業間で新たなものを創造するという学習プロセスとして考えられる。

### (1) 統合プロセスの本質

　組織統合はM&Aを行った企業が期待した経営上の効果，つまりシナジーを実現するために行われ，組織統合は統合プロセスそのものを意味する。組織統合の本質についてPorter (1985, 1987) は，企業間または事業間の相互関係 (interrelationships) を構築することであると指摘している。相互関係とは，適合という基準のように不明確なものではなく，価値連鎖同士でさまざまな活動を共有し協働することであり，コスト削減や差別化の強化に貢献するための機会を提供することである。つまり，競争優位を獲得するために必要な基本戦略であるコストリーダーシップ戦略や差別化戦略を補助し，その効果を促進するものとして相互関係は考えられる。こうした相互関係を構築するためには2つのことが基盤になっている。

　まず，スキルの移転 (transferring skills) と呼ばれるもので，1つの企業が持つ経営上のノウハウや技能・知識を他方に移転できるかどうかという問題である。例えば，買収企業から被買収企業への移転がある一方で，被買収企業から買収企業への移転も考えられる。こうしたノウハウや技能の移転は，人を通して行われるものであるので，ポストM&Aで人的問題が重要な課題になることとも関連している。また，移転する対象が物理的に見えない

ものであるだけに不確実性を有し，主観的判断に頼らざるをえないので，その効果を把握しにくいという問題もある。もう1つは，価値活動の共同化 (sharing activities) である。これは買収企業と被買収企業の間の価値活動，例えば調達・技術開発・生産・マーケティングの機能を共同化することから，規模の経済性による効果によってコストを削減することや，活動の特異性を高めて差別化要因を強化したり，差別化のコストを下げるために行われる。

また，Haspeslagh & Jemison (1991) は，M&Aにおける価値創造は，見えざる経営資源で，他企業との差別化の1つの要因にもなっている戦略的ケイパビリティ (strategic capability) の移転に依存すると指摘する。戦略的ケイパビリティは企業の競争上の成功における中心的概念であり，それは経営的スキルと技術的スキルの統合された状態，経験による習得，顧客利益への貢献，企業の事業ドメインの中で広く適用することが可能であるという特徴を有する。戦略的ケイパビリティの移転の種類は3つに分類される。第1に，業務的資源共有 (operational resource sharing) で，販売員・製造工場・トレードマーク・ブランドネーム・流通チャネル・オフィスを共有化することである。この対象は，日常業務遂行上で必要不可欠な経営資源であり，直接的に把握できるものなので，効果を得るのは比較的容易である。

第2に，機能的スキルの移転 (functional skill transfer) である。例えば，製品開発・生産技術・品質管理・パッケージング・マーケティング・プロモーションなどにおいて，優れたスキルを有する方が他方に移転し，移転された方はそれを事業の展開に際して活用する。それは，買収企業と被買収企業の間を双方的に移転される。従って，その対象は見えざる資産であるために，管理の困難さを伴うが，企業のコア・コンピタンスとして形成されていくために競争上において有効なものとなりうる。

第3に，全般管理スキルの移転 (general management skill transfer) である。これは，トップマネジメントの戦略的方向性・リーダーシップ・ビジョン・資源配分・財務計画と管理・人的資源管理・スタッフを動機づける経営

スタイルなどを指す。つまり，買収企業がプレM&A段階において設定した戦略的目標を達成するために，どのようにして被買収企業を管理・運営していくのかということである。

　Haspeslagh & Jemisonの考え方は，Porterの分類をさらに細かくしたものである。つまり，価値活動の共同化と業務的資源共有は，具体的な活動・資源の共有を目指したものであるので同じことを指している。そして，スキルの移転に関しては，それを機能的スキルと全般管理スキルというように，企業内の階層によって分類しているのが特徴である。これは，機能レベルとトップレベルでは，移転すべきスキルの質が異なること，また移転される方向が異なることを示している。

　以上のように，統合プロセスは潜在的なシナジーの実現を目指して，競争優位を獲得するために行われるものである。その本質は買収企業と被買収企業間の相互関係であり，見えざるスキルの移転と具体的な価値活動の共同化によってなされる。従って，Haspeslagh & Jemison（1991）は，組織統合は2つの組織からの個人が戦略的ケイパビリティの移転において共に協働し，協力することを学習する相互作用的かつ漸次的プロセスであると指摘する。

### (2) 組織間学習の重要性

　統合プロセスは，企業間において単に資源の共有を行うだけではなく，重要な資源やケイパビリティを移転する段階であると考えられた。しかし，一方的に移転するだけではなく，企業間相互で新たなものを創造するという学習的側面も統合プロセスに見ることができる（Bresman et al., 1999）。近年，アライアンスや合弁においても知識創造的側面が強調されるように，M&Aが企業にとって価値を創造し，持続的競争優位を獲得できる有効な戦略になるかどうかは組織間学習に依存する（野中，1991／Doz, 1996／Inkpen, 1997／Child & Faulkner, 1998）。これはM&Aにおける組織間知識創造の問題としても論じられる（Deiser, 1994／Hakanson, 1995）。

　Vicari（1994）はM&Aを2つのタイプに分類する。新しい製品市場や地域

に参入し，新しい知識やノウハウを外部企業から獲得することを目的にしたタイプRと，発展のために新しい知識やノウハウを創造していく学習面を重視するタイプLである。タイプRは買収前の合理的な計画に基づいてポストM&Aマネジメントを実行していくもので，タイプLは新たな課題を追求するために両企業が協働しながら展開する。そして，今日では学習プロセスとしてのM&AであるタイプLの重要性が増していると指摘する。こうした傾向は，買収企業の姿勢にも変化を与えている。Baden-Fuller & Stopford（1994）は従来の延長としての考えの上でM&Aを実行している企業は，事業運営上の問題の基本的な原因解決には取り組まず，M&Aによって他の企業の力を借りることから解決策を図る傾向にあると指摘する。これは反対に問題が増え，企業規模が拡大することから変革がさらに困難になり衰退の道を辿る。つまり，M&Aから何らかの効果を引き出すというよりも，取引それ自体を目的にしており，戦略的適合性研究の内容に一致するものである。一方で，M&Aを戦略的手段の1つとして考えている企業は，まず社内に独自の能力を開発してからM&Aを実行し，優れた仕事のノウハウなどを移転する。さらに，被買収企業からは新しい能力・スキルを学習し，さらなる変革を目指すのである。こうした企業では，M&Aは企業変革を促進する手段としても考えられている。

　次に，M&Aにおける学習がどのようなプロセスを辿って達成されるのかに関して論じることが必要になる。Baden-Fuller & Boschetti（1996）は，学習プロセスを個別機能レベルから考え，既存の戦略的資産（資源や能力）の移転だけではなく，もはや適当ではなくなったものは放棄し，独自の競争的価値を持つ新しい資産や能力を創造すること，さらにそれを行うスピードが重要な要因になっていると指摘する。つまり，学習とは単に知識や能力などを移転するだけではなく，不必要なものは破壊し，その上で新しいものが創造されていく。さらにDoz（1996）は組織間学習を成功させるには，ある段階において学習成果を評価し，それに従ってそれ以降の活動を再調整することが必要であるとする。

このように，学習的側面から統合プロセスを考えると，企業間の関係は支配・服従の関係ではなく，協調的な特徴を有していることが認識できる。しかし，両企業の立場が同等であるわけではない。買収企業の方が常に主導権を持つことが，ポスト M&A のマネジメントを円滑に進め，学習効果を引き出していくには必要であると考えられる。また，ポスト M&A に関しては，適合性研究では統合をモデル化して事前的に考える傾向にあったが，プロセス・パースペクティブにおいては統合を行うまでの変革プロセスや，期待したシナジーを実現するために企業はどのような行動を採るのかが論じられる。そこで，組織統合の本質と指摘された戦略的ケイパビリティの移転や組織間学習を実行するための変革プロセスにおいて，その障害となる要因の存在について考え，その後に M&A の変革プロセスとはどのようなものであるのか検討する。

### (3) 組織的問題の存在

 ポスト M&A における組織的問題に関する議論は，組織的適合性研究の中心的課題とされてきたものである。ここでは，期待したシナジーを実現するために行われる戦略的ケイパビリティの移転や価値活動の共同化という行為がさまざまな問題を引き起こすという視点から論じる。

 競争優位を築くために買収企業と被買収企業の間で相互関係を形成することが必要になるが，こうした行為は組織構造・組織文化・経営者や従業員の心理的側面に影響を与え，組織成立の3要素である共通目的・協働意欲・コミュニケーションを阻害するような組織的問題が発生する。そのために，組織間の調整や妥協のコストがかかり，相互関係の実現を困難なものとする (Porter, 1985)。この組織的問題の源泉として，組織構造的要因と人的・行動的要因が考えられる（中村，1999)。

 組織構造的要因は，戦略的適合性研究が対象としていた多角化企業に関連するものである。多くの多角化企業は事業部制組織を採用しているが，組織構造的要因はそうした組織の中に潜在的に内在している問題である。例え

ば，買収された企業が買収企業の1つの事業部として位置づけられている時がこの状況に該当する。事業部制組織は，経営トップの負担軽減と意思決定の迅速化を目指して，それぞれの部門が利益責任を負う自己充足的組織であり，そのために大幅な権限の委譲が必要となるために分権制を特徴とする (Chandler, 1990)。従って，各事業部はプロフィットセンターとしての特徴を有し，部門管理者は事業単位ごとの業績によって評価され，報酬もそれに応じて決められる傾向にあるので，社員たちは自分の事業に関する問題だけを考えて行動するようになる。

こうした状況は，やがて事業間競争や企業内競争へとつながる (Kanter, 1989)。つまり，事業別評価がなされるために，部門管理者は個人的なライバル意識を強め，従業員も自分のグループと他のグループという区別意識や自己中心的な考え方を持つようになる。こうした事業間競争は，各事業部を発展させるというメリットがあるが，それが限度を超えると，全社的統一性を阻害し，事業部を横断するようなマネジメントやプロジェクトが必要になる場合，つまり相互関係を構築する場合に障害となる。従って，相互関係形成のためには，各管理者や従業員は自己の専門技能を発揮して職務を遂行することと同時に，他の部門のスタッフと協力して働くという面にも配慮して仕事を進めることが必要になる (Hax & Majluf, 1991)。

次に，人的・行動的要因である。これは，組織的適合性研究の対象としていた問題であり，M&Aが従業員に与える心理的衝撃や経営スタイル・価値観・企業文化の相違などから発生する従業員のコンフリクトによるものである。統合プロセスは被買収企業に何らかの変化を要求するものであるので，このような状況に置かれた従業員は，自分の現在の環境を維持することを目的として行動する傾向が強くなる (Schweiger et al., 1994)。従って，他部門と協力することは，自分の環境を積極的に変化させることにつながるために抵抗するのである。しかし，買収企業と被買収企業の間の相互関係を構築することと，被買収企業の組織行動を買収企業のものに同質化・支配することとは意味が異なることを認識する必要がある。

例えば，行動的要因の中で重要な役割を果たす組織文化は，企業の歴史とともに生成され，管理プロセス・報酬システムなどに影響を与え，従業員の価値観や会社へのコミットメントなどに密接に関係するものである(Schein, 1985)。それは，他企業と差別化するための企業の個性であり，競争力の源として考えることもできる（Peters & Waterman, 1982)。また，組織メンバーの異質性・多様性・不一致は，視点が豊富になるために，環境知覚や意思決定の質を向上させるという利点もある（Schwenk, 1988)。従って，買収企業と被買収企業の間の差異は，すべてが解決されるべきものではなく，ポストM&Aで目標を達成するために行われる相互関係構築の際に障害となる要因に焦点を当てて解決策を考えていくことである。

次に，こうした組織的問題はM&Aのタイプによって影響の程度が異なることを認識する必要がある。Haspeslagh & Jemison（1991）は統合プロセスにおける両企業間の関係を組織的自律性（organizational autonomy）と戦略的相互依存性（strategic interdependence）の2つの次元から，保持（preservation)，吸収（absorption)，共生（symbiosis）の3つに分類する。そして，企業はこのうちのどれか1つの形態を統合プロセスにおいて選択し，吸収や共生のように相互依存性が高くなるに従って，戦略的ケイパビリティや

**図表1-5　統合アプローチの分類**

|  |  | 戦略的相互依存性 | |
|---|---|---|---|
|  |  | 低 | 高 |
| 組織的自律性 | 高 | 保持 | 共生 |
|  | 低 | （持株会社） | 吸収 |

・保持は，自律性が高い場合で，コングロマリットなどに見られ，全般的経営スキルだけが移転される。
・吸収は，相互依存性が高い場合で，企業間の活動・組織・文化の完全な結合を意味する。
・共生は，自立性と相互依存性が共に高い場合で，経営資源の共有は行われず，機能スキルの移転が行われる。

出所）Haspeslagh & Jemison（1991）p.145より作成

重要な経営資源の積極的な移転が実行されるために，組織的問題も発生しやすくなると指摘する。

ここでは，組織的問題の源泉を組織構造的要因と人的・行動的要因に分類して考えてきた。両者の違いは，組織構造的要因はプレM&A段階から存在しているものであるが，人的・行動的要因はポストM&A段階で表れてくるものである。従って，適合性研究ではこれらの片方しか見ていなかったが，プロセス・パースペクティブでは両方の存在を考えているのが特徴である。また，実際は個別のケースによって，組織的問題の発生程度には差があると考えられるが，常にこうしたものが潜在的に存在することを認識していることが統合プロセスを展開する上では有効なことである。次に，いかに企業が組織的問題の弊害を回避し，ポストM&Aのマネジメントを効果的に行うための施策やマネジャーに課される役割に関して論じる。

## (4) 相互関係形成のための組織間マネジメント

組織統合は，企業間の経営資源を共有するだけではなく，戦略的ケイパビリティの移転や創造を伴い，潜在シナジーを具現化していく段階である。そのために，企業間でPorter (1985) の指摘するような相互関係を構築することが課題になる。この相互関係の構築は，組織間協働が必要であることを意味する。組織間協働とは，2つ以上の多様な組織が結合して共同目標を達成することであり，相互作用を通じてさまざまな問題の共通理解を形成していく過程である（山倉，1995）。そして，この活動を推進していくには，組織間の活動を調整するいわゆる対境担当者の存在や，協働のための仕組みやメカニズムの形成が重要な課題となる。

相互関係を意識した組織間関係を構築するには，関係担当者は今までとは異なる役割が課せられることになる。Marks & Mirvis (1998) は，M&Aの各プロセスにおける中心的人物に課せられる役割は，先行研究で指摘されてきたようなものから変化すると論じる。プレM&Aでは対象企業の価値・投資リターン・税金等の算定が重要課題であり，シナジーは財務モデルによって

判断し，ソフトな問題には十分考慮していなかった。しかし，M&Aを成功的に行うには，事業の成長の手段であることを明示し，シナジーについても具体的な機能面からリスクや将来に予測される問題を戦略的に評価する必要がある。そして，シナジーが実現された場合には，それは他企業が容易には模倣できない特殊的なものであり，持続的競争優位に貢献する特徴を有することが望まれる（Gruca et al., 1997）。さらに，ポストM&Aでは問題が発生してからそれに対処していくという傾向にあったが，問題発生を未然に防ぐために，管理者は統合に必要な役割と責任を理解し，事前に統合計画を策定して対処することが要求される。

　潜在シナジーを実現するための相互関係の構築は，企業の戦略面と組織面の変革を伴うものである。Porter（1985）は，水平戦略（horizontal strategy）と水平組織（horizontal organization）の有効性を指摘する。水平戦略とは，企業間の境界を排除するような戦略であって，相互関係の認識と探索を目的とした組織間横断的な一貫した長期的目標と行動プログラムである。買収企業と被買収企業が共通の戦略目標を持つことによって，共通目的を明確化し，協働意欲の生成を図るのである。水平戦略を策定するための具体的な方法として，Hax & Majluf（1991）は戦略フィールド理論（strategic field theory）を提唱する。これは，どの価値連鎖における活動が企業の製品・事業によって共有されているのかを発見するための診断的メカニズムである。

　水平組織は企業間のコミュニケーションを促進することを目的とした，組織横断的な特徴のある組織機構やシステムを設置することである。被買収企業は買収によって買収企業の意向に従って経営がなされていくとは限らない。つまり，効果的なマネジメントを実行していくには，買収企業側からの積極的な経営介入が必要になる（Haspeslagh & Jemison, 1991）。そこで，組織間の調整と管理を行うことを目的としたタスクフォースやプロジェクトチームを新たに設置し，さらに被買収企業の従業員達に対して教育訓練の実施やセミナーの開催，また彼らの不安や不満を解決するための話し合いや交流の場を積極的に設けることから，買収目的や今後の方針を容認してもら

い，コミュニケーションの活性化が図られる。つまり，変革に伴うさまざまな障害を分析し，それに積極的に対処していく姿勢を構築することが課題とされる（Schweiger et al., 1994）。

　M&Aにおける価値創造の源泉を分析した従来の中心的研究であった適合性研究の特徴点を整理することからその限界についても指摘し，その上で新たな研究視点としてプロセス・パースペクティブを提示した。このパースペクティブではM&Aにおける価値創造，つまり成功と失敗に対する影響要因を，戦略や組織間の適合ではなく，プレM&Aの意思決定プロセスからポストM&Aの統合プロセスという一連のM&Aプロセスに求め，各プロセスで発生するさまざまな障害とそれに対する積極的なマネジメントの側面を考えているのが特徴である。そして，各プロセスは相互に関連し合っており，片方のプロセスを分析するだけではM&Aの価値創造に関する議論が不十分であるという姿勢から展開されている。

　M&Aとは単純に契約すれば完結されるものではなく，戦略目標を達成するために，途中で発生するさまざまな障害を乗り越えるようなマネジメントの実践が重要な課題である。そして，ポストM&Aにおいては，組織間の適合とともに戦略的ケイパビリティの移転が統合活動の本質であると考えられ，協働的な企業間関係を構築する学習的なプロセスとしても認識される。こうしたことは，最近の経営戦略論でも活発に議論されている資源ベース・ビューの研究蓄積が活用できるという側面も持ち合わせている。

---

＊　本章は，中村（2001b）をもとに加筆修正したものである。

# 第2章

# M&AマネジメントとM&Aコンピタンス

## 第1節　マルチプルM&Aの経営戦略とマネジメント

　経営学的にM&Aを分析した先行研究においては，1対1の合併や買収というダイアド関係を暗黙の前提として議論が展開されてきた。例えば，M&Aの価値創造の源泉として，企業の戦略的側面と組織的側面における適合関係を分析する適合性研究では，2企業間における関係を焦点とする。また，M&Aプロセスに注目するプロセス・パースペクティブは買収企業がどのように1つの対象企業を選択し，それを統合していくのかという過程の分析が焦点にある。実際の事例として近年良く取り上げられるメガマージャー（大合併）と言われるものは，まさにダイアド関係を分析の基礎としている。さらに，そうしたM&Aは企業が存続する中で，通常は1度しか経験しない特殊な1回限りの出来事として考えられているのが特徴である。

　そのような中で，ある企業が経営戦略の展開の中で複数の企業を買収するというマルチプルM&A（multiple M&A）は必ずしも議論の対象にはされてこなかった。仮に複数企業を買収している場合でも，その中から1つの事例を抜き出して単独的に分析する傾向にあり，マルチプルという視点は欠如していた（Kaplan et al., 2000）。本節ではマルチプルM&Aとはどのような特徴を有し，先行研究の多くが対象にしてきたダイアド関係のM&Aとはどのように異なるのかを検討する。特に，マルチプルM&Aの戦略的側面とマネジ

メント的側面における課題が考察される。

## 1. マルチプル M&A の経営戦略

なぜ企業は1回だけではなく，複数回に渡る M&A を実行するのかということに関して，その戦略的側面から考察する。その理由としては，1回限りの M&A では達成することのできない効果を期待して，マルチプル M&A は実行されていると考えられる。マルチプル M&A とは，当事者が単純に3者以上になるような我が国の金融業界で顕著である企業の救済や生き残りを目的とする3企業の対等性の高い合併を意味するのではなく，成長を目的とする戦略目標を達成するために，1つの企業が複数の企業を買収していく積極的な戦略である。そこで，マルチプル M&A と戦略目標との関係について論じ，次に，マルチプル M&A の目的による類型化を図り，その戦略上の効果について考察する。

### (1) マルチプル M&A と戦略目標

企業は，長期的に成長し，競合企業との競争に打ち勝つために将来を展望した戦略目標を策定し，その達成に向けて経営活動を展開する。戦略目標とは，企業が長期的に達成したいと願っている理想像である。それは，企業全体の方向付け，事業ドメインの設定，戦略代替案に対する決定基準の提供，従業員に対する課題と動機付けという機能を持ち，企業戦略の形成と実行の中心的役割を担うものである（大滝他，1997／Collis & Montgomery, 1998）。そして，戦略目標は企業の持つ現状の経営資源や能力では，その達成が不十分なものであり，企業が意図的にその達成のための経営資源や能力を蓄積していくことが必要となる（Hamel & Prahalad, 1994）。従って，これはトップマネジメントが描写する企業の長期的な将来像としての特徴を有し，それを短期的・中期的視点から考えたものが，各事業部が日常業務遂行上で掲げる定量的特徴を有する目標（objectives）や定性的な性質の目的（goals）であり，その達成の手段として経営戦略（strategies）が策定される（Barney,

1997／Collis & Montgomery, 1998)。

　マルチプル M&A は，このような戦略目標を達成するための手段として選択された戦略である。例えば，マルチプル M&A を積極的に展開している企業であるシスコシステムズ（Cisco Systems）では，情報ネットワークの端から端までの問題解決を提供する企業を目指して"end to end networking solutions"という戦略目標を掲げる。GE キャピタル（GE Capital）では親会社の GE（General Electric）の各市場において1，2位の地位を確保するという"No.1，No.2 戦略"を戦略目標として策定する。そして，これらの企業では成長に対する戦略目標を達成する上で，自社に欠如している製品・技術・人材を補完し，さらに中核事業を強化するために，内部開発（技術開発・市場開拓）や社内ベンチャーという内部成長戦略の代替戦略として，マルチプル M&A 戦略を実行している。これは，M&A から得られる最も大きい効果の1つである時間短縮効果に注目してのものである。

**図表2-1　マルチプル M&A の簡易モデル**

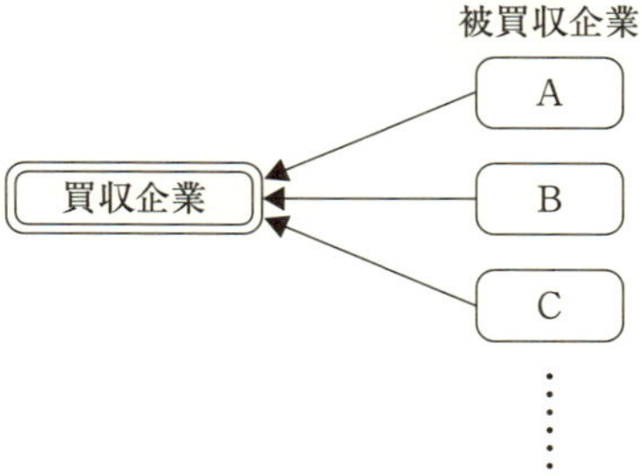

被買収企業

買収企業 ← A
買収企業 ← B
買収企業 ← C
　　　　　　⋮

　買収対象企業は戦略目標の達成ということからフィードバックして，その実現を可能にするような企業が選択される。延岡（1996）では製品開発において複数のプロジェクトを実施するマルチプロジェクト戦略を成功させるためには複数プロジェクトに関する長期的な製品戦略マップが策定される必要があるとする。これは，マルチプル M&A においても同様のことが指摘でき，戦略目標を達成する上でどのような企業を買収すればよいのかという「M&A マップ」のようなものを策定することがマルチプル M&A の効果的な

実行には必要である。

　そして，被買収企業から必要とする経営資源を獲得するとともに，買収企業の優れた経営資源を導入することによって，被買収企業のさらなる成長を促し，企業全体としての成長を目指すのである。マルチプルM&Aは，戦略目標を追求する過程においては，単に事業戦略（競争戦略）として特定の競合企業より優れたパフォーマンスを獲得することは当然のこと，企業全体としての市場での生き残りと，さらなる成長を目指して実行される全社戦略（企業戦略）の範囲からも考えられるものである。従って，企業の中の1つの事業部を強化することも，実行過程上では対象とはなるが，最終的には全社レベルからの強化を目的としている「買収による成長（growth by acquisitions）」という側面が強い。そのために，内部開発を継続的に行うのと同様に，単独的な1回限りの性格が強いM&Aではなく，連続的に複数回のM&Aを実行し，企業の能力の強化を通しての成長が志向される。

### (2) マルチプルM&Aの目的

　企業が成長のために行う全社戦略をAnsoff（1965）は，製品（事業）と市場（顧客）の組み合わせによって4つのタイプに分類した。既存の製品を既存市場にさらに浸透させて市場占有率の増大を図る市場浸透戦略（market penetration），既存の市場に新製品を追加するために新たな製品の開発を図る製品開発戦略（product development），新規市場に対して既存製品を導入して市場の拡大を図る市場開発戦略（market development），新規市場に新規製品を導入する多角化戦略（diversification）である。そして，既存研究においては，M&Aは主に多角化戦略を遂行する上で，既存の市場や製品とどの程度関連性を持つ企業を買収するのが良いのか，ということから論じられてきた（Rumelt, 1974／Salter & Weinhold, 1979）。

　しかし，M&Aは多角化戦略を遂行するためだけに行われるものではない。既存市場や新規市場で必要となる技術・製品を自社だけで開発していたのでは時間がかかるために，それをすでに所有する企業を買収することによっ

て，開発時間を補う手段としてのM&Aも考えられる（製品開発＋多角化）。さらに，既存事業の枠内で海外市場の拡大や新製品の導入によって顧客を増やすという市場を拡大するための手段としてM&Aを行う場合がある（市場開発＋多角化）。

　そこで，戦略的視点からのM&Aの目的や動機に関する議論は，それを大きく技術獲得関連（technology-related）と市場参入関連（entry-related）に分類して考えてきた（Hagedoorn, 1993／Osborn & Hagedoorn, 1996／Hagedoorn & Sadowski, 1999）。技術獲得関連のM&Aでは，技術開発コストや技術開発活動における不確実性を低減させるために，新技術や科学的・技術的知識を取得することを目的とする。市場参入関連のM&Aは，海外市場や新製品市場への参入という市場拡大を目的としたものである。

　以上の先行研究における分類を踏まえて，本研究では，マルチプルM&Aの目的を技術獲得型と市場拡大型に分類して考察する。

　第1の技術獲得型M&Aは，自社内部の研究・技術開発機能の代替としてM&Aを行う場合である（Hitt et al., 1990）。企業が競争優位を構築し，それを持続させるためには，他企業が模倣できない製品を常に開発して，市場に投入する能力が要求され，さらにそのスピードも重要な影響要因となっている。しかし，持続的に新しい技術を短期間のうちに開発することは，技術水準が高度化している環境の中では，企業にとって困難な課題であり，大きな負担である。そこで，外部に有望な技術や開発能力を持つ企業がある時には，そうした企業を買収して，その技術を吸収した方が効率的な場合もある。また，特定の技術的能力が弱い企業は，革新的技術を有する企業を買収することによって対象技術を補完することができる（Granstrand & Sjolander, 1990／Hitt et al., 2001）。

　これは，M&A（合併買収）とR&D（研究開発）を組み合わせたA&D（Acquisition & Development；買収開発）マネジメントと言われており，シスコシステムズをはじめとするハイテク関連の高い技術開発力を必要とする産業において見ることができる（Hagedoorn & Sadowski, 1999）。こうした

企業ではM&Aを研究開発や技術開発の代替として考えているために，自社に不足する技術を持つ企業をターゲットに，1回限りではなく連続的に行っていくのである。M&Aは企業のすべての経営資源を取得するのが一般的であるために，買収企業は必要のない経営資源を抱え込んでしまうことが大きな負担になり，それがその後の経営を圧迫して失敗の原因にもつながっていると指摘されている（Hennart & Reddy, 1997）。しかし，技術獲得型のマルチプルM&Aでは，明確に取得すべき技術などを絞り込んでいるために，このような弊害を回避することができ，重複する経営資源や余分なコストを削減することができる。場合によっては企業の部分買収ということもある。

　第2の市場拡大型は，海外市場や新規市場に進出する際にM&Aを展開するタイプである。ゼロベースから新規事業を創造する場合には，設備・販売チャネルを新設し，新しく従業員を訓練する必要がある（Barkema & Vermeulen, 1998）。従って，十分な顧客を獲得して，経営を軌道に乗せるまでには長い時間と多大なコストがかかる。また，海外進出の場合には現地の規制等によって事業展開が制限される可能性もある。そこで，対象とする市場ですでに事業が行われている企業を買収することにより，操業までの時間を短縮し，コストを低減することが可能となる（Ashkenas et al., 1998）。

　このタイプのM&A戦略は，グローバルな市場で展開することが可能なGEキャピタルをはじめとする金融業界や，ブランド商品による展開が中心である化粧品・ファッション業界に見ることができる。金融業界では，短期的に顧客基盤を構築できることや現地規制の関係から，参入地域の業績不振企業を買収して市場拡大を行うことが活発である。化粧品・ファッション業界では，マルチブランド戦略と言われる1つの企業やグループが複数のブランドを持って事業展開することが，競争上の重要課題となっているために，マルチブランドを有する企業を目指してM&Aが利用されている。特に，ブランドはそれを顧客に認知させ，プレステージイメージを構築するまでには，長い時間と多額の広告宣伝費が必要となるために，買収によって取得した方がゼロから新しいものを作るよりも効果が得られる場合が多い。

以上のように，マルチプル M&A は技術開発や市場拡大における時間短縮効果を狙った成長志向による買収戦略である。非関連事業を増やし，企業帝国を構築していくようなコングロマリット型の M&A はそれには該当せず，すべての M&A 活動は戦略目標のもとで一貫したビジョンのもとで行われる。従って，結果的に複数の企業を買収したというものではなく，戦略目標を達成するための手段として M&A を実行することが決定されているのである。それによって現在の企業に不足している技術や市場を次々と獲得し，さらなる成長を目指すのである。

## 2. マルチプル M&A のマネジメント

 マルチプル M&A を実行する場合には，個別の M&A プロセスの最適化だけを考えるのではなく，戦略目標を達成するために，企業の持つ経営資源やさまざまな能力・スキルを複数の M&A に適用して，全体としての最適化を考えていく必要がある。そして，買収後は複数の企業をマネジメントしていくことが課題となる。以下では，複数企業のマネジメントに関する先行研究をサーベイし，単独企業経営やダイアド関係の経営とどのような相違点があるのか考察する。そして，これらの議論によって抽出された結論からマルチプル M&A のマネジメントを分析する際に，どのようなことが課題となるのか検討する。

### (1) 複数企業のマネジメント

 ここでは，複数企業のマネジメントに関する先行研究のサーベイを行なう。まず，企業の集合した形態である企業グループのマネジメントに関して，1980年代後半の議論と近年になって複雑化してきたその内容について考察する。次に，グループ・マネジメントの視点をグローバル経営の中に取り入れた Bartlett & Ghoshal（1989，1992）の研究を中心とするトランスナショナル企業，M&A と同様の外部成長戦略であるアライアンスを対象にした Doz & Hamel（1998）のマルチプル・アライアンスの概念に関して整理す

る。

### ① 企業グループのマネジメント

1企業対複数企業の関係は，我が国では本社と関係会社を含む企業グループに関する研究の中で議論されてきた。近年では連結会計制度の導入を背景に，このテーマに関する議論が再び盛んになってきたが，ここでは本社と関連企業の関係，グループ・マネジメントにおける課題に注目して論じる。

従来，グループ・マネジメントは関係会社管理と称されていた（寺本，1989）。それは親会社を中心とするピラミッド的な階層的組織構造から成り立っており，関係会社は主従関係のもとで親会社の事業を支える1つの機能に過ぎないという見方がされてきた。つまり，グループを1つの単位としては考えてはおらず，親会社の企業価値最大化を目的として，グループの中で親企業対1つの関係会社という1対1の関係を分析することが基本課題であった。

しかし，1980年代後半からグループ・マネジメントに対する基本的な視点転換が求められ，新たに戦略的グループ・マネジメントという概念が用いられるようになった（寺本，1989／山倉，1989）。これは，関係会社の自主性を活かしながらグループ全体としての統合をいかに図っていくのかが課題であり，企業グループ全体としての成長と価値の最大化が目的とされる。つまり，グループ構造はヒエラルキー構造からネットワーク構造へ変化し，親会社からの所有の論理を基盤とした一方的強制力ではなく，相互理解の精神に基づいた関係の構築という統合の考え方である。この点に関して，寺本（1989）はグループ・シナジーという概念を用いて，グループ全体におけるシナジー効果を最大限に発揮できる体制の創造の必要性を説く。それは，第1に企業グループ全体のビジョン・価値・理念を設定し，グループの方向性を明確にすることである。第2に，グループ企業間における情報共有と人材交流を積極的に行うことである。第3に，企業グループを調整し管理する社内体制の整備であり，本社機能の役割の転換を意味する。

ただし，すべての関係会社を同一に扱っていたのでは十分な成果は見込めない。各関係会社のグループに対する重要性と独自の経営資源・能力を評価し，それを分類化することが必要である。そうした作業から有望な経営資源を有する企業を見つけ出し，その企業を成長させることによって，グループ全体を成長させる基盤とすることが可能である。つまり，画一的マネジメントではなく重点主義的マネジメントが課題として考えられる（山倉，1989）。

1980年代後半以降，企業経営の形態やその内容が多様化する中で，グループ経営の形態と内容も多岐に渡るようになってきた。伊藤（1999）はその類型として，自律連携モデル，戦略分析モデル，統合創発モデルに分類する。自律連携モデルとは，グループの各メンバー企業に権限を大幅に委譲し，各企業の自律性・社員の自由・創造性という「個」を重視する経営モデルである。その一方で，メンバー企業間の交流を促して，この利益をグループ全体の利益に結び付けるためのメカニズムも保有する。戦略分析モデルは，グループ全体でのコスト効率・スピードを重視するモデルである。そして，メンバー企業にはグループ内での戦略上の位置付けや責任が明確になっており，役割の分化が徹底されている。統合創発モデルは，前の2つのモデルの特徴を併せ持ったものであり，異なる性質や秩序を持つ個が相互に影響し合うような仕組みを作ることによって，各メンバー間に融合が生じ，新たな性格を持つ秩序の創出がなされる。つまり，メンバー企業は創造性を最大限に発揮する一方で，中核事業では徹底的なコスト効率性が追求される。そして，現在のグループ・マネジメントにおいては統合創発モデルが注目を集めている。これを実現するために，Bower & Raynor（2001）は本社が戦略的柔軟性（strategic flexibility）を備えることが必要であるとする。各事業が自律的に活動する一方で，事業部間の協働活動が求められる場合には，本社が中心となって迅速かつ柔軟に対応する体制を構築することである。

また，グループ企業の中に新しいパラダイムを創出し，環境適応性を向上させるための「メタボリズム（metabolism；新陳代謝）」のメカニズムも必要である（伊藤，1999）。これは，企業グループの創造性を向上させるため

の方法であり，2つのタイプが考えられる。第1に，従来のグループの中には存在しない異質な要素をM&Aによって外部から取り入れ，その異質な特徴を有する企業と積極的に融合することから自己革新を図る異種融合型アプローチである。第2に，ある特定の機能や事業ドメインに権限や資源を集約させ，それ以外のものは分社化やアウトソーシングによって分離するが，集約化したものと分離化したものの間で相互作用を実践する集約提携型アプローチである。つまり，前者はメタボリズムを実現するための源泉をグループ外部から獲得し，後者はグループ内部に求めている。

　以上で，企業グループ・マネジメントに関する議論を整理してきたが，マルチプルM&Aにおいても買収企業と被買収企業の関係は支配・服従関係ではなく協調関係にあり，戦略的ケイパビリティや経営資源の移転，組織間学習が重要な課題となっていることから，それは買収企業を中心としたグループ全体の利益の獲得からマネジメントが行われている。そして，買収企業には戦略的柔軟性が要求され，グループ全体としての創造性を志向しているために，異種融合型アプローチの典型例として考えられる。

## ② トランスナショナル企業のマネジメント

　次に，企業グループ・マネジメントの概念をグローバル経営の中で論じたものとして，Bartlett & Ghoshal（1989）が提唱したトランスナショナル企業の概念を中心に考察する。

　現在，多くの企業は経営活動を海外市場に求め，さらに多くの子会社を世界各国に設立している多国籍企業としての特徴を有している。そして，その形態は大きく3つのタイプに分類されてきた（Bartlett & Ghoshal, 1989）。

　第1に，マルチナショナル企業であり，世界各国の市場ごとの差異に対応する柔軟性を重視し，権限を各子会社に分散し，自己充足性のもとで経営が展開される。これは，各国ニーズへの対応能力の強化を狙ったものであり，戦略の決定や研究開発・生産・販売などの活動は各自が行う。そのために，本社は各子会社に対して緩やかな管理を行うだけである。

第2に,グローバル企業であり,世界規模で標準化された製品を販売していく規模の経済性に基づくコスト優位性を築くことを目的としたものである。これは,本社の権限が強く,子会社に対しては製品を提供し,本社の策定した戦略に従って子会社の経営は行われる。従って,中央集権型の経営という特徴がある。

 第3に,インターナショナル企業であり,本社で開発された革新的な技術やアイデアを海外子会社を通して世界規模に拡散していくことを目的としたものである。本社は子会社に対して公式的なシステムを用いた管理を行い,子会社は本社から提供された技術をもとに各国市場に対応する独自の製品や戦略を開発するのである。

 これら3つのタイプの特徴は,経営資源の流れが本社から海外子会社への移転という一方向であり,子会社から本社へ,また子会社同士の関係は全く考慮されていなかった。そこで,Bartlett & Ghoshal (1989) は新しいタイプのマネジメント形態としてトランスナショナル企業という概念を提唱する。

 トランスナショナル企業の組織構造は,統合ネットワークといえる枠組みを軸に形成されており,分散した専門的な活動と能力を基盤とした構造,そして相互依存を基盤とした組織間関係を特徴としている (Bartlett & Ghoshal, 1997)。まず,効率化による利益は中央集権化ではなく,各子会社の専門化によって達成される。専門化された組織単位を適切な市場に配置することにより,市場動向や技術革新,競争状況などの外部からの情報に対して迅速かつ柔軟な対応が可能になる。また,各子会社はそれぞれが独立したものではなく,相互に経営資源の交換が積極的になされており,協力体制が構築されている。さらに海外子会社は独自に新しい経営資源を蓄積していくことも重要な課題であり,単なる経営資源の移転先ではなく,情報収集や独自能力を獲得し,本社にフィードバックしていく戦略的単位として位置付けられる存在である (周佐, 1994)。

 こうした新しい組織形態は,本社にも新しい役割を課すことを意味する。Porter (1986) が指摘する価値連鎖内の各活動を世界のどの場所で行い,そ

の場所はどの位の数にするのかという活動の配置（configuration of activities）と，各国市場で行われる同種類の活動をどの程度調整するのかという活動の調整（coordination of activities）である。本社は，単に子会社を世界各国に拡散するのではなく，各子会社の機能レベルから考え，どのように配置・調整して最も効率的なグローバル展開が実行できるのかを考える必要がある。そして，経営資源が多国籍企業内部で移転され，相互利用されることは，企業グループ全体の競争優位が高まることにつながる（周佐，1988）。そのためには，グループ間のコミュニケーションを活発化し，グローバルに通用する価値や理念の構築とその浸透が課題となる。

　さらに，Nohria & Ghoshal（1997）は，多国籍企業はグローバル規模でさまざまな経営資源を共有して価値創造を図るために，差別化されたネットワーク（a differentiated network）としての必要性を述べている。この考えは，個別企業の製品レベルでの差別化はもちろんのこと，企業ネットワーク自体も差別化することが重要であるという指摘である。

　また，このような形態のグローバル経営においては，異質な文化や知識体系が接触する場であり，それにより新たな創造性を導くという側面も無視することはできない。これを，安室（1992）はカルチュラル・シナジー管理として論じ，文化の相違がもたらす個人や集団の相対的な認知の違いを活用して，組織全体の認知構造を変革し，組織の環境認知能力を改善するマネジメントの必要性を説く。つまり，文化的多様性は認知構造に多様性をもたらし，その結果として物の見方や考え方を拡張し，問題解決能力や創造性・柔軟性を向上させることにつながる（Adler, 1991）。

　以上で，トランスナショナル企業の特徴について論じてきたが，それは海外に子会社を設置することが新しい経営資源や能力の獲得を可能にすると考えている。マルチプル M&A においても同様に，買収企業から被買収企業へ一方的に経営資源や戦略的ケイパビリティを移転するだけでなく，買収企業に不足している経営資源などを補完し，新しいものを創造することを目的としている。そして，この議論では本社の役割や異文化接触によるシナジーの

重要性が指摘されているが，この考え方はマルチプル M&A のマネジメントに適用できるものである。

③ マルチプル・アライアンスのマネジメント

　次に，M&A と同様の外部成長戦略であるアライアンスに注目する。従来は，1企業対1企業のアライアンスの議論が中心であったが，近年の情報通信分野における技術革新や業界標準獲得競争と関連して，複数企業が参加するマルチプル・アライアンス（multiple alliances）の存在が注目されている。従来のアライアンスでは，必要な経営資源だけを一方的に獲得することを目指していたものや，1つのパートナーとの協力体制の構築が中心課題であった（Badaracco, 1991）。しかし，近年では機会主義的志向から共通利害の獲得という互恵主義の考え方へとシフトし，複数企業との協力体制の維持と相互学習が重要なテーマとなっている（Doz & Hamel, 1998）。

　このような考え方に対して，Perlmutter & Heenan（1986）はグローバル戦略的パートナーシップ（global strategic partnership；GSP）の概念を提唱する。GSP は情報通信などの高度技術を必要とする産業において重要な戦略的位置付けを持ち，参加企業は共通の長期的戦略のもとで展開し，互恵的な関係を持ちながらも自主性を維持するという特徴がある。つまり，GSP では参加企業の自主性は維持され，特定の技術開発などの目的遂行のためだけに協力体制が築かれている。そのために，競合企業と一時的に協力する可能性もある。また，Gomes-Casseres（1996）は世界的規模での事業展開と技術標準や規格標準の獲得のためにアライアンス・ネットワークの必要性を提唱する。これは，特に技術や製品規格における業界標準を獲得するために，1つの企業が複数の企業とアライアンスを形成し，ネットワークを構築するのである。そして，近年では規格間競争の激化を反映して，ネットワーク単位での競争が重要な課題となっている。一方で，関係するネットワーク内部の企業数の増加による調整作業の複雑化，ネットワーク自体の数が増加することによる競争の激化と戦略の混乱，ネットワークに参加する企業の独自性の

図表2-2　マルチプル・アライアンスの形態

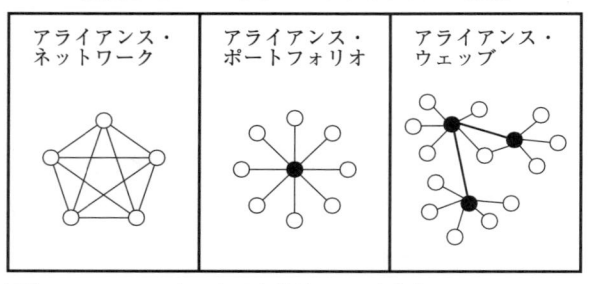

| アライアンス・ネットワーク | アライアンス・ポートフォリオ | アライアンス・ウェッブ |
|---|---|---|

出所）Doz & Hamel（1998）より簡易モデルを作成
丸は企業，黒丸は中心となる企業を示す
細線はアライアンス関係，太線は株式所有（支配権獲得のアライアンス関係）

消失という，新たな弊害の発生も指摘されている。

　このような複数の構成企業から成り立つマルチプル・アライアンスをDoz & Hamel（1998）はさらに詳しく3つのタイプに分類し説明する。

　第1に，複数の企業の参加によって広範囲なアライアンスが形成されるアライアンス・ネットワーク（alliance network）であり，Perlmutter & HeenanのGSPやGomes-Casseresが対象にしていたタイプである。これは，ネットワーク全体が分析単位である。技術革新の達成や製品・技術の業界標準・統一規格の構築を目的とし，さらにグローバル市場へのアクセスや参加企業間における協働的学習効果を期待して形成される。そのために，メンバーになることによって享受できる利益を明確化することが，ネットワークを強化することにつながる。メンバー間の関係は相対的に平等な地位にあり，各メンバーは特定の目的を遂行するためにネットワークに参加している。しかし，時間の経過に伴い，結節点（nobel）となる企業が出てくる。これは，多く企業との関係からパワーを獲得している企業であり，そのネットワーク内にビジョンやコンセプトを形成する主導的役割を担い，独自性のある経営資源を発展させていく。従って，ネットワークの中で最も優位性を獲得することが可能となる。

　第2に，1つ企業が複数の企業とのアライアンスを形成するアライアン

ス・ポートフォリオ（alliance portfolio）である。これは中心となる企業の視点から他企業とのアライアンス関係を考えており，必要とする経営資源を有する企業と次々にアライアンスを形成していくものである。従って，アライアンスを締結した相手企業同士の関係は重視されていない。そして，中心企業だけが利益を得るのではなく，パートナーの双方に利益をもたらすものである。パートナーが多様になることは，アライアンスを持続させるための困難性を招く一方で，潜在的な学習機会の源泉としても位置付けられる。中心となる企業には，多くのアライアンスをマネジメントしていくための能力が必要である。

　第3に，複数のポートフォリオの中心企業間で強い結び付きが形成されるアライアンス・ウェッブ（alliance web）である。最初の2つの形態では，株式所有を伴わないアライアンスが中心であったために，不安定な構造を有していた。しかし，時間の進展と共に，次第に株式所有を伴うパートナーが存在し始める（Hagedoorn & Sadowski, 1999）。これは，アライアンス構造の安定化や不確実性の低下につながる。さらに，株式所有によって安定的になったパートナーも他の企業とポートフォリオを形成している。その結果，広範囲なパートナーと結び付くことが可能になるのである。また，株式所有を伴わない場合でも，アライアンス・ウェッブとはその構造が蜘蛛の巣状に入り組んだ状態のアライアンスのことを指している（Gomes-Casseres, 1996）。

　以上の3つのマルチプル・アライアンスでは，それぞれの形態は異なるが，新しい経営資源や能力の創造，強力な競争優位性の獲得，各メンバーが単独で達成するもの以上の効果，学習を促進する機会の獲得という共通する特徴を有する。本研究の対象とするマルチプルM&Aにもこうした効果は見られる。そして，この分類の中ではアライアンス・ポートフォリオに近い性質を持つものである。マルチプルM&Aでは，常に買収企業が主導となってグループ全体の価値を最大化していくために，買収企業を中心とした構造であり，複数のM&Aが実行されるのである。しかし，マルチプル・アライア

ンスの議論では，その形態や目的に関しては述べられているが，どのようなマネジメントが課題になるのかは十分には論じられていないという問題点もある。

### (2) マルチプルM&Aのマネジメントの課題

複数企業のマネジメントに関して，先行研究が豊富な3つのテーマに関して考察してきた。ここから得られた結論として，企業グループ・マネジメントでは，関係会社の自主性を活用しながらグループ全体として統合していくことが課題であり，さらにグループ企業内での創造性を発揮することが求められる。トランスナショナル企業では，世界各国に分散した子会社の専門化を向上させ，独自に新しい経営資源を蓄積していくことが求められ，それをグループ間の相互依存関係によって移転する。従って，その組織構造は統合ネットワークとして指摘される。マルチプル・アライアンスでは，参加企業は自主性を維持しながら特定の目的を遂行するために協力体制を築いている。そして，アライアンスに参加することにより，単独で達成する以上の効果や強力な競争優位性を獲得するための学習機会の場を提供してくれるものと考えている。

つまり，現在の複数企業のマネジメントに関する議論を整理すると，本社と子会社という関係は存在するものの，子会社は自律的な位置付けにあり，双方が単独では獲得できなかった利益を享受していくために協調関係を維持していく姿勢が採られている（Doz & Hamel, 1998／Hitt et al., 2001）。そして，本社から子会社への経営資源や戦略的ケイパビリティの移転がある一方で，その逆も存在するという相互学習的側面が強調されている。しかし，関係者の数が増加するために，その形成や構造は複雑になり，中心的役割を担う企業のマネジメント上の役割と負担は大きくなる。つまり，子会社や参加企業の自主性を尊重していくことは，それらの分散化を促す行為でもある。そこで，分散した企業をいかに統合的にマネジメントしていくのかという課題が発生する。

マルチプル M&A のマネジメントにおいても同様のことが指摘できる。複数の買収した企業をいかに買収企業と統合して効果を上げていくのかという問題であり，買収企業の優れた経営資源や戦略的ケイパビリティを移転する一方で，マルチプル M&A の目的が技術獲得と市場拡大にあるので，被買収企業が持つ専門的技術や市場に関する知識・顧客を吸収していくことである。その方法として，複数企業のマネジメントにおいても論じられていたが，共通のビジョンや価値の創造が指摘された。これはマルチプル M&A においても必要とされ，それを相手企業にも徹底してその浸透を図ることである。その手段として，人や情報を企業間で交流させるためのコミュニケーションが不可欠となる。その際に，被買収企業の柔軟性や自律性を極度に奪うことにより，専門知識や能力の源泉をも破壊してしまわないようにすることである。

マルチプル M&A にはここまでの議論では論じられなかった新たな課題が存在する。それは，複数の M&A をどのように統括して管理していくのかという組織全体からの視点の分析である。このような複数企業の管理に関連する議論として，延岡（1996）は製品開発プロジェクトを対象に，個別プロジェクトを独立して管理するのではなく，企業内の複数の製品開発プロジェクトを戦略的に管理するための新しいフレームワークをマルチプロジェクト管理と呼び，それが企業の競争力向上において重要な役割を担っていると指摘する。つまり，現在の企業経営の中では，同時に複数の企業や機能をマネジメントしていくことが重要な課題となっており，それが他企業との差別化要因につながり競争優位を向上させると考えられている。

また，複数の M&A を行う場合には，以前に行った M&A 案件とその後の案件の関係を分析の視野に入れることも必要である。先行研究では，静態的視点からグループ企業間の関係を考える傾向にあったので，現在の視点でグループ子会社やアライアンス参加企業の関係は考えられていた。しかし，マルチプル M&A では 1 回の取引で複数の企業を買収するのではなく，案件間にはある程度の時間ギャップが存在する。つまり，そこに時間的視野を取り

入れた場合に，過去の案件が将来の案件にどのような影響を与えるのかということが重要課題となる。例えば，以前のM&Aで経験したことが，将来の案件の効果的な実行に役立つ場合もあるだろう（Hitt et al., 2001）。Gray & Yan（1997）は，国際的合弁事業を分析し，初めての合弁事業が成功した企業では，その後の新しい合弁事業を形成する時にも，同じような統制構造を再現する傾向が見られると指摘する。つまり，過去の成功パターンが将来に活用されているのである。

また，実際のマルチプルM&Aでは，1つの案件が完結したので次に着手するということではなく，1つのM&Aの統合プロセスの途中段階で次のものを行っていくように，それらは同時並行的で案件毎にオーバーラップしているという特徴がある。

M&A案件間の関係を直接的に把握するだけではなく，それを統括する買収企業の役割に注目すると，複数案件をマネジメントしていく独特の組織的フレームワークが存在すると考えられる。それは，マルチプルM&Aでは買収企業が中心的な立場にあり，被買収企業からの経営資源の移転はまずは買収企業を対象にされる。そして，それが企業経営上重要であると認識された場合には，買収企業から他の被買収企業への移転が行われるために，直接的に被買収企業間同士で経営資源の移転が行われるのではなく，買収企業を媒介にして実行される。仮に，被買収企業間での移転が実現される場合には，相当の時間が経過して，対象となる被買収企業の統合プロセスが一段落し，その関係が安定的になってからのことである。このように買収企業の位置付けと役割は非常に大きいのである。

そして，こうした複数のM&Aを実行し，一連のM&Aプロセスを効果的にマネジメントしていくには，企業特殊的な組織的能力が存在すると考えられる。つまり，M&Aの意思決定から統合というM&Aプロセスを効果的にマネジメントしていく専門知識やスキルの集合としての「M&Aコンピタンス（M&A competence）」の存在である。マルチプルM&Aを効果的な成長戦略として活用していくには，ただ場当たり的なM&Aを繰り返すだけでは不十

分であり，組織的に M&A コンピタンスを形成する必要がある。そして，M&A コンピタンスの存在により，将来の M&A からも効果を引き出すことができ，マルチプル M&A が有効な戦略になるのである。

　本節では，従来の研究では十分に取り上げられることのなかった，企業が戦略的に複数の M&A を実行するマルチプル M&A を分析対象にし，その戦略とマネジメントにおける特徴を考察してきた。マルチプル M&A は戦略目標を達成するための手段として選択されるものであり，技術開発が組織内で継続的に行われるように，1度限りではなく繰り返し実行される。場当たり的なものではなく，一貫したビジョンのもとで，企業の成長戦略として行われるのである。そして，特に時間的効果の追求に主眼が置かれ，その目的によって，技術獲得型と市場拡大型の2つに分類できる。

　さらに，マルチプル M&A では単独的な M&A では表面化しなかった課題が存在することを認識してきた。つまり，買収後には複数の企業を同時並行的に管理していくことが課題となり，部分的な最適化ではなく全体的な最適化を目指していくことが重要となる。先行研究が豊富である企業グループ・マネジメント，トランスナショナル企業，マルチプル・アライアンスの議論を参考にして，マルチプル M&A におけるマネジメント上の課題を分析した。被買収企業の自律性を維持した上で，買収企業との相互関係を深めることにより，新しいものを創造していくことが求められるのである。そして，M&A を繰り返すという行為では，時間的視野が重要な尺度となる。つまり，1度限りの単独的な性格を持つ M&A の場合には，前後の M&A との関係や複数の案件に一貫している買収企業の役割などは考えなくても問題ないが，一連の流れの中で行われる場合には，M&A を統括している何らかの組織的要因が存在するのか，案件間にはどのような関係が存在するのか，など新しい検討課題が生じる。これらの論点に関して次節で検討する。

## 第2節　マルチプル M&A と M&A コンピタンス

　企業の成長戦略の一環として，自社独自の研究・技術開発や市場開拓を基盤にする内部資源蓄積型の戦略と並行して，外部の有望な技術や市場を持つ企業を積極的に繰り返し買収していくマルチプル M&A が重要な経営戦略の1つとして認識されている。このようなマルチプル M&A を分析対象にすることにより，新たな研究課題が生じる。M&A を継続的に複数回展開する場合には，1回限りの M&A の分析では見ることができなかった M&A に関する何らかの組織的能力が存在するのではないかということである。つまり，こうした企業では，個別の M&A を成功裏に実行し，さらに他の M&A を行う時にも同様の効果を上げているために，過去の M&A の実行に際して使われた M&A に関する専門知識やスキルを，次の M&A の時にも活用していると理解できる。そして，それは M&A の形成からその後のマネジメントという M&A プロセスを効果的に行っていく何らかの能力の存在を指摘することである。

　このような一連の M&A プロセスを成功的に実行していく企業特殊的な組織的能力を「M&A コンピタンス（competence）」という概念で示し，これは特にマルチプル M&A を展開する場合に重要な成功的要因として考えられるものである。本節では，企業の持続的競争優位の源泉として注目されているコア・コンピタンスと M&A コンピタンスの関係に焦点を当て，M&A コンピタンスの内容，特徴，その形成に必要な要因について検討する。

### 1. マルチプル M&A の分析

　M&A コンピタンスとは，M&A の意思決定から統合という M&A プロセスを効果的にマネジメントしていく企業特殊的な組織的能力であり，持続的競争優位の源泉として考えられているコア・コンピタンスの1つである。つまり，M&A コンピタンスは，企業の見えざる資産として形成されているものであるが，それを組織内に蓄積していくためには，個人レベルは当然のこと

組織レベルからも積極的に取り組む姿勢が必要となる。はじめに経営戦略論の中で重要な概念になっている企業のコンピタンス（competence；能力）とはどのようなものであり、それがなぜ競争優位に影響するのかに関して整理し、その上でM&Aコンピタンスの概念に関して検討する。

## （1） 企業のコンピタンスと競争優位

経営戦略論において、企業の競争優位性の源泉に関する議論は、企業の内部と外部を対象に展開されてきた。企業外部に競争優位の源泉を求める研究は、事業領域として選択した市場で、他企業よりも低価格で販売するというコスト優位性か、または他企業の製品にはない付加的な価値をつけて製品を販売するという差別的優位性によって、競争優位を獲得できるとされてきた。つまり、企業が広範な市場領域の中に自社が魅力的と考える市場を探求し、そこに自社を位置付けるという市場ポジショニングを競争優位の源泉であると考えている。

一方で、企業内部に焦点を当てた研究は、企業を経営資源や能力の集合体として考え、それが企業特殊的で独自性が高く他企業が容易に模倣できない場合に競争優位を獲得でき、さらにそれを持続させることが可能であるとする。この一連の研究は、経営資源に基づく企業の見方（resource-based view；RBV）と言われており、現在の経営戦略論においても重要な研究課題とされている。特に経営資源でも見えざる資産としての情報的資源に焦点が当てられる。RBVは研究の視点を総称した用語であり、その内容や対象とする領域は多岐に渡る。

このような企業の有する独特の資源や能力を表す用語は、competence, strength, skill, capability, organizational knowledge, intangible assetなど論者によってさまざまな使われ方がされているが、これらは広い意味で組織的能力と呼ばれている（Grant, 1991）。いわゆるヒト・モノ・カネといわれる経営資源は、企業が活動していく上で不可欠なものであるが、外部から代替的なものを再調達することが可能である。その一方で、RBVが対象にして

いる経営資源や能力は，Barney (1991) が指摘するように，有価値性 (value)，希少性 (rareness)，模倣困難性 (imitability)，非代替性 (substitutability) という特徴を有し，効果的に競争を展開していく上で必要となるだけでなく，他企業が簡単には模倣できないために差別的優位性にも貢献し，競争優位を持続させることができる。つまり，これらは組織に対化しているために，簡単に移転することが難しく組織的能力として論じられるのである。

このような組織的能力は，企業が経営活動の展開において，選択されてきた過程に沿って起きたすべての事柄を反映して，時間をかけて築き上げられてきた経路依存的な (path-dependent) 特徴を有するものである (Barney, 1991／Collis & Montgomery, 1996)。従って，企業のルーチン，プロセス，文化から影響を受け，それらに根差している。また，Prahalad & Hamel (1990) は，長期的な競争優位を獲得するには，環境変化に対応してさまざまな新製品を生み出すことが必要であり，それは企業が長年製品開発や研究開発に取り組む中で形成されてきた能力が大きな影響力を持つと指摘し，これをコア・コンピタンス (core competence) として提唱した。彼らは，製造業を主要な研究対象としたために，特定の製品開発能力としてコア・コンピタンスの重要性を論じているが，研究・製品開発プロセス (桑嶋, 1999) や生産システム (藤本, 1997)，サービス業を対象にした輸送システムや情報システムなどの事業プロセス (Stalk et al., 1992) に焦点を当てた研究へと展開している。また，企業の機能レベルの議論だけでなく，多角化企業の全社戦略に関する分析にも適用され，新事業の進出においては製品との関連性よりも，事業の競争力の源泉である資源や能力の関連性が重要であるとする全社レベルの議論においても活用されている (Barney, 1997／Markides & Williamson, 1994／Collis & Montgomery, 1998)。

つまり，コア・コンピタンスは他の企業が容易には模倣できない競争優位を獲得し，それを持続するために必要な組織的能力であり，その対象は全社戦略の策定から，製品開発に対する技術，事業上のシステム，さらに社内の

特定の人材に至るまで幅広く適用されるものである（柴田・中橋，1997／河野，1999）。

　前章，前節においてはM&Aにおける重要な資源の移転として戦略的ケイパビリティという用語を使ってきた。戦略的ケイパビリティとは，個別の経営資源のように，個別的な特徴が強い他企業との差別化で重要な影響力を持つ能力である。一方，コア・コンピタンスとは，戦略的ケイパビリティの集合であり，企業の競争力の中核（基盤）となるべきものである。本研究では両者を異なる意味で使っている。なお，単にコンピタンスとして述べているものは，見えざる資産である知識やスキルを含む能力のことを示している。

　本研究では，M&Aコンピタンスという新しい概念を提唱する。M&Aコンピタンスは，コア・コンピタンスの1つの種類と考えているために，M&Aケイパビリティではなく，M&Aコンピタンスという用語を適用している。他の理由としては，我が国ではHamel & Prahalad（1994）の著書が『コア・コンピタンス経営』と邦訳され，その用語が一般的に浸透していることも挙げられる。また類似のものであるスキルという用語に関してであるが，これは組織レベルからのものではなく，個人が有する技能的な能力としての意味合いが強い（Grant, 1991）。従って，本研究では組織的なM&Aに関する能力を考えていくために，M&Aスキルという用語は適しないものとする。

## (2) M&Aコンピタンスの概念

　RBVで展開されてきた考え方をM&A研究に取り入れることにより，今までは論じられることのなかったM&Aの新たな側面を分析することが焦点にある。つまり，マルチプルM&Aでは，1企業対複数企業の関係を扱うために，従来の多くの研究が前提としていた1対1のダイアド的な関係のM&Aでは考えられなかった課題を分析することが可能になる。

　それは，複数のM&A案件を統括・管理する組織的なフレームワークや能力の存在である。先行研究では複数の企業を買収する場合であっても1つのケースを抜き出して1対1の関係に焦点を当てていた。そして，1回限りの

M&Aを前提にしており，組織レベルから複数企業の買収に関わる方法論を導き出すことはされなかった（Ashkenas et al., 1998）。しかし，マルチプルM&Aでは，1回1回の案件に必要とされるM&Aプロセスの対処策をその都度ゼロから構築しているわけではない。Mckiernan & Merali（1997）が指摘した循環的モデルであるM&Aのライフサイクルの考えに従えば，過去の案件を評価し，実行プロセスで不都合だった所を改善し，将来のM&Aを実行する時にフィードバックさせることができる。そして，自分達の経験や他社のベストプラクティスを学習することによって，M&Aを効果的に運営できる独特のスキルや能力を形成していくことも可能である（Harbison & Pekar, 1998）。

つまり，個別案件を見るだけでは把握できなかった一連のM&Aを成功裏にマネジメントしていく組織的能力の存在を考えることができる。こうした能力はM&Aに対する共通のフレームワークを提供し，M&Aに伴うさまざまなコストや組織的問題を低減していくことを可能にする。そして，この組織的能力を有する企業は，M&Aを他の企業よりも効果的に実行していくことができるので，同じ業界で事業展開している企業であるにもかかわらず，M&Aを積極的に活用する企業とそうではない企業という行動の差があるのではないかとも考えられる。

M&Aの意思決定から統合というM&Aプロセスを効果的にマネジメントしていく企業特殊的な組織的能力を「M&Aコンピタンス」として提唱する。そして，M&AコンピタンスはとくにM&Aを繰り返し行っていくマルチプルM&Aを実行する場合に，競争優位を獲得する上で重要となる。従って，この能力はM&Aを通して競争優位を実現する要因であるとともに，将来においても継続してM&Aを実行していく誘因になるものである。この能力のない企業は，M&Aから十分な効果を引き出せず，さらにマルチプルM&Aのメリットである時間短縮効果を得られないために有効な戦略として使っていくことはできない。

M&A研究において，コンピタンスに関する指摘は，買収企業の優れた戦

略的ケイパビリティの移転や企業間学習との関係で多く論じられてきた。しかし，M&A そのものをマネジメントしていく組織の能力に関する議論はされてこなかった。また，先述したコンピタンスに関わる研究では，製品開発などに関わる技術やそのプロセス，さらに事業システムという企業内部を対象にしていたが，M&A などの対外的な経営戦略を展開していく能力に関する考察は不十分であった。多角化戦略においてコンピタンスの概念を用いる分析も行われてきたが，それは多角化先事業との関連性を焦点に論じたものである（Collis & Montgomery, 1998）。そこで，M&A 研究と RBV を結び付けることによって，M&A コンピタンスを企業が M&A を通じて競争優位を獲得していく上での重要なコア・コンピタンスの一要素と考えることができることを論じる。また，M&A コンピタンスと類似の概念としてアライアンス・コンピタンス（Spekman et al., 2000）というものが提唱されている。この概念との異同に関しても考察する。

## 2. M&A コンピタンスの内容

　M&A コンピタンスに関して論じる前提として，M&A をプロセスの視点から考えていくことが必要である。それは，M&A コンピタンスの具体的内容は，M&A を一連のプロセスとした場合に，そのプロセスに関連するさまざまな専門知識やスキルの集合だからである。つまり，M&A における企業間の適合に着目する適合性研究の考え方は静態的視点に基づくものであるので，コンピタンスという動態的な性格を持つものを分析するには不十分であり，プロセス・パースペクティブからの分析が必要とされるのである。

　以下では，プレ M&A とポスト M&A に分類して，各段階で必要とされるコンピタンスがどのようなものであるのか整理する。それは，各プロセスによって中心的な役割が異なり，それに伴ってコンピタンスの性格も異なるからである。さらに，M&A コンピタンスが有する特徴を RBV との関係から考察する。

## (1) プレM&Aにおけるコンピタンス

プレM&Aでは意思決定に関わることが中心的課題である。まずは，戦略目標を策定し，それを実現するための手段としてM&A戦略を立案する。そして，戦略目標を達成するために必要な経営資源や製品・市場などを補完できるような企業を探索して，それらを戦略的に評価することによって最も自社のニーズに適合した企業を選択するのである。また，買収対象企業が決定されたら，その企業の財務的内容を評価して買収価格を算出し，それに基づいて具体的な交渉段階に入る。プレM&Aではこのようなプロセスを実行することが要求されるが，この各々の段階に関連する専門知識やスキルがプレM&Aにおけるコンピタンスである。以下，その内容に関して段階ごとに考える。

まず戦略目標の達成に貢献する買収候補企業を特定化するための分析評価能力が挙げられる。M&Aのような外部成長戦略では，相手企業の選択は成功への第一歩として位置付けられている (Doz, 1996／Gulati, 1998)。この能力は，具体的には企業が置かれている市場環境や相手企業の戦略的ケイパビリティを認識するための分析能力，そして買収による効果を機能レベルから戦略的に評価できる能力である (Pablo, 1994／Baden-Fuller & Boschetti, 1996)。例えば，M&Aの実行によって企業にもたらされる効果を考える場合，それがなぜ内部開発では達成できないのかということを明確にし，M&Aを行うことによるリスクとリターンの関係に関して認識することである。多くのM&Aではその目的すら不明確であるために失敗につながっているとする指摘があるように，戦略目標を達成するには，ターゲットとする企業を買収することが最善の方法であると言えるような一貫した考えのもとで明確な理由付けを行える能力が必要となる。例えば，Copeland et al. (1994) では買収候補企業を選別するためのふるい落とし基準の利用を指摘する。そのふるい落とし基準は，規模（株主資本，収益），立地，強いセグメントの有無，財務状況，買収手法などの観点から見られる。そして，残ったものが候補対象企業として検討されるのである。

また，対象企業の事業内容に関する買収監査で必要とされるのは，幅広い視点から出来る限り相手企業の現状を認識することを可能にする評価能力である。意思決定プロセスにおいては，買収企業は対象企業に関する情報を十分に獲得することができないという不均衡な性格を有し，時間的制約の中で行われるということで，不十分な評価のまま意思決定に望むケースが多い。さらに，将来において競争優位を獲得していくためのM&Aなので，現在の経営資源や能力を評価するだけではなく，相手企業の潜在的能力を評価することも必要となる。

　この分析評価能力は，実際にビジネススクールなどで学習する知識やスキルに近い性質を持つものであり，教育訓練などによって向上させることが可能である（Spekman et al., 2000）。従って，マルチプルM&Aを展開する企業では，評価分析方法の形式化，社内教育制度の構築，外部専門家の利用を通して，この能力を強化している。

　次に，交渉に関わる能力である。M&Aでは，通常のビジネスにおける交渉とは異なり，企業全体や1つの事業の売買を対象とするために，企業の運命を左右し，取引金額も巨額であり，多くの関係者に多大な影響をもたらす。従って，交渉プロセスも複雑で，また時間的制約の中で行われるので，非常に高度な財務的・法務的な専門知識や交渉技能が要求される（Lajoux, 1998）。M&Aの失敗の多くは，実質的な企業価値よりも巨額のプレミアムが支払われたことが原因であるとする見解があるように，買収価格の算出とその決定は重要な課題である（Hitt et al., 1998）。そこで，1つではなく複数の価格算定法を組み合わせ，対象企業の実態をできる限り正確に表せるようにすることが必要である。さらに，算出した価格に近い所で契約が行えるようにプレゼンテーション能力やディスカッション能力，さらに迅速な意思決定能力が影響を与える。

　また，交渉過程において被買収企業と険悪な関係を作ることは，統合段階に対して悪影響を及ぼしてしまう。そこで，交渉の中から信頼を獲得することが必要であり，相手企業の戦略的要求を認識し，Win-Winの雰囲気を促進

することも考慮すべき課題である（Spekman et al., 1998）。この段階で形成された信頼関係は，統合過程で発生する問題を軽減すると共に，問題が発生した時には迅速な解決が行えるという役割を持つ（Gray & Yan, 1997）。そして，この段階における能力を向上させ，円滑な交渉を行っていくには，場当たり的な交渉を繰り返すのではなく，1つの交渉手順をプログラムのように形成して取り組んでいくことが有効な方法として挙げられる。

以上のように，プレM&Aのコンピタンスは，個人が有する専門知識やスキルが大きい影響を持っていると指摘できる。従って，適切な担当者を選択することができるかどうかということが，プレM&Aを効果的にマネジメントできるかどうかの重要な前提条件である。

### (2) ポストM&Aにおけるコンピタンス

ポストM&Aは，買収前に策定した計画に基づき具体的な成果を生み出していくための組織統合を実行する段階であり，これに関連する能力は統合能力として考えられる。両企業間における組織構造や人的資源・組織文化の統合から発生する組織的問題を調整することと，戦略的ケイパビリティの移転や新しい知識を創造するための企業間の学習が中心的課題である。

まず，調整に関する能力は，組織的問題を軽減し解決していく能力である。特に重要な影響を及ぼすのは被買収企業の従業員の反応である。彼らは，M&Aに伴う将来の不安から大きなストレスを受け，それから派生するコンフリクトが統合計画の遂行の障害となる（Jemison & Sitkin, 1986）。従って，買収企業側は被買収企業の置かれている現状に対して理解を示し，彼らとの間にコミットメントと信頼を形成していくことが要求される。これは，心理的な不安や不満を解消し，友好的な企業運営を可能にするための対人関係スキルが重要な役割を示すということである（Cartwright & Cooper, 1996）。

そして，効果的な調整活動を実現するには，この段階に関連する一連の活動施策を統合プログラムとして設定し，悩みを持つ従業員のカウンセリング

やミーティング，組織間の人材交流を円滑にするための開かれたコミュニケーションや従業員参加などのシステムを構築することが有効な方法である（Buono & Bowditch, 1989）。

さらに，組織統合では戦略目標達成のために，被買収企業に新たな目標を設定し，その経営資源や従業員を誘導し，重複した資源や従業員の配置を調整する必要がある（Schweiger et al., 1994）。そのためには，彼らに将来のビジョンを理解してもらい，一貫した方向へ導くだけのリーダーシップが要求される。これは，M&A担当者レベルではなく，買収企業のトップマネジメントが率先して行うことが求められる。それは，トップに対する尊敬の念と将来は現在よりも多くの側面で良くなるという期待を持つことができれば，従業員の動機付けにつながり，効果的なポストM&Aマネジメントの実行が可能になる。

次に，学習に関する能力である。被買収企業から効果を引き出すには，経営支援や重要な経営資源・戦略的ケイパビリティの移転というマネジメント関連のスキルが必要とされる。被買収企業は必ずしも業績が良い企業とは限らない。業績の良い企業は自分の企業を売却することには消極的であり，実際には経営不振になってから買収提案に乗るケースが多い。そこで，最初は買収企業からの積極的な経営介入による経営体質の改善や生産性の向上が目標となる。

買収企業側から経営資源を移転するだけではなく，被買収企業の優れた資源を吸収していくことも課題である（Bresman et al., 1999）。これは，技術獲得型M&Aで特に見られるものである。この点に関して，Cohen & Levinthal（1990）は企業間の学習とは単なるface-to-face型のミーティングでは不十分であり，吸収能力（absorptive capacity）として論じる外部に存在する有望な知識を認識し，それを消化し，商品開発などに利用する能力の存在を指摘する。さらに，学習能力を向上させるための行動としては，Leonard-Barton（1992）は，獲得したい知識に対して広範囲な探索を行い，常に新しい知識に対してはオープンであることの必要性を説く。有望な知識は一時点

で獲得されるものではなく，新しい知識の創出も長期的視点から考えられる限界のないものである。そのために学習には時間と資源がかかるが，持続的な相互関係を構築していくことが必要である。また企業間の情報の流れを指揮する対境担当者やゲートキーパーを育成することによって，彼らは知識創造と組織内への拡散を促進する役割を担うのである。

　最初に獲得される知識は個人レベルのものであるが，それを組織構成員間で共有することによって個人知を組織レベルからの組織知に転換していくことが組織学習の課題である（Nonaka & Takeuchi, 1995）。つまり，M&Aにおいても初めは両企業からの個人間の相互作用で始まるが，その対象を集団レベルや組織レベルへと拡大していくことが必要であり，組織的レベルからの学習が，新しい知識や能力を創造し，企業の競争優位を支えるコア・コンピタンスの強化につながるのである（Inkpen, 1997）。つまり，組織間学習を効果的に行える能力がこの段階では求められ，それは両企業間における経営資源と戦略的ケイパビリティを移転するだけではなく，それを相互に共有し，学習し合うことによって単独企業では実現できなかった水準の効果を生み出すことである（Baden-Fuller & Boschetti, 1996）。

　ポストM&Aのコンピタンスは，組織統合に関わる能力であり，それを調整と学習の視点から考えてきた。ここで説明されたM&Aコンピタンスは，その内容に関して具体的に説明することを目的としたために，個人ベースの属人的要素が強い印象を与えているが，実際にはそれは担当部署・専門チームの設置やコンピタンスのシステム化という作業によって組織的なコンピタンスとして形成する取り組みがなされている。また，個人ベースのM&Aコンピタンスでは，その対象者が組織を去った場合には消失してしまうことを意味するので，継続的に行うマルチプルM&Aでは効果を発揮しないことになってしまう可能性がある。

### (3) M&Aコンピタンスの特徴

　プレM&AとポストM&Aにおけるコンピタンスに関して述べてきたが，

M&Aコンピタンスとはそれらを総合した一連のM&Aプロセスに関わるものである。ここでは，その特徴に関して整理する。そして，Spekman et al. (2000) が提唱したアライアンス・コンピタンスという概念との異同に関しても論じる。

M&Aプロセスに関わる知識やスキルは多岐に渡るものであり，それらは専門的かつ高度な水準を要求されるものである。従って，あるプロセスの個別スキルが強い場合でも他の弱い部分を補完することはできない（Ashkenas et al., 1998）。そのために，形成段階であるプレM&Aのどこかが不十分であると，その後の統合もうまく行かず，M&A自体が不安定なものとなる。反対に，プレM&Aから十分なアプローチが行えれば，その後のコンフリクトを低下させスムーズな統合が可能となる(Spekman et al., 2000)。つまり，M&Aコンピタンスには準備・交渉・統合というM&Aプロセスの各段階を効率的に実行することと同時に，迅速な統合を目指すために買収監査から統合計画の策定に入るという各プロセス同士のつながりも大きい影響を与える。

従って，個別機能のスキルだけが高い場合でも，それはM&Aコンピタンスとしては成立しない。M&Aを成功裏に展開するためには，一連のM&Aをプロセスの視点から見ることが必要である。そうしたことを背景として，M&Aコンピタンスとは，M&Aの意思決定から統合というM&Aプロセスを効果的にマネジメントしていく企業特殊的な能力であり，その構成要素は一連のM&Aプロセスに関連するさまざまな専門知識やスキルの集合であると考えることができる。

また，RBVで指摘された資源や能力は，経路依存的な経験に基づいて形成されるために他の企業が簡単には模倣できず，独自の価値をもたらすとされる。こうしたことは，M&Aコンピタンスにも同様な特徴が見られる。つまり，マルチプルM&Aを実行していく数が増えるに従って，関連するコンピタンスは強化されていき，他の企業が同様なM&Aを行う場合よりもM&Aを成功的にマネジメントしていくことが可能になる。そして，それを他企業が短期間で模倣し，新たに構築することは困難であるために，M&Aコンピ

タンスは企業のコア・コンピタンスの1つとして考えられるのである。

本研究ではM&Aを研究対象にして展開しているが，Spekman et al. (2000) ではアライアンス・コンピタンスの存在を指摘する。彼らは従来のアライアンス研究は，その形成と実行上の課題に関しての分析が中心であったので，このアライアンス・コンピタンスという概念を用いた研究は第2世代のものとして位置付けている。M&Aは企業の外部成長戦略の1つであるためにアライアンスと類似する所が多く，アライアンス・コンピタンスに関わる議論は本研究でも反映されている。しかし，M&Aコンピタンスの場合は，それとは次のような点で異なると考えられる。

まず，プレM&Aの分析・評価能力や交渉能力に関して，アライアンスで行われるものよりも高度な水準が要求される。それは，M&Aは企業や事業を購入するという株式取得を伴う行為であるために，それだけ金額的にも巨額なものであり，当該企業に与える影響も非常に大きいものである（Lewis, 1990)。そして，M&Aでは1度買収したら相当の事情がない限り売却は想定されない。一方，アライアンスは初期目的を達成すれば解消される傾向が強い。従って，分析や交渉も複雑性と不確実性を有し，それに伴って意思決定に関するコンピタンスの内容も複雑化し高度化する。

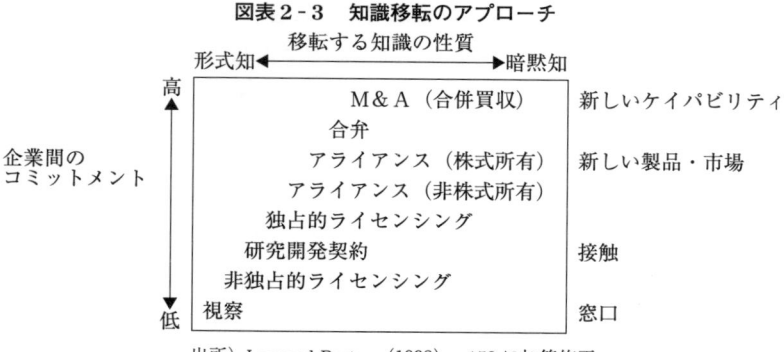

**図表 2-3　知識移転のアプローチ**

|  | 形式知 ←　移転する知識の性質　→ 暗黙知 |  |
|---|---|---|
| 高 ↑ 企業間の コミットメント ↓ 低 | M&A（合併買収）<br>合弁<br>アライアンス（株式所有）<br>アライアンス（非株式所有）<br>独占的ライセンシング<br>研究開発契約<br>非独占的ライセンシング<br>視察 | 新しいケイパビリティ<br><br>新しい製品・市場<br><br><br>接触<br><br>窓口 |

出所) Leonard-Barton (1998) p.153 に加筆修正

さらに，アライアンスでは両企業の担当者や関連人物が接触するだけで職務は遂行され，企業の組織構造や全従業員，組織文化に大きな影響を与える

ことはない。一方，M&Aでは組織統合段階において買収企業側からの積極的な経営介入がなされ，被買収企業の多くの側面が変化する。こうしたことは，従業員達の将来に対する不安や曖昧性を与え，コンフリクトを作る原因となる。そして，Leonard-Barton（1998）はM&Aとアライアンスにおいて移転されるべき知識の性質とコミットメントの相違に関して整理している。M&Aはアライアンスに比較すると移転する知識は暗黙知的なものであり，企業間のコミットメントも高い水準が要求されることが認識できる。これは，それだけマネジメント上の課題が大きく，それに伴うだけの高い水準の能力が必要であることを示している。従って，アライアンス・コンピタンスでは強調されていないポストM&Aにおけるマネジメントスキルや対人関係スキルの存在が，M&Aでは重要なコンピタンスとして認識できる。

## 3. 組織的経験の影響

　以上で，M&Aコンピタンスの内容とその特徴に関して論じてきた。次に，M&Aコンピタンスの形成ということに注目して議論する。つまり，マルチプルM&Aでは複数のM&Aを実行していくが，過去にM&Aを行ったという組織的経験が，M&Aコンピタンスにどのような影響を与えているのかに関して考察する。以下では，M&Aの経験がM&Aコンピタンスの水準を強化させるのに重要な影響を及ぼす学習的側面，M&Aを取巻く社内の風土や雰囲気，企業外部に対する評判や威信の関係に関して論じる。

### (1) 組織的経験と学習効果

　企業のコア・コンピタンスが過去の経験を反映した経路依存的な性格を持って形成されると指摘されるように，M&Aコンピタンスも組織的な能力であるために，その形成は過去のM&A経験と密接な関係があると考えられる。

　まず，過去にM&Aを行ったという組織的経験の影響に関しては，M&A成功要因の1つとして考え，それがパフォーマンスにどのような影響をもたら

すのかということが実証的に検討されてきた（Fowler & Schmidt, 1989／Harbison & Pekar, 1998）。これらの研究では，M&Aの経験を積んでいる企業は，そうでない企業がM&Aを行った場合よりも高い成果を上げていると結論付けており，Panine & Power（1984）は過去の経験は将来の成功に対する予測指標になると指摘する。

そして，なぜM&Aの経験のある企業が高い成果を獲得できるのかということに関して，Lubatkin（1983）は次のように分析する。買収経験を持つ企業は，そうした経験を持たない企業よりも，潜在的利益に消極的な影響を与える管理的問題に伴う調整コストを低減することができ，2つの組織を新しい組織に効率良くまとめ上げることができるのである。管理的問題とは，従業員の持つレイオフに対する脅威，経営スタイルの差異，不公平な報酬，被買収企業に課せられた圧力，買収企業の規模拡大による管理上の複雑性から発生するものである。これは，生産における学習曲線・経験曲線に関するコスト低減効果を，他の機能や活動にも適用が可能であると考え，M&Aに伴うさまざまなコストも経験とともに低減していくために，それがパフォーマンスに影響を与えると仮定している。そして，このような経験がM&Aマネジメントに与える影響プロセスは次のように考えられる。

一連のM&Aプロセスは，M&Aを行うことによって初めて発生する通常の経営活動の中では経験しない複雑かつ困難なプロセスである（Bruton et al., 1994）。M&Aの経験のない企業には，このプロセスを効率的に運営していくノウハウや知識は存在しない。従って，過去の経験は，トップマネジメントや担当者に対して価値ある教訓の提供という意味を持つ。例えば，プレM&Aの企業選択や交渉等に関わる専門的スキルは，属人的な要素が強いために経験によって向上する。ポストM&Aの変革活動においても，経験のある企業は急激かつ大規模な変革を避け，管理を柔軟に，意思決定を委任し，従業員などに対する最初の印象を良くするように心掛ける（Shanley, 1994）。そうすることにより管理的問題の発生を軽減でき，効果的な組織統合が可能になる。

その一方で，企業戦略に関するトレーニング，ビジネス関連の書籍，そして全社的な戦略策定者においては，M&Aの戦略的側面の重要性を強調する傾向にある。従って，買収経験のない企業では戦略的側面に重点を置き，組織的側面に関しての分析は不十分になり，統合計画も策定されないままM&Aに望むケースが多い（Pablo, 1994）。これは，バブル期に日本企業が海外企業を買収し，結局は期待した成果を上げずに終わってしまったという多くの事例からも認識できる。

つまり，トップマネジメントや担当者はM&Aの経験を通じて，過去の失敗や実行過程において不十分であった事柄から，そのプロセスにどのような障害が存在するのかを認識し，成功的にマネジメントしていく方法に関して試行錯誤を通じて学習していくのである（Haspeslagh & Jemison, 1987）。こうした過程を経てM&Aコンピタンスは形成されていき，将来のM&Aに関連する不確実性を減少させていく。従って，過去のM&Aから獲得された知識やスキルが活用できるような，関連型のM&Aの場合に効果を発揮することになる（Haleblian & Finkelstein, 1999）。

しかし，数多くの経験につれてパフォーマンスが直線的に向上していくわけではない。Kusewitt（1985）は複数のM&Aを同時並行的または1年以内に遂行する場合は，統合を行うための十分な時間がないために組織内にカオス的状況を作ってしまい，それが混乱を招きマイナスの影響を与えると指摘する。こうした状況は，買収熱から生じる「企業の消化不良；corporate indigestion」）と呼ばれる。ポストM&Aのマネジメントに対して経験からの学習によって形成されるはずのM&Aコンピタンスが十分に確立されておらず，1つの案件から期待した効果を引き出せないという，いわば消化できていない状況で次から次へと買収を行っていく場合である。このような場合では，M&Aは単に契約したということで完結してしまい，戦略目標を達成するための有効な手段としての意味を持ってはいない。また，Hayward（2002）では買収企業は経験から学習する潜在性は持っているが，その潜在性を実現することに失敗すると指摘する。そして，経験の量よりも質が学習

に関連するのである。

　従って，単に M&A を繰り返すだけでは不十分であり，経験があるからといって，それが M&A に関する知識の学習に直接的につながるわけではない。経験を次の M&A の時に活用していくためには，買収した事業の特徴，以前の買収案件のパフォーマンス，買収案件間の時間的間隔が影響してくる（Hayward, 2002）。第 1 の買収した事業の特徴とは，過去に買収した事業との類似性の問題であり，類似性が高い場合には経験効果によりパフォーマンスも高くなるが，類似性が高くなりすぎると過信が生まれるためにパフォーマンスも低下してくる。また，類似性が低い場合には関連知識の不足により効果は低くなる。第 2 の以前の買収案件のパフォーマンスの影響は，今までに失敗した案件が多い方が，失敗からの学習効果が働く。しかし，大きな失敗の場合にはそれを無視する傾向や，成功の場合には現状に満足するという傾向が強くなるために，損失の小さい失敗の場合に効果が得られる。第 3 の時間的間隔とは，案件間の間隔が非常に長くなると，以前の経験を忘れてしまうために高い効果が得られなくなるということである。さらに，間隔が短いと担当者が以前の案件の評価を十分に行えない状態で次の案件に取り組むことになるので，高い効果は期待できない。

　M&A の経験をプラスに働かせるためには多くの困難性があることが認識できたが，そうしたことを考慮した上で，関連知識やスキルを組織内に蓄積し，M&A コンピタンスとして形成することが必要である。マルチプル M&A は戦略目標を達成するために一貫した戦略のもとで行われるために，蓄積された知識やスキルは効果的に活用される。これは，経験からの学習によって蓄積された M&A コンピタンスによって M&A を成功裏に実行できることを表すと同時に，M&A コンピタンスの存在によって次の案件にも着手できることを示している。そして，このコンピタンスはさらに強化されていくという好循環を招くのである。一方で，必要とされる M&A コンピタンスを持たない企業が，マルチプル M&A を遂行することは失敗を招くだけの結果になってしまう。

以上では，M&Aコンピタンス形成における過去の経験からの学習効果について論じてきた。さらに，M&Aコンピタンスを強化していくためには，買収企業の中にM&Aを支援し，統合プロセスにおける重要な経営資源や戦略的ケイパビリティの移転を促進する風土や雰囲気が存在することが必要となる。これらが存在しない場合，M&Aコンピタンスは企業の部分的なコンピタンスとしての特徴しか持たず，競争優位に貢献するコア・コンピタンスとしては位置付けられない。

## (2) M&Aコンピタンス形成に対する内部的影響要因

コア・コンピタンスは，企業の歴史の中で形成されてきたものであるので，組織文化や組織風土，価値観を反映し，さらにその中に深く根差しているものである（Hamel & Prahalad, 1991）。そこで，M&Aコンピタンスの形成においてもこうした社内的な影響要因を考える必要がある。

ここでは2つの側面を考察する。第1に，買収企業の組織内におけるM&Aに対する認識の問題である。これはトップや管理者がM&Aという戦略をどのように考えているのかということであり，また社内のM&Aを取巻く環境や風土と指摘できる。第2に，統合プロセスにおいて戦略的ケイパビリティを移転し，企業間で学習していく上で，そうした行動を促進する雰囲気（atmosphere）の創造という側面である。これは統合活動実行における準備的な性格を持つものである。そして，前者はM&Aを繰り返していくことで自然発生的に構築されていく要素が強いが，後者は企業が積極的に働きかけていくことで形成されていく。

まず，M&Aという戦略が社内でどのように認識されているのかという問題である。例えば，従来の日本企業ではM&Aのような外部成長戦略よりも，社内での製品開発やスピンオフという内部成長戦略を重視する傾向にあり，M&Aは特殊な戦略として考えられていた（Kester, 1991）。さらに，1980年代は欧米型の敵対的買収やLBO（Leveraged Buyout）という純粋な経営目的ではなく，企業を投資の対象として，転売によって稼ぐという手法が

登場し，その負の部分が強調されて我が国に報道させてきたために，マイナスのイメージを持たれていた戦略であった。

そこで，マルチプルM&Aを展開する場合には，社内においてM&Aが戦略目標を達成するためには重要な戦略の1つであると認識されている必要がある。M&Aに関連する人達が，M&Aは特殊で臨時的なものであると考えて実行していたのでは，M&Aコンピタンスの形成に対してプラスの影響は与えない。さらに，社内的な認識が高まっていれば，従来は必要となる技術を自社開発することが主要な選択肢とされることが多かったが，時間短縮効果を狙ってM&Aを選択肢の1つとして考えてそれを活用することも可能となる。つまり，社内にM&Aを非日常的なものというイメージから非常に重要な戦略という意識を変えることが必要であり，そのような社内の雰囲気が形成されていけば，M&Aに対するアプローチも1回1回重要視されていき，M&Aコンピタンスの形成ということに本格的な取り組みがなされる。

図表2-4 統合プロセスにおける準備段階

[相互作用形成] ⇔ [雰囲気コンテクスト] → [ケイパビリティ移転] → [競争優位向上]
                [プロセス問題]

準備段階　　　　　　　　　統合段階

出所) Haspeslagh & Jemison (1991) p.108より作成

次に，統合プロセスの本質は，変化する状況の中で共通の目的を設定し，それに向けて2つの組織を動かすことである。そして，そのためには両企業の構成員が戦略的ケイパビリティの移転において共に協働し学習していくために，それらをサポートする適切な雰囲気やコンテクストを創造する必要がある (Haspeslagh & Jemison, 1991, 1994)。この雰囲気の形成は，統合プロセスにおける準備段階として考えられ，組織的問題の発生を未然に防ぐことにも効果を発揮する。

Haspeslagh & Jemison (1994) は望ましい雰囲気は5つの要素から成り立つと指摘する。第1に，組織の価値観と文化の相互理解であり，これは相手

企業がどのような特徴を有するのかを理解することであり，その後のマネジメントを円滑に行っていく役割を持つ。第2の協働意欲の構築は，買収後は1つの目的に向かって共に協力して行動していく姿勢を形成する。第3のケイパビリティ移転に対するキャパシティの認識は，被買収企業にそれらを移転した場合に果たして効果的に使える能力があるかということを認識することである。それは被買収企業の潜在能力の評価とも指摘できる。第4の余剰資源の存在は，被買収企業に対して結果への短期志向を回避し，自由な雰囲気のもとで経営を実践していくことを許容することにつながるものである。第5の期待利益の源泉とその効果の評価は，M&A意思決定の正当化の理由となるものであり，その目的と達成すべき課題を明確にするための役割を持つ。

そして，この5つの構成要素を含むケイパビリティ移転を促進する雰囲気の形成は，企業間の相互作用（interactions）を通じて実現される（Haspeslagh & Jemison, 1991）。この相互作用は3つの視点から考えられる。第1に，本質的相互作用（substantive interactions）であり，これは雰囲気を作るための努力であり，交渉過程で決められる目的や決定事項，期待シナジーの算定などが含まれる。第2に，管理的相互作用（administrative interactions）は統合プロセスが実行される前に行われる情報・会計システムや管理上の手続の共同化である。第3の象徴的相互作用（symbolic interactions）はポストM&A段階を円滑に進める上での被買収企業の従業員達に新しい組織の目的や理念を示すことであり，これはトップマネジメントが直接的に働きかけ，彼らの価値観や信条に対して影響を与えることを目的とする。

このように，社内におけるM&Aに対する認識は，M&A戦略の遂行を促進する役割を持つ。また，ケイパビリティ移転のための雰囲気やコンテクストの生成は，ポストM&Aで発生される組織的問題を回避し，その事前解決につながるものである。従って，これらはM&Aコンピタンスの形成に対して企業の内部的側面から影響を与えるものとして考えられる。

### (3) M&Aコンピタンス形成に対する外部的影響要因

　組織的経験がプラスの効果を与える他の局面として，数多くのM&Aを行うに従って，企業外部に対して高い評判（reputation）やイメージを作ることが挙げられる。さらに，評判はM&Aコンピタンス形成に対する外部的影響要因としても考えられるものである。そして，M&Aに関する評判は，M&A案件の仲介業務を中心とする専門業者や事業を売却したいと望んでいる企業に対するものと，被買収企業に対するものの2つに分類される。

　マルチプルM&Aは複数のM&Aを繰り返し行っていくという特徴を有するために，買収を行う度に新聞や雑誌などへの記事として掲載されていくことは，対外的に自社がM&Aに積極的な企業であることの公表を意味する（Inkpen et al., 2000）。このような状況は，外部の金融機関やM&A専門機関，そして直接的な企業の売却案件の持ち込みを増加させる。M&Aの仲介やアドバイザーとしての役割を担っている機関は，M&Aに消極的な企業よりも，マスコミを賑わせている企業へ接触する方が，契約が獲得できる確率が高くなるからである。また，買収企業側にとっても，持ち込み案件が増加することは，買収対象企業の選択肢が増加するという効果を持ち，自力で探索するよりも選択に関わる時間や労力を低減できる可能性は高くなる。

　このような自社がM&Aに積極的な企業であるということを社外に認知させていくことは，M&Aを繰り返し実行していく中で自然的に実現されていく要素が強い。その一方で，企業の競争優位に影響を与える一要因として評判に注目する議論が近年になって展開されている。ここで挙げられる評判は意識的に形成していくことが求められるものである。まず，これらの議論で示される企業の評判とは何を意味し，どのような要素から成り立っているのかを整理する。その上で，M&Aと企業の評判との関係について論じる。

　企業の価値ある資源とは，技術や製造に関する専門知識をベースにした企業内部に蓄積したものだけではなく，企業外部に対する評判の効果を考えることも重要であり，評判は競合企業に対する競争優位を構築する1つの要因としての特徴も有することが指摘されている（Fombrum, 1996／Spekman et al., 2000／Davies et al., 2003)。評判とは，他企業によって認識されている企業のステータスや名声であり，過去と現在の市場シェア，技術開発，製品とサービスの品質，顧客ニーズへの感受性，社会的責任，経営活動の質などのさまざまな要因を基礎にして形成されたものである（Zeira & Shenkar, 1990)。そして，企業間での評判の差が，製品に対するプレミアム価格の獲得という競争上の差や，顧客や従業員からの忠誠心の獲得として現れるために，良い評判を形成することが重要な課題とされるのである（Fombrun, 1996)。

　企業のM&Aに対する評判は，過去の経験が重要な影響を及ぼす。以前行ったM&Aにおいて，被買収企業との関係を支配－服従の関係ではなく，協働的なパートナーとして考え，買収によって以前よりも優れた業績を獲得し，従業員達の処遇も良くなったという評判を持っていれば，次から行うM&Aに対しても良い影響を与える。「あの企業に買収されれば，現在よりも優れた業績を獲得でき，自分達の待遇も良くなり，彼らは誠意を持って対応してくれる」という評判があれば，それを基盤に交渉過程において相手企業を納得させ，統合過程においては組織間協働体制を素早く実現するために必要な信頼を高めることができる。そして，相手企業側の従業員の心理面における不安を軽減でき，組織的問題の発生の未然防止にもつながる。

　つまり，このようなM&Aの実行に関連する評判は，相手企業に対する安心感と魅力をもたらす（Spekman et al., 2000)。それは，買収企業の努力によって形成されていくものである。1回1回のM&A案件に対して，所有するコンピタンスのすべてをつぎ込んでM&Aプロセスを実行していった結果である。そして，マルチプルM&Aを展開する場合には，過去の案件から培われてきた良い評判の存在によって，買収企業のマネジメント上の労力が軽減され，M&Aコンピタンスの強化に対してプラスの影響をもたらす。

　さらに，買収企業の有する評判に関連して，その企業の威信（prestige）の効果も重要な要素である。これは，被買収企業にもたらす効果であり，買収企業が広範な事業領域で活動し，有名な企業である場合には，そうした企

業に買収されることによって自分の企業の威信も向上させることができる。例えば，世界的に有名な企業に買収された場合には，グローバル市場を相手に事業展開できる可能性もある。また，ハイテク関連のマルチプルM&Aを実行している企業では，創業されたばかりのスタートアップと呼ばれるベンチャー企業を買収するケースが多い。スタートアップ企業は高度な優れた技術を持ちながら，自社だけの力で経営を展開していたのでは，市場に自社の名前やブランドが浸透するのに時間がかかり，市場機会を失う可能性もある。そして，市場取引は無名企業よりも有名企業の方が，有利な条件で行えるということもある。そこで，有名な大企業によって買収されることにより，その企業の販売チャネルの利用やPR活動などで短期間のうちに自社の技術を取り入れた製品を市場に拡散することができる。

つまり，被買収企業の威信を高める効果は，M&Aプロセスの実行を効果的にするための1つの源泉として考えられるために，M&Aコンピタンスの強化に対する影響要因として見ることが必要である。

以上のように，M&Aコンピタンスの形成においては，単にM&Aを繰り返すだけでは不十分であり，経験からの学習を行い，それを組織内の知識や能力として蓄積し，企業のコア・コンピタンスとして位置付けていく必要がある。そして，その形成には内部的な影響要因として，M&Aに対する社内の認識と統合プロセスにおける戦略的ケイパビリティ移転を促進する雰囲気やコンテクストの創造が挙げられる。また，外部的な影響要因としては，企業の評判や威信という側面が重視すべき点である。

従って，M&AコンピタンスとはM&Aプロセスに関連するさまざまな知識やスキルの集合であるとともに，その形成をサポートする企業内外の影響要因も含めて考える必要がある。M&Aコンピタンスという概念は，RBVで展開されてきた多くの研究蓄積を活用することができ，M&Aに対して新しい研究視点を導入するものである。そして，アートとして認識されてきたM&Aに1つの方法論を提供するものでもある。

## 第3節　M&A コンピタンスの組織的形成

　M&A コンピタンスは，実行する M&A 案件の量的増加というように，単に経験を積み重ねれば自然に形成されるというものではなく，企業がその重要性を認識した上で，組織的に取り組む姿勢が大きな影響を与える。本節では，M&A コンピタンスを形成するための組織的な役割に関して論述する。その1つの方法として，社内に M&A に関連する仕事を専門的に行う担当者を設置することが挙げられる。まず，この専門担当者の設置は，どのような理由から行われ，どのような効果を狙っているのかに関して整理する。

### 1. 専門担当者の設置

　M&A などを含む専門の職能を扱う担当者を組織内に設置する理由として以下の3つの視点から考える。第1に，環境の不確実性が高い場合でも適切な行動を採るために十分な情報処理が実行できることを目標としたものである。そのための組織メカニズムの方法の1つとして担当者の設置が行われる。第2に，M&A などの全社的レベルに関わる戦略は，企業の中でも最も複雑かつ重要な意思決定事項であるために，トップマネジメントが実行の中心になる傾向にある。しかし，マルチプル M&A は反復的に行われるものなので，その都度トップが全過程に携わることは大きい負担である。そこで，彼らの意思決定や業務上における負担を軽減するための権限委譲を目的に専門の担当者が設置される。第3に，M&A の形成やそのマネジメントは研究開発や製品開発活動のように独特の専門知識やスキルが要求されるものである。そこで，M&A の専門的業務に関連する知識やノウハウを組織内に蓄積するために担当者を設置するという側面である。

#### （1）　環境の不確実性への対応
　組織内に専門の職能を担当する人材を設置することの意義は，コンティン

ジェンシー理論を背景に，環境の不確実性に対応していくための組織メカニズムに関する議論の中で積極的に行われてきた（我が国では，野中，1974／加護野，1980／岸田，1985など）。

組織が適切な行動を展開するには，意思決定を行う際に十分な情報処理を行う必要がある。これは，組織論において情報処理パラダイムとして論じられ，組織の不確実性への対処あるいはそのための問題解決や，情報処理に対するシステムや組織構造，組織過程の分析に焦点が当てられた（加護野，1980）。つまり，組織を取巻く環境が変化する中で，それに対応するための組織の目標達成に必要とされる情報と，組織が現在保有する情報にはギャップが生じている（Galbraith, 1973）。このようなギャップが不確実性であり，不確実性の程度が大きくなるほど，組織に課せられる情報処理に対する負荷が大きくなる。そして，組織の有効性を達成するには，この不確実性に対処していくことが必要であり，このアプローチの違いが組織特性の違いにも反映される（Thompson, 1967）。

そうした環境の不確実性に効果的に対処するために，Lawrence & Lorsch (1967) は，組織は環境を市場環境・技術環境・科学環境に分割し，それに対応する部門を販売部門・生産部門・研究開発部門として，各部門は特定の部分環境を専門的に対象にしていくと指摘した。そして，環境の不確実性が増大することは，部門間における分化（differentiation）を進める。分化とは，部門ごとで組織メンバーの思考様式や価値観が異なり，部門構造の公式化や文化の相違が大きくなることを表す。しかし，この状態は部門ごとの最適化は達成されるかもしれないが，組織全体として活動する場合には部門間の調整を行う必要が生じる。この点に関して，Lawrence & Lorschは，企業の新製品開発率に注目し，効果的な開発のためには分化された職能に対する統合メカニズムの存在が必要であることを分析する。

Galbraith (1973) は，この部門間を調整するための統合メカニズムが，環境の不確実性に対する組織の情報処理の負担を低くするには重要であると指摘する。その方法として，階層，ルール，目標設定，直接の接触，部門間の

連絡役，一時的なタスクフォース，永続的なチーム，統合者，統合部門の順に整理する（Galbraith & Nathanson, 1978）。これらは，組織横断的な調整方法であり，組織のそれぞれの部門に対して新しい情報の負担をかけることなく，組織がより多くの意思決定と情報処理を行うことを可能にする。これは，Lawrence & Lorsch の調査結果を基礎として，新製品開発を効果的に行っている企業では，その活動を管理するための職能部門間のチームやタスクフォースが設置されており，さらに部門間の作業を調整し，その統合を促進するための新たな職位として統合者が利用されていることを示す。つまり，後の段階になるほど環境不確実性が高い場合に対処するために有効な方法であり，その設定も複雑になりコストがかかるものとなっていく。

ここで注目すべき点は，環境の不確実性が高い場合には，部門間の統合を専門の職能とする統合担当者や統合部門を設置していることである。まず，統合担当者に関しては，これは不確実性と複雑性に対応し，優れた意思決定を導き出すことを目的にし，必要な権力と影響力が付与された新しい職位である（Galbraith, 1973）。彼らは，実際に仕事を管理している管理者を援助し，組織全体の利益に合致する方向でさまざまな仕事を調整する。従って，限定された範囲内の意思決定に責任を負っている。さらに，統合担当者に地位に伴う権力を付与し，その影響力を強力にすることが必要になった場合には，彼らの役割を公式の管理職位に近づけることが有効である。そして，統合担当者を集合させて1つの部門として設立する。これにより，統合担当者は，単なる調整役ではなくなり，より積極的に意思決定プロセスに参加することが可能になる。このような組織における統合的役割を担う人物は，組織内の行動様式に影響を与えていく。

以上では，環境の不確実性に対して分化された部門を調整することを専門の職能として担う統合担当者が設置される理由に注目して論じてきた。これは，M&A 担当者を社内に設置する場合にも同じことが言える。つまり，M&A は買収企業と被買収企業の関係をマネジメントしていくことがその中心であり，被買収企業に関してはその内部情報まで詳細に認識することがで

きず，将来においても効果的なマネジメントが実現できるかどうかという不確実性が常に付きまとう。さらに，企業間で可能な限りコンフリクトを発生させないことが重要な課題である。従って，買収企業の方が強い立場にあることを利用して，強圧的なマネジメントを行うことは回避しなければならず，それよりも1つの目標に向かって企業間を調整していくことが必要である。こうしたことは，Galbraith達が指摘した統合担当者の役割と合致する所がある。つまり，1つの企業内の部門間統合が，企業間の統合へとその対象が変化したのである。そこで，M&Aという通常の業務に比べると不確実性の高い状況の中で，相手企業の評価や交渉，統合マネジメントを専門の職能とする担当者が必要とされる。

### (2) トップの意思決定負担の軽減

第2の理由として考えられるのは，トップマネジメントの意思決定負担を軽減することを目的にしたものである。Ansoff (1965) は，意思決定の種類として戦略的意思決定，管理的意思決定，業務的意思決定に分類した。その中で，トップマネジメントは全社的レベルに関わる企業の運命を左右するような不確実性が高く非反復的な性格を持つ戦略的意思決定に従事することが必要であると指摘した。そして，それ以外の経営管理上や日常業務に関わる意思決定は下位階層に権限を委譲することによって，トップはそれらに関わる意思決定の負担を軽減し，全社的視点からの意思決定に専念することが可能になる。このトップの意思決定負担の軽減ということに関しては，Chandler (1962) も企業の史的分析を通して指摘している。職能別に組織化された職能別組織の形態を採用している企業が，製品市場を拡大していく場合に，トップは各職能部門間の調整に多忙になり，戦略的視点からの長期的意思決定を行うことが困難になる。こうしたことは，裁量的機会の増大と内部管理の困難性を引き起こすために，事業部制組織を採ることによって，各事業部長レベルに業務上の意思決定権限を委譲して，弊害を克服してきたという経緯がある。

先程述べた部門間の統合もトップ自身が行える仕事である。統合という作業が1回限りのもので企業に与える影響が非常に大きい場合には，トップが先導して業務を遂行することが必要となるが，それが継続的な仕事として実行していく状況になることもある。これは，戦略的意思決定レベルの対象からそれよりも下位レベルのものに移行することを意味する。このような場合には，そうした仕事をトップの役割に含めることは，その分だけ時間や労力が奪われてしまい，より重要である全社的レベルに関わる意思決定の質を低下させてしまう恐れがある（稲葉，1979／森本，1998）。また，統合という作業は部門間の調整であるために，ミドルマネジメントが主体になって行うことは不可能である。なぜなら，各ミドルは自分達の部署に都合の良い方向で調整する可能性があるからである。そこで，統合担当者という専門の役割を持つ人材を設定することが有効な方法として考えられるのである。

　この点に関して，M&Aの場合でも同様に考えることができる。1対1の巨大合併のような場合には，それが企業の運命を決め，企業全体に大きい影響を与えるために，トップがその実行の主体となってすべての事柄を進めていく必要がある。しかし，マルチプルM&Aのように，M&Aを反復的に繰り返す場合，それは特殊なものではなく日常業務に近いものとして考えられる。つまり，マルチプルM&Aを企業が重要な戦略として展開する場合に，その都度トップが対象企業の探索から交渉，さらに統合マネジメントまで着手していたのでは，大きな負担になってしまい非常に不効率である。トップはマルチプルM&Aをなぜ行うのかという戦略目標の策定に注力すべきであり，目標を実行するための手段としてのM&Aに対しては，最終的な段階でのチェック・評価機能を担い，他のプロセスは専任の人物に任せることが企業全体にとって有効となる。

　マルチプルM&Aは各事業が独自の判断で行うものではなく，全社的な戦略目標を達成するために実行されるものである。従って，各事業部に自己責任のもとで一連のM&Aを認めていたのでは，組織的な統一性が採れなくなってしまう。そこで，事業部ごとにM&Aプロセスに関わる業務を任せる

のではなく，一連の M&A に関わる仕事を専門の職能とする担当者を設置することで，各事業部門間の調整や業務上のサポートを行うことを目的とすることができる。つまり，M&A 担当者の設置は，トップの意思決定負担を軽減する上で，さらに組織レベルから見た場合でも非常に効果的な方法として認識できる。

### (3) 知識やスキルの蓄積

　第3の理由は，組織内に M&A に関連する知識やスキルを蓄積するためである（Harbison & Pekar, 1998 ／ Hitt et al., 2001）。M&A に関連する業務は非常に高度な専門知識とスキルを必要とする。もし，社内に M&A に精通したスタッフがいない場合には，案件の都度，各関係部署から人が集められ，必要とされる知識やスキルを構築しなければならない。こうした方法は，1回限りの M&A の場合に採られてきたものであり，その担当者に抜擢された人は，今までそれに関連した知識やスキルを持ってはいないために非常に大きい負担が課され，不十分な対応しか採ることができない（Ashkenas et al., 1998）。また，臨時的に組織内から集められてきた自分達の専門の仕事を他に持つ人達であるので，当該 M&A の業務だけに継続して専念することはできない。さらに，M&Aの契約時点を境に担当チームは解散することも多い。ポスト M&A のマネジメントに関するアプローチは，各関連事業部にすべての権限が委譲されるために，相手企業とどのように接触し日常業務を行っていくのかを理解しておらず，不十分な対応になってしまう恐れがある。

　このようなアプローチをマルチプル M&A を行う度に採っていたのでは，組織内から収集される人は臨時的な役割しか持たないので場当たり的な対応となってしまう。つまり，前回の案件に携わっていた人達は，次の案件の時にはメンバーに入っていないという状況になる。これは，M&A 関連の知識やスキルを実際の経験を通して蓄積した人を組織内で活用できていないということを意味する。そこで，M&A に関連するさまざまな仕事を専門の職能とする人を担当者として設置することが，こうした弊害を回避していくには

必要である。専門のスタッフの存在により，彼らの中に専門知識やスキルを蓄積することができ，案件の数が増加するに従ってそれらの質を向上していくことが可能となる。

また，M&A担当者や彼らを集合させたチームの設置は，組織内に分散したM&A関連の知識やスキルを集結させるという意味付けもある。Doz (1997) は，コンピタンスを形成するには，個人や小グループがインフォーマルにノウハウを共有することと同時に，より公式的な方法がその発達のためには必要であるとする。その方法として，TQM (Total Quality Management) のようなプログラム化された方法や，よりオープンエンドな対話 (dialogue) によって，自由活発なコミュニケーションを行い，コンピタンスを強化していくことを指摘する。つまり，M&Aに関わる知識やスキルを持つ人達が，個人単位ではなく相互にコミュニケーションを採ることによって，知識やスキルの共有が行われ，そうした作業を1回限りではなく，組織において制度化していくために，担当者を集合させたプロジェクトチームや専門部署の設置が行われる。つまり，属人的なM&Aコンピタンスを組織レベルで活用していくことを目指して，その共有のための制度化を通じて，企業にとって特殊的な経営資源であるM&Aコンピタンスとして形成されていくのである。

## 2. M&A推進体制の確立

前項では，組織内で専門の担当者や担当チームなどを設置することの意義に関して，M&Aとの関連で3つの視点から整理してきた。その中で，特に本研究のテーマであるM&Aコンピタンスとの関連で重要となるのは，M&Aに関連する知識やスキルを蓄積するために担当者を設置するということである。ここでは，その点をクローズアップし，組織内においてM&Aに対するアプローチとしてのM&A推進体制が段階的に発展していく形態に関して論じる。さらに，M&A担当者が相手企業との関係において果たすべき役割と，担当者を設置することの副次的な効果として，従業員や事業部門管理者に対

する影響に関しても考察する。

### (1) M&A に対する組織的アプローチ

　企業の M&A に対する組織的アプローチの仕方は3つの段階に分かれる。これは，M&A コンピタンスを形成するために必要とされるプロセスである。

　最初の段階は，組織的に M&A コンピタンスの形成には積極的に取り組まず自然発生的なものとして考えている場合である。M&A を初めて行う企業やマルチプル M&A においても，各案件をそれぞれ個別のものとして考え，場当たり的な対処策しか考えていない企業が該当する。そうした企業は，交渉や契約の際に外部から専門家の力を借りる程度であり，M&A に対する知識やスキルが存在せず，関連するベストプラクティスの抽出などは行われない。ターゲット企業の選択に関しても自らの力で探索するのではなく，取引銀行などの外部機関の持ち込み案件に依存し，その戦略的有効性を十分に検討せずに決断する傾向にある。また，統合プロセスにおいても問題が発生してから初めて対処法を考えるために，十分な成果を引き出せずに，計画を達成するにも長い時間とコストを費やしてしまう。社内において当該案件の担当になった人物も特別な知識を持っている人ではなく，臨時的に関わるだけなので，その作業が終わると元の仕事に戻ってしまう。さらに，案件の都度担当になる人は異なることが多いので，次の案件の時には過去に経験した人がいないという状況になってしまい，同じ間違いを繰り返す可能性がある(Haspeslagh & Jemison, 1987)。

　この段階におけるアプローチは，M&A の経験がほとんどない企業や，競合企業が M&A を行ったのでそれに追随する形で行った企業において見ることができる。そして，M&A は1回限りの特別な戦略として認識されており，成長のための重要な戦略としては考えておらず，M&A コンピタンスを自発的に形成することは考えられていない。

　次の段階は，M&A の専門家を社内に置くことによって対処していく方法である。M&A の経験の少ない企業では，関連する知識やスキルを短期間の

うちに形成することが必要な場合には、コンサルティング会社や会計事務所などのM&Aに詳しい外部専門家のリクルーティングや彼らをアドバイザーとして雇用することで必要なコンピタンスを補完することが可能である（横山・本田、1998）。しかし、この段階でのM&Aコンピタンスは属人的なものであるので、当事者が人事異動や退職した場合には、同等の専門能力を持つ人材を補足しなければならないという問題がある。

　また、外部専門家の多くは高度な財務的・法務的スキルを必要とする業務に携わっていたために、人材マネジメントが重要になる組織統合プロセスに関わる経験を持つ人は少ない（Haspeslagh & Jemison, 1987）。そして、彼らは新しい経験を蓄積するというよりも、すでに持っている専門知識を活用することからM&Aの実行上におけるサポート的役割に従事している。特に、この段階ではプレM&Aの分析や交渉を行う人物と、ポストM&Aの統合をマネジメントする人物が異なり、両者の関係が希薄であるために、統合段階での対応策がM&Aプロセスの初期段階では考えられていない。ポストM&Aのマネジメントは、専門の統合担当者が決まっているわけではなく、受入先の関連部門が各自行うという形態が採られる。

　つまり、この段階でのアプローチは、プレM&Aに関するM&Aコンピタンスは専門知識を持つ個人の活躍によって補充されることができる。しかし、ポストM&Aに関しては組織内に一貫して従事する専門の機関がないために、過去と同じ間違いを繰り返す可能性があり、この部分に対するM&Aコンピタンスは形成されていない。

　最後の段階は、M&Aコンピタンスの形成に対するアプローチが組織的に認識されており、プレM&AとポストM&Aの両方に対して専門のスタッフが存在し、お互いが知識や経験を共有可能にする体制が構築されているものである（Harbison & Pekar, 1998）。前の段階ではM&Aコンピタンスは属人的なレベルであったが、ここではコンピタンスの共有と移転によって組織的に形成していくために、担当者を集結させることによるチーム化や、部門化などの取り組みが確立されている。また、担当者はM&A関連の業務を専門的

に遂行していくために，多くの経験を蓄積していくことが可能になる。

　プレM&Aでは相手企業の分析・評価や交渉が中心的な仕事であるために，市場動向に詳しい事業の機能面における知識やスキルが高い人物が要求される。一方，ポストM&Aでは組織統合を専門の職能とする統合担当者が設置されている。組織統合では，人的マネジメントが中心的課題になるために，卓越した対人関係スキルや組織文化の違いを的確に認識できる能力を持っている人物が選ばれ，統合計画の策定とその達成に対して責任を負っている（McCann & Gilkey, 1988／Ashkenas et al., 1998）。

　プレM&AとポストM&Aでは，要求される能力が異なり，それは専門的かつ高度なものなので，中心となる人物は分類されていることが必要であるが，両者は全く独立しているわけではない。両者は，M&Aプロセス全体を円滑に実行していくために，プレM&A段階からポストM&Aを視野に入れて活動している（Ashkenas et al., 1998／Spekman et al.,2000）。つまり，両者間でコミュニケーションが密接に採られており，交渉開始と同時に統合のためのプランニングに着手し，統合過程で発生すると予想される問題も，これによって事前に回避できる場合もある。米国のM&Aを積極的に展開している企業では，統合担当者は単に統合段階から仕事に着手するのではなく，買収監査からプロセスに参加して，統合化を出来る限り迅速に達成することを目標に活動している。そして，全社的な政策，方針，ツール，システムを持って一貫性のある方針のもとで展開されている（アンダーセン，1998）。

　以上のように，M&Aコンピタンスを組織的に形成するためには，過去の経験や社内外のベストプラクティスを蓄積し，将来に生かせるような仕組みを考えなければならない。初めてのM&Aでは経営者や専門知識を持った特定の個人を中心にM&Aへの取り組みが行われる傾向にあるが，M&Aコンピタンスを組織内に蓄積し，形成していくのは，専門の担当者の設置や，彼らの属人的コンピタンスを共有することを目的にしたプロジェクトチームや専門部門などによって組織的レベルから考えることが必要である。

## (2) M&A 担当者の役割と社内への影響

　前項ではM&A担当者が社内に設置される理由に関して，主にM&Aコンピタンスの強化という側面から論じてきた。ここでは，M&Aをマネジメントしていく上でのM&A担当者の被買収企業との関係を調整するための役割，担当者の設置による社内への影響に焦点を当てて考察する。

　Yoshino & Rangan（1995）は，アライアンスを対象にして，それを効果的に活用している企業では，そのマネジメントを特定の管理者であるアライアンス・マネジャーに任せていると指摘する。これは，M&Aの場合で言えば，M&A担当者を社内に設置することがM&Aを効果的にマネジメントしていくには必要であることを示す。担当者の設置にはM&Aコンピタンスを強化していくという目的とともに，特に相手企業との組織の間に介在し，その関係を調整する役割を担っている（Haspeslagh & Jemison, 1991）。M&Aの交渉，統合という段階は，自社だけで実行していけるものではなく，相手企業といかに円滑な関係を構築していくのかが重要であり，こうした役割がM&A担当者の仕事の中心になる。また，ポストM&Aの統合マネジメントがM&Aから効果を引き出せるかどうかに直接的に影響するので，統合担当者の役割は成否のカギとも認識されている。

　統合担当者は，専門知識を身に付けているというよりは，対人スキルや組織文化の違いを的確に認識できる能力を持っている人物が選ばれる。そして，企業文化や行動規範，価値観・倫理観などを幹部から末端の社員に至るまで浸透させることから，両企業間の結び付きを強め，企業全体の利益に対する立場から意思決定の質を向上させるために仕事を進めていく組織間を調整していく役割を担う（McCann & Gilkey, 1988）。つまり，他の組織についての情報を探索・収集・処理する組織間コミュニケーションの重要な担い手であるので対境担当者としても考えられる。山倉（1993）は，対境担当者の特徴を，組織内の他のメンバーから心理的・組織的に乖離している自組織を代表する影響力の行使者であると指摘する。M&A担当者もM&Aを専門の職能とした他の組織メンバーからは独立したものである。

そして，M&A から最大限の効果を引き出すには，交渉段階から統合段階における相手企業との信頼を構築していくことが重要な焦点になる（Yoshino & Rangan, 1995 ／ Child & Faulkner, 1998）。信頼構築の過程で M&A 担当者が重要な役割を担う。組織間信頼を構築するためには，両企業の担当者同士で信頼関係を構築することが最初に必要となる。そして，相手企業の戦略・組織・文化が自社とどの程度類似性があるのかを探索し，なるべく早く目に見える結果を出すことが信頼の構築を促進する。また，担当者が途中で変更することは，相手企業に対して不信感を及ぼすために，1 度決定した担当者は継続して業務を遂行することが望まれる。また，組織間の信頼は M&A プロセスを円滑に進める効果を持つばかりでなく，情報共有への意欲が向上することから意思決定の際により正確な情報が相手企業から提供してもらえ，機会主義や取引コストを低下させることができるという，さまざまな弊害を回避することを可能にする（Chies & McMackin, 1996）。

　企業の中に M&A 担当者を設置することは，企業の戦略策定や社内の他の従業員に対しても影響を与える。M&A 担当者の存在は，自社が M&A を本格的な企業戦略の 1 つとして重視していることを社内に認識させることにつながる。特に日本企業にとっては，従来 M&A は特別な戦略としてのイメージが強く，必要となる技術は買収によって獲得するよりも内部開発することが第 1 の選択肢とされてきた。しかし，M&A 担当者がいることは，事業部レベルにおいても選択肢の 1 つとして M&A を考えていこうという雰囲気を作り，M&A を実行しやすい環境を企業内に構築するという役割を持つ。さらに，各事業部レベルで M&A を行う場合でも，何か障害に直面した時には，常に助言を得ることができ，重要な段階でサポートを得ることが可能であるので，責任者の安心感にも影響し，その選択機会は拡大される。

### (3)　M&A 担当者の教育と資質

　M&A 担当者の役割と社内への影響に関して整理してきたが，ここでは彼らに対する教育と要求される資質に関して論じていく。つまり，M&A 担当

第2章　M&AマネジメントとM&Aコンピタンス　　115

者の持つ知識やスキルは，経験によって蓄積する以外に，トレーニングなどによって向上させることが可能なのかどうかということである。

　環境変化が激化している中で，M&Aを取り巻く環境も急速に変化しており，M&Aコンピタンスをいかに迅速に構築していくのかが重要な競争要件となっている。従って，M&Aに関連する知識やスキルの向上を経験だけに頼っていたのでは限界があり，熟練した担当者を組織内に育成していくための経営教育も重要な課題とされている（菊地, 2000）。そのために，M&Aを積極的に実行している企業のベストプラクティスを参考にすることや，外部専門家を活用することによってトレーニング・プログラムを作成することが有効な方法である。トレーニングなどを通じて獲得できるスキルとして，ビジネススキルと対人関係スキルがある（Spekman et al.,2000）。ビジネススキルとは，企業の各機能を効果的に運営していく上で必要とされるスキルで，ビジネススクールなどで習得することが可能なものである。ターゲット企業に対する分析・評価手法や業界動向を正確に認識するための知識などが含まれる。対人関係スキルは，交渉や組織統合を進める時に必要とされ，社交的能力やコミュニケーション能力が含まれる。また，相手から信用や信頼を獲得するための機転や感受性，文化間知覚などを向上させることも必要であり，そのスキルを育成していくには時間がかかる。

　これらのスキルは，教育訓練等を通じて形成することができる性質のものであるが，一方で，担当者に固有の素質的要素も重要な影響を及ぼす。Spekman et al.（1996）では，このことを担当者のマインドセット（mind-set）と指摘している。これは，担当者がどのようなパースペクティブにおいて，M&Aを遂行していくのかに関わり，他の人を調整するために自分を変えること，常に他人の視点を考えること，同時に多面的視点を考えること，過去の出来事から学習し過去にとらわれないこと，将来の利益のために現在の損失を容認することなど，直接的に教示することができないものである。これを形成していくには，M&A以外のさまざまな事業に関わってきたことや，重大な局面を過失に経験したことなどが大きい影響を及ぼす。

さらに，M&A は将来に対する不確実性や曖昧性が高く，また1つの企業の境界を超えた活動という複雑性を伴うものである。従って，M&A 担当者はそうした環境を解釈し，常に自発的な行動を採ることが求められ，学習へのコミットメントや挑戦への意欲，失敗への反省が行えることが必要とされる（Spekman et al., 1998, 2000）。彼らには，Kotter（1996）が指摘するリスクを許容し，内省的で注意深く耳を傾け，新しいアイデアにオープンである生涯学習者（life-long learner）としての特徴が必要となる。

## 3. M&A プロセスのシステム化

　M&A コンピタンスを組織内に形成していくために専門担当者や担当チームを設置することの意義に関して整理してきた。そこでは，M&A に関連する属人的な知識やスキルを組織的に蓄積して，将来の M&A に活用することからマルチプル M&A を成功的に実行していくことが最大の課題にされてきた。その一方で，環境変化の激しい今日では，個々の M&A を成功的に実行していくとともに，その実行速度も重要視されている。M&A には時間を買うというメリットがありながら，実際には期待した効果を獲得するまでには長い時間がかかってしまい，メリットが低減しているということも指摘されている。つまり，M&A プロセス全体をいかに迅速に実行できるかどうかを考えることが次の課題である。

　近年，企業の蓄積した情報や社員の知識・ノウハウをシステム化して，企業経営に活用していく動きが盛んに議論されている。これはナレッジマネジメントとして指摘され，競争優位を獲得していくための1つの方法としても考えられている。ナレッジマネジメントで使われている方法は，M&A プロセスを効果的にマネジメントしていく上でも活用できることである。つまり，M&A プロセスを素早く短期間で実行し，M&A コンピタンスをさらに組織の中に伝播させコア・コンピタンスとして確立させていくには，そのプロセスを体系化しシステム化していくことが有効な方法の1つとして考えられる。これはいわば暗黙知であった M&A コンピタンスを形式知化していくと

いう作業であり，それにより当事者以外でも認識でき，反復可能なものとなる。ここでは，まずナレッジマネジメントと企業の競争優位の関係について整理し，その後に M&A プロセスをシステム化することがどういう意味を持つのかについて検討する。

## (1) ナレッジマネジメントと競争優位

現在，企業が競争優位を獲得する上で，企業が蓄積した情報や社員の業務知識・ノウハウをシステム化し，これを組織的に活用することで企業活動を改善していくナレッジマネジメントが注目を集めている（Nonaka & Takeuchi, 1995 ／ Davenport & Prusak, 1997）。これは，個人の持つ知識を組織的に集結・連結して活用し，その単純な総和以上のものを発揮していくことによって，業務推進力，意思決定力，顧客問題解決力，コンセプト創出力，イノベーション力，競争力などを向上させることがその狙いである（野中・紺野，1999）。そして，ナレッジマネジメントに本格的に取り組んでいる企業では，実際に営業力の強化や顧客満足度の向上，製品開発の期間短縮などさまざまな成果を上げていると報告されている。ここでは，まずナレッジマネジメントの根本的課題である知識やノウハウをシステム化・情報化することとはどのような内容を持ち，それが効果を上げるにはどのような要素が必要になるのかに関して検討する。

まず，知識やノウハウは個人に一体化されている暗黙知的な性質を持つ。また，各人の有する優れた知識やノウハウは組織の中に分散的に存在している。これらが企業にとって非常の大きい価値を持つ場合には，それを組織の他の人と，さらに組織全体で活用することによって，より効果的な経営が実現できる可能性がある。そこで，社員や組織が所有する顧客・製品に関する情報やそうした情報を使った業務に関するノウハウなどを組織内の他の場面でも活用していくための取り組みが必要になる。

その方法として，業務システムのデータの分析結果や業務の作業手順などをデータベース化することによって，特定の個人や組織が持っていた知識

を，他の個人や組織が容易に活用できるように共有可能な状態にすることである（アンダーセン，1999／日経コンピュータ，2000.2.14）。さらに，作業のコツや個人の勘というような文書化することが不可能な知識に関しては，知識を持っている個人に対して容易にコンタクトできるように，専門家マップなどを作成することが有効な方法である。

　ナレッジマネジメントによって長期的に効果を上げるためには，それに対応するための組織的取り組みが要求される（Myers ed, 1996／Davenport & Prusak, 1997）。まず，どの業務にナレッジマネジメントを適用し，どの知識やスキルを対象にするのかという目標を明確に策定することであり，これは全社的な戦略の策定である。さらに，戦略に基づいて必要な知識を集めて分析し，それをマネジメントに活用できるように再編成するための専門の推進組織が設置されることが必要である。一方で，形式知化して蓄積した知識に対して，利用者の利用頻度や満足度，質問，要望などを収集し，評価を行い既存の知識にフィードバックさせることが課題となる。また，知識は時間とともに新しいものが増えていくのでデータベースの更新を行うことも担当者の役割である。つまり，ナレッジマネジメントを効果的に活用していくためには，1度構築したデータベースや専門家マップでは不十分であり，その検証と改善を繰り返していくことが必要となる。さらに，こうしたことを可能にする情報インフラの整備も重要な課題となっている。

　このようなナレッジマネジメントのタイプはベストプラクティス共有型と言われる（野中・紺野，1999）。個人の持つ知識や過去の成功事例を分析することによって，何が成功のポイントになったのかを抽出し，これをドキュメント化することによって他者との共有を図るのである。

　これらの方法は，自企業内でのベストプラクティスを発見してその共有を図ることが目的であったが，他企業の持つベストプラクティスを自社に導入するというベンチマーキング（bench-marking）の実施が重要な経営手段としても認識されている。Camp（1995）は，ベンチマーキングには，問題対応型とプロセス対応型があると指摘する。問題対応型ベンチマーキングと

は，顧客からの声，コスト管理，不良品発生率減少への要望，高い資産比率，サイクルタイム向上の必要性などの各種問題点に対する効果的な解決手段としてベンチマーキングを利用していくものである。この方法は，受動的な性格を有し，組織の一部分にしか影響を与えない。そこで，より能動的な方法として，目標に対して直接的な影響が大きいビジネスプロセスに焦点を当て，それを改善することによって効果を上げていくことである。これは，プロセス対応型ベンチマーキングと指摘でき，ビジネスプロセスの改善を焦点としているために企業の内部改革が実行できる。

以上のように，ナレッジマネジメントでは企業内外の優れた知識やノウハウ，企業経営における成功要因となっているベストプラクティスを発見して，それをシステム化することから社内での共有可能な体制を構築することが課題である。そして，単なる問題解決を目的にしたものから，ビジネスプロセスの改革を志向したものへ焦点が移行しているために，こうした作業は社内の企業変革にもつながり，競争優位の獲得に影響を与えるものとなっている。

**図表2-5　ナレッジマネジメントの種類**

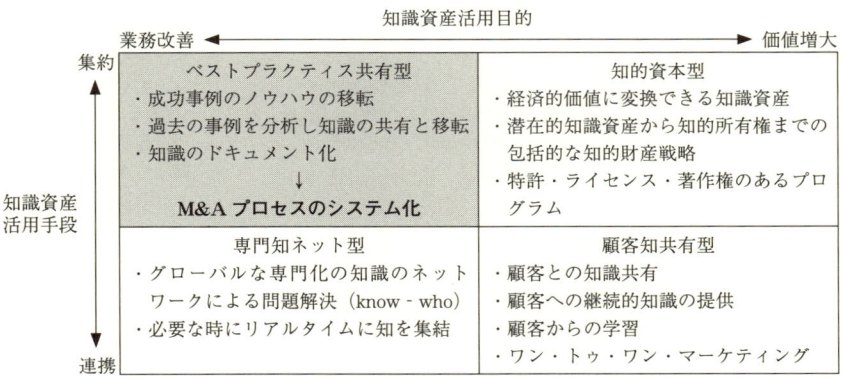

| | 業務改善　←　知識資産活用目的　→　価値増大 | |
|---|---|---|
| 集約 ↑<br><br>知識資産<br>活用手段<br><br>↓ 連携 | **ベストプラクティス共有型**<br>・成功事例のノウハウの移転<br>・過去の事例を分析し知識の共有と移転<br>・知識のドキュメント化<br>↓<br>**M&Aプロセスのシステム化** | **知的資本型**<br>・経済的価値に変換できる知識資産<br>・潜在的知識資産から知的所有権までの包括的な知的財産戦略<br>・特許・ライセンス・著作権のあるプログラム |
| | **専門知ネット型**<br>・グローバルな専門化の知識のネットワークによる問題解決（know - who）<br>・必要な時にリアルタイムに知を集結 | **顧客知共有型**<br>・顧客との知識共有<br>・顧客への継続的知識の提供<br>・顧客からの学習<br>・ワン・トゥ・ワン・マーケティング |

出所）野中・紺野（1999）p.70に加筆修正
＊本研究で扱うのは「ベストプラクティス共有型」である。

## (2) M&Aプロセスのシステム化とは

　個人の持つ知識や社内外におけるベストプラクティスを共有するためのナレッジマネジメントの重要性に関して論じてきた。その対象とされる内容は，顧客への対応やコストの削減などさまざまなである。ここでは，M&Aプロセスにナレッジマネジメントの考え方を適用して考察していく。つまり，欧米のマルチプルM&Aを有効に活用している企業では，M&Aプロセスを体系化し，さらにシステム化することによって，M&Aの円滑かつ迅速な実行が実践されている。そのような方法は，M&A担当者の設置と排他的関係にあるのではなく，M&Aコンピタンスをさらに強化するためのものである。

**図表2-6　M&Aに対する組織的推進体制の発展**

| 自然発生的な効果<br>（未整備） | 専門家の活用<br>（専門化） | M&A推進体制の確立<br>（体系化） | M&Aプロセスの<br>システム化<br>（形式化） |
|---|---|---|---|
| ・M&Aコンピタンスの形成を考えていない<br>・M&Aは特別な戦略として認識<br>・場当たり的対応<br>・臨時的な担当者<br>・ゼロからの関連知識の蓄積 | ・プレM&Aに対するコンピタンス（財務的・法務的スキル）<br>・外部専門家のリクルーティング<br>・専門家の専門知識を活用<br>・経験などの蓄積が不十分<br>・ポストM&Aの統合アプローチが不十分 | ・M&Aコンピタンス形成への組織的取り組みの確立<br>・ポストM&Aに統合担当者の設置<br>・プレとポストM&Aの担当者間の活発なコミュニケーション<br>・担当者のチーム化，部門化（知識・スキルの共有） | ・M&Aコンピタンスのデータベース化<br>・各プロセスのベストプラクティス抽出<br>・体系的なM&Aプロセスの確立<br>・M&Aコンピタンスをコア・コンピタンスとして認識<br>・M&Aコンピタンスの全社的活用<br>・関連スキル向上のトレーニング |

M&Aコンピタンスの強化 →

　1回限りを前提にしているM&Aの場合には，その時に企業の持つすべての経営資源を注ぎ込めばそれで十分とされ，1つの方法論の確立ということまでは考えられておらず，将来に行われるM&Aを意識した取り組みはされていなかった。しかし，マルチプルM&Aの場合には繰り返し行われ，M&A

が企業の中心的な戦略の1つとして位置付けられているために，企業もM&Aに対するアプローチを確立することが必要となる。そこで，M&Aプロセスにナレッジマネジメントの手法を適用することが1つの有効な方法として考えられている。

　第1章でも論じたようにM&Aは準備段階，交渉段階，統合段階という一連のプロセスとして考えられる。それぞれの段階にはその実行過程で困難だった事柄や重要なポイントなどが存在する。そこで，M&Aプロセスにおけるベストプラクティスを抽出することによって，次からはより効果的な実行を可能にするために，一連のプロセスとして体系化し，さらにそれらをデータベース化することが試みられている（Ashkenas et al., 1998／アンダーセン, 1998）。マルチプルM&Aは時間短縮効果が目的であり，そのためには迅速なM&Aプロセスの実行が要求される。そこで，過去の経験を将来に活用できる体制を作れば，次回の案件からは困難や不確実性を低減でき，より効果的な取り組みが実現できるからである。こうした作業は，M&Aコンピタンスを形式知化していくものであり，企業の競争力の源泉であるコア・コンピタンスとして確立する上でも重要なことである。

　また，M&Aプロセスをシステム化する場合には，単にその構築を行うだけではなく，それを有効に活用していく仕組みも考える必要がある。その方法として，ベストプラクティスを集めたデータベースへのアクセスを容易にするために，社内の検索ネットワークを活用することである（Harbison & Pekar, 1998）。これは主にウェブサイトが利用されており，単にデータベースが構築されているだけでなく，その都度関係者が過去に携わった案件を通じて獲得した経験をもとに，その内容をアップデートしていくことによって，重要な知的資産へと認識されていく。そして，M&A担当者に限らず，関連する人達が疑問に思った事柄があった場合には，すぐにウェブサイトにアクセスすることで，問題の早期解決が図られ，M&Aプロセスを円滑に進めるためのサポート的機能を果たすのである。

　さらに，統合プロセスにおいては，それが体系化されているだけでなく，

統合達成までの期間を計画化することも課題とされている。欧米企業の多くでは，たいてい100日統合計画というものが策定されており，契約後から100日間で統合を達成することが目標にされている。そして，その間に従業員や企業文化の統合に関しては，特別のプログラムが設定されてその実現が図られている。一般的に統合マネジメントは，買収企業側からの一方向的なものであったが，トレーニングプログラムなどを設置することにより，相手企業の従業員の能動的な行動を通して統合を促進することができる。このプログラムも，過去の経験や外部専門家のサポート，他社のベストプラクティスを導入することによって形成されたものである。

M&Aコンピタンスを形式知化していくという作業は，企業にだけ見られる現象ではない。コンサルティング会社などのM&A関連の知識やスキルを企業に提供することをビジネスにしている外部専門機関の中でも行われている（横山・本田，1998）。以前は，コンサルタントがクライアント企業に出向いて，コンサルティング業務を行いながら，M&Aコンピタンスの形成をサポートする傾向にあった。しかし，今日ではM&Aのベストプラクティスをドキュメント化したものを販売することも多いという。

つまり，暗黙知的なコンピタンスは移転することが困難であるが，それを形式知化することによって移転が容易になり，さらに1度構築したものを改善していくことが可能になるのである。従って，M&Aコンピタンスを形式知化するための方法であるM&Aプロセスのシステム化は，その実行速度を向上させ，マルチプルM&Aを加速的に増加させていく場合には必要となるものであり，企業にとっても重要な経営資源として考えることができる。しかし，M&Aの構造は案件毎に独特であり，それぞれに独自の目的や文化があるために，将来の案件は以前のものとは常に同じアプローチが採れるとは限らない。従って，M&Aプロセスのシステム化は，万能アプローチを目指すものではなく，過去の間違いを繰り返さずに，次のより高い水準を目指すための指針であると考えられる。

以上のように，M&Aコンピタンスを組織的レベルから形成していくには，M&Aに関連する知識やノウハウの蓄積のために，専門担当者・専門部門の設置や，暗黙的であるM&Aプロセスをシステム化するという作業の有効性を述べてきた。そして，M&Aに対する組織的推進体制の発展に従って，M&Aコンピタンスも強化されていき，コア・コンピタンスとしての特徴も強くなっていく。マルチプルM&Aを積極的に活用し，高い成果を獲得している企業では，その傾向が特に高いものとなる。

---

\* 本章第1節は，中村（2002a）を，第2節は，中村（2002b）をもとに加筆修正したものである。

第 3 章

# マルチプル M&A の事例研究

## 第 1 節　リサーチデザイン

　本章では，実際の企業の事例研究を用いて，各企業のマルチプル M&A の特徴とその取り組み方に関して検討する。そこで，本節ではそのリサーチデザインについて論じる。まず，研究手法として事例研究を用いる理由について述べ，それによって何を明らかにするのかという目的を明確にする。さらに，対象企業の選択理由についても明確にする。

### 1. M&A 研究の手法

　M&A を対象にする研究手法には，大きく分類すると大量サンプルを使う定量的な統計的実証研究と個別企業を詳細に分析していく定性的な事例研究によるものがある。ここでは，それぞれの研究方法の特徴と本研究ではなぜ事例研究を使って分析するのかに関する理由を整理する。

#### (1)　統計的実証研究の特徴

　多くの M&A 研究では，大量サンプルを用いた統計的手法によって価値創造の有無を分析している。それはイベント・スタディ (event studies) とパフォーマンス・スタディ (performance studies) に大きく分かれる (Kaplan et al., 2000)。

イベント・スタディは，市場ベースの尺度 (market-based measures) を基盤とし，買収発表日前後の株価変動に注目して，市場の反応によって買収企業とターゲット企業に価値をもたらすのかを分析する (Seth, 1990)。つまり，株価が上昇した場合には，そのM&Aは成功したものと判断している。従って，M&A発表日前後で変動する株価は，そのM&Aを行ったことによって，将来の価値創造に対してプラスの影響があるかどうかという市場の期待によるものなので，それは将来の現在価値に焦点を当てたものである。この研究の特徴は，Jensen & Ruback (1983) に示されるように，買収に伴う株価の異常な変化率を分析することが課題となるので短期的視点からM&Aの影響を考えている。

パフォーマンス・スタディは，その指標として会計ベースの尺度 (accounting-based measures) を基盤とするために，財務諸表上のデータや株価収益率を使って分析する (Seth, 1990)。そして，M&Aを行ったことによって企業の業績がどのように変動したのかを見るために，最低3年以上の期間を設けるので，イベント・スタディに比べると長期的視点からの研究と言える。この3年という期間は，1つの買収が成功したか判断するには少なくとも相応の期間が必要だとして決められたものである (Copeland et al., 1994／Lajoux, 1998)。この研究で最も多くなされた課題は，多角化戦略と業績の関係分析であり，M&Aのタイプとして関連型と非関連型などに分類し，戦略的適合がどのような場合に高い収益率や成長性を獲得することができるのか (Rumelt, 1974／Salter & Weinhold, 1979／Singh & Montgomery, 1987／Seth, 1990)，また計画型買収と非計画型買収というように事前に綿密な計画を立てた場合における業績との関係 (Ansoff et al., 1971) が議論された。

さらに，M&Aの成果に影響する要因を検討するために，主に戦略的関連性以外の選択変数を使用したクロスセクション分析も行われている (Kusewitt, 1985／Shelton, 1988／Fowler & Schmidt, 1989／Bruton et al., 1994)。例えば，Fowler & Schmidt (1989) はパフォーマンスに影響する要因として，両企業間の相対的規模，以前の買収経験，買収企業の設立年数，両企業

間の産業共通性,競合的・非競合的買収,取得した株式の割合を提示し,買収経験がありターゲット企業の株式をより多く取得し,歴史の古い買収企業の方が,買収後に高い成果を上げていると結論付けている。つまり,こうした研究では,まず先行研究のサーベイから複数の仮説を設定し,どのような要因が M&A の成功変数となるのか,変数間の関係はどのような相関になっているのかを分析しているのが特徴である。従って,こうした方法は第 1 章で論じた適合性研究において積極的に用いられてきた経緯があり,任意の一時点を基準に考える傾向があるために,静態的視点による分析である。こうした特徴に関連して次のような問題点も指摘されている。

### (2) 統計的実証研究の問題点

　大量サンプルによる調査では,生産性や業績に影響する要因や,要因間の相関関係が認識できるために,仮説検証を行うには適した方法である。しかし,M&A の成功・失敗を導く組織的メカニズムや経営実践については考察していないため,その実態や M&A の結果と戦略および組織構造の間における結び付きを説明するためには不十分である (Kaplan et al., 2000)。さらに,調査者によって統計手法やサンプル内容が異なることから,すべての調査結果が一貫していないということも現状の問題点として指摘されている (Sirower, 1997)。

　つまり,大量サンプル調査では,M&A を行ったことによってどのように企業が変革していき,ある段階における結果までの進行プロセスに関しては十分に分析されているとは言い難い。M&A における価値創造・破壊は,どのような形で実現されるのかを認識することは困難である。イベント・スタディにおいては,買収発表前後における株価変動で M&A の価値を考えているが,Kaplan et al. (2000) は買収発表時に株価が上昇したにも関わらず,その後は株価が下落し,結局はその M&A は失敗したという事例を分析している。この研究では,買収発表時の株価上昇は,事例企業の過去の買収経験を市場が好意的に受け止めていたことが影響していたが,統合段階において

被買収企業の抵抗を招いてしまい,その結果として組織内が混乱して失敗につながったとしている。従って,イベント・スタディでは買収発表後にどのようなマネジメントが実際に行われていくのかが認識できない。

また,パフォーマンス・スタディでは任意の一時点を基準とした財務的な尺度から評価するために,そうした結果に至るまでの期間にどのようなプロセスを辿ってきたのかという企業の実態を認識することができない。さらに,基準とする時点や期間の取り方によっても結果は多様なものとなるだろう。

本研究は,第1章でも論じたようにM&Aをプロセス・パースペクティブから考えていくものである。従って,プレM&Aにおける動機や目的の存在や,ポストM&Aの変革プロセスや組織体制を分析することが焦点となる。こうしたことは,統計的手法を用いた研究では十分には分析することはできない。企業の実態を把握し,時間とともにどのように組織が変化しているのか,またどのようなアプローチが採られているのかを考える必要がある。そこで,1つの企業を詳細に分析していく方法である事例研究を用いて考察する。

### (3) 事例研究の特徴

事例研究(ケーススタディ)は,少数の事例を詳細に分析していくことによって,大量サンプル調査からは認識できなかったプロセスや重大な現象を認識することを目標とする調査方法である(Kaplan et al., 2000)。そして,単一事例を多面的に分析することによって単一環境の中の動態的変化を理解することや,複数の事例を比較することによって何らかの共通関連性を発見するなど,その内容は多種多様である(Yin, 1994)。また,データ収集は,公表資料・インタビュー・観察・質問表などのさまざまなリソースや手段を使って行われる。内容や手段が多様である事例研究であるが,その目的は主に3つの視点に分類される(Eisenhardt, 1989)。

第1に,何らかの事象を説明するための記述として事例を使用する場合で

ある。例えば，ビジネス誌などに見られるように，あるトピックを説明するために具体的な企業の事例を使う場合が該当する。第2に，構築した理論的フレームワークを論証するために事例を使う場合である。これは，設定した理論的フレームワークによって選択した事例を解釈し，それによってその理論の妥当性を検証していくことである。この場合には，選択される事例は，ランダムに決定されるのではなく，あらかじめテーマに合ったものが選択される。例えば，Haspeslagh & Jemison（1991），林（1993），Nahavandi & Malekzadeh（1993），Cartwright & Cooper（1996）の研究では，提示した独自のフレームワークに基づいて，事例企業を選択・分析しており，その事例を設定したフレームワークで解釈することによって検証をも行っている。第3に，新たな理論を構築することを目的とする場合である。これは，事例を詳細に分析・解釈することによって，今までの研究の中では抽出されてこなかった論点を発見し，それから理論的フレームワークを構築する。例えば，Buono & Bowditch（1989），Kaplan et al.（2000）では2，3社の事例に関して臨床的アプローチを適用することによって分析が行われている。特にBuono & Bowditch（1989）においては，M&Aに関連する人間的な力学，プロセスの描写を目的に8年間に渡って組織全般を詳細に調査している。そして，新しい論点や命題を抽出しているのである。

　主に事例研究の目的はこの3点に分類されるが，本研究では，第2の目的のように理論的フレームワークを検証するための方法として事例研究を位置付けている。Baden-Fuller & Boschetti（1996）においても，事例研究は理論によって強調された現象を直接的に説明することを可能にすると指摘される。つまり，本研究では大量サンプル調査では認識できなかったM&Aプロセスを分析し，M&Aコンピタンスの形成要因として掲げた戦略目標，組織体制，企業内部の風土や雰囲気，企業外部の評判や威信，さらに各企業のM&Aコンピタンスの内容を特定化することが事例研究を行う目的である。

　しかし，事例研究には少数の事例を深く多面的な尺度から分析することが可能である反面，分析者の恣意性が介入しやすく，理論の一般的妥当性や信

頼性に対しては問題を有する点も指摘されている。そのような背景もあるが、マルチプルM&AやM&Aコンピタンスに関する研究が、現状では不十分である段階にあることから、その実態や特徴を考察することは意義のあることだと考える。また、本研究における事例研究のリソースは、公表資料を中心に集められている。これは、既存の客観的事実を新しいM&Aコンピタンスに関するフレームワークでどのように解釈でき、どのようなことが特徴点として認識できるのかということを強調することを意図としているためである。

## 2. リサーチデザイン

ここでは、事例研究の目的と対象企業4社の選択理由、事例企業の概要に関して整理する。事例研究に関しては第3章で客観的事実の記述、第4章で分析フレームワークを提示して事例の解釈と考察について検討する。

### (1) 事例研究の目的

事例対象として4つの企業を選択することによって、比較分析を行っていくことが本研究の目的である。複数の事例を使用する比較分析は、ある組織現象に固有な属性を事例の対比によって理論的に解明することが可能であるという特徴を有する（金井, 1991）。つまり、本研究ではマルチプルM&Aを効果的に行っている企業に固有の属性を考察し、第2章におけるマルチプルM&AとM&Aコンピタンスに関する議論から理論的フレームワークを構築し、それを検証していくことが目的である。そして、技術獲得型M&Aと市場拡大型M&Aとの相違点、日本企業と米国企業における相違点を抽出し、それを解釈していくことである。従って、第3章では客観的事実の記述を行い、それを第4章の方で理論的フレームワークの構築とそれに基づいた解釈と分析を行う。

各事例は次のような目的を持って記述されている。まず、その企業が置かれている環境を理解し、多くの戦略手段が存在する中で、なぜM&Aを行う

必要性があるのかということを明確にすることである。これに関連してM&Aと戦略目標・ビジョンとの間にどのような関係があるのかも考えていく。そして，組織内部におけるM&A推進体制がどのようになっているのか，またどのように変化してきたのかに関して論じる。企業内部の風土や雰囲気と社外の評判や威信の効果に関しては，事例記述からは直接的に詳細な把握はできないため，これは第4章の方で，独自の解釈を用いて考察する。

### (2) 対象企業の選択理由

　事例対象企業の選択はランダムに行われたものではない。本研究で提示したフレームワークを説明するに当たって，関連する問題を強調するような事例が選択されている（Baden-Fuller & Boschetti, 1996）。つまり，ある戦略目標を実現するための手段としてマルチプルM&Aを実行している企業の事例である。そのために，企業帝国を創設しようとするコングロマリット型M&A（例えばGeneen & Bowers, 1997）や買収した企業を自社で再建してより高い価格で売却するというJensen（1989）が提唱したLBOアソシエーションのようなタイプのM&Aは対象とはされない。

　第2章で論じたように本研究で対象とするマルチプルM&Aは，技術獲得型と市場拡大型の2つに分類される。そして，この分類に従って対象企業は選択される。また，もう1つの分類尺度は日本企業と米国企業によるものである。これは，M&Aに対する認識の違いやM&Aコンピタンスの発展段階が日米企業では異なると考えられるために採用した尺度である。日本企業ではM&Aコンピタンスは特定の人物に体化されている傾向が強く，一方の米国企業ではM&Aプロセスのシステム化というM&Aコンピタンスの形式知化が実践されていることを論じる。従って，単純な日本企業と米国企業の比較を行うだけではなく，M&Aコンピタンスの発展段階を検討することを目的としている。

## (3) 4つの選択企業の概要

事例研究の対象企業は，上記で示した基準に従って4社が選択される。まず，日本企業では横河電機（技術獲得型M&A）と資生堂（市場拡大型M&A）である。米国企業ではシスコシステムズ（技術獲得型M&A）とGEキャピタル（市場拡大型M&A）である。日本企業の横河電機と資生堂は，我が国を代表する数少ないマルチプルM&Aを積極的に展開している企業である。米国企業のシスコシステムズとGEキャピタルは，世界中の企業からM&Aのベンチマークの対象となっている企業であり，世界的に最もマルチプルM&Aを活用している企業として企業社会においては認識されている。各社の概要は次の通りである。

図表3-1　事例対象企業の分類

|  | 日本企業 | 米国企業 |
|---|---|---|
| 技術獲得型 | 横河電機 | シスコシステムズ |
| 市場拡大型 | 資生堂 | GEキャピタル |

まず，横河電機は従来からM&Aやアライアンスには比較的積極的な企業であるが，1997年7月にETS（Enterprise Technology Solutions）というビジネスコンセプトを発表してから，この戦略目標の達成手段としてマルチプルM&Aが展開されている。これは，製品を提供するメーカーとしての枠を越えて，企業活動全体を対象にした総合的ソリューションを提供する企業へと革新することを表しており，同社にはそれに関連した技術力が不十分であるので，必要となる技術や将来有望な技術を獲得することを目標にマルチプルM&Aが行われている。

資生堂は，「グローバルNo.1」という戦略目標を策定し，海外市場の拡大のためにM&Aを積極的に実行することが明言されている。さらに，この目標を達成するために具体的に「グローバル・マルチブランド戦略」を策定し，資生堂ブランドを強化していくとともに，資生堂にはない価値を持つブランドを取得するためにマルチプルM&Aが推進される。つまり，ブランド

拡大は対象とする顧客を増加させることが目的であり，それは市場の拡大につながるものである。

シスコシステムズでは，「end to end networking solutions」というビジョンを掲げ，ネットワーク全般を対象にした製品機器とそれに関わるソリューションの提供を目指している。そして，インターネット関連の事業では，環境の変化が激しく製品開発サイクルが非常に短いために，自社に不足している技術や製品を補完することを目的に，外部の有望な技術を有する企業を買収して自社内部での技術開発や製品開発の代替的手段としている。このタイプの M&A は，買収によって技術開発の代わりとしているので A&D（Acquisition & Development）と言われる。

GE キャピタルは，海外市場や新規市場に進出する際に M&A を活用している。金融ビジネスでは，各国市場毎に規制や顧客基盤があるために，新たに事業を立ち上げることは，競合企業が存在する中で顧客を確保するまでには時間と費用が相当かかってしまい，軌道に乗るまでには多くの困難に直面する。そこで，すでに確立された顧客基盤を持つ企業を買収した方が，時間的にもコスト的にも有利になる。そして，特に近年の金融業界では業績不振企業が多く存在するために，そうした企業を対象に買収は行われ，買収した後は GE でも効果を発揮しているシックスシグマなどの経営手法の導入によって経営改善が実現される。

以上のような事例企業の比較から，マルチプル M&A の実態を考えていくとともに，技術獲得型 M&A と市場拡大型 M&A の相違，日本企業と米国企業の M&A コンピタンスに対する認識やその取り組みの相違に関しても分析していくことが課題である。詳細な比較分析に関しては，第 4 章で検討する。

---

＊　次節からの事例の記述は，企業経営の巧拙を示すことを目的としたものではなく，分析における資料として作成されたものである。

## 第2節　横河電機の事例

### 1. 横河電機の概要

　横河電機は，1915年に創業された計測・制御機器の国内トップメーカーである。同社では，「従業員を大切にする経営」「信義を重んじる経営」が理念として確立しており，東京三鷹の本社周辺が横河村と言われているように家族主義に基づく経営がなされているのが特徴である。そして，我が国の産業界の発展に対する基盤として支えてきた優秀な人材とそれに伴う高度な計測・制御技術，高い製品品質が同社のコア・コンピタンスと考えられる（同社の技術者教育については，JMAジャーナル；1987.7）。

　横河電機は世界27カ国に海外関連会社約70社を有するグローバル企業であり，北米，欧州，アジアの各地域に統括本部を設置し，生産から開発・エンジニアリング・販売・サービスなどの一連の業務が管理されている。また，事業運営に関しては，自社独力による製品開発を中心にした内部成長にだけ固執するのではなく，新しい技術を獲得するために他企業とのM&A，アライアンス，合弁を効果的に行なって展開しているのが特徴の1つである。その一方で，積極的な分社化も過去に行われており，同社のグループ経営は環境に合わせて拡大・縮小を繰り返してきた（日経産業新聞；1993.12.28）。

　計測器は，産業の「マザーツール」と言われ，製品の品質や製造基準を向上させ，我が国の工業化の進展を支えてきたものである。戦後における計測器の発展は，単式の計測器から始まり，人間がメーターの指示盤を直接に見ることによって調整が行われてきた。その後，製鉄，石油精製，紙・パルプなど素材エネルギー産業の成長に従い，プラント全体を対象にした作業の全工程を自動制御化するために，PA（Process Automation）技術が要求される。さらに，1980年代後半からは，情報技術の革新により，PA自体をコンピュータ制御するシステムへ発展し，電機・自動車産業などの加工産業に対する工場自動化技術であるFA（Factory Automation）や，研究室の計測・分

析・記録を自動化するLA（Laboratory Automation），ビルの空調設備などに対するBA（Building Automation）へと展開する。つまり，同社の事業は，その時代のリーディング産業をターゲットにしながら展開され，各業界や各企業の設備投資額に大きく影響されるという特徴がある。

90年代からは顧客志向が重要視される環境を背景に，単に製品やシステムを販売するだけでなく，製造現場から経営レベルに至る企業活動全般に対するソリューション（問題解決）を提供していくということに視点が移る。そして，ハードとしての単品よりもシステム全体の販売が中心になり，さらにシステムを動かすソフト開発が重要課題となる。

横河電機もこうした業界の流れを反映してその都度，事業を転換しながら成長してきた。以下では，こうした外部環境に対する同社が採ってきた戦略に関して，特に外部成長戦略に焦点を当てて考察する。

## 2. 過去の合弁と合併

横河電機は，過去にヒューレット・パッカード（HP）やゼネラル・エレクトリック（GE）との合弁事業，北辰電機との合併において高い成果を上げてきた。合弁事業に関しては，設立後にどのように運営体制が変化していったのかという議論すべき重要な課題があるが，ここでは，そうした外部成長戦略を成功裏に行ってきた要因として同社のアプローチに関して整理する。そして，これらの成功体験は後のM&Aやアライアンスにも影響するものである。

### (1) 米国企業との合弁事業の成功；HPとGE

米国企業との合弁は，新規事業へ進出するための技術獲得を目的に行われていく。1963年にHPとの合弁企業である横河ヒューレット・パッカード（YHP）が設立される。YHPは，日米合弁企業の先駆けであり，数少ない成功事例の1つとして考えられている（上之郷，1990／日経産業新聞；1992.4.20／Gomes-Casseres, 1996）。その要因としては，YHPの設立によっ

て横河電機側は高周波測定器の新技術を獲得し，HP側は販路の拡大という双方の目的を満たしたことが挙げられる。つまり，相互補完的性格の合弁事業であったことが成功理由の1つである。さらに，この事例では設立までの段階として，交渉過程の存在が特に重要な役割を持っていたと考えられる。

合弁交渉においては，横河電機側は横河正三社長，HP側は海外戦略担当のウィリアム・ドゥーリトル副社長が行った。そして，交渉過程では単にビジネス的な側面を詰めていくだけでなく，人間関係を良くするために夫人同伴の旅行やホームパーティを積極的に取り入れ，日米の文化の違いを認識した上で信頼を構築していくことに重点が置かれた（上之郷，1990）。また，横河正三社長自身が過去の経験から，ビジネスに関しては率直にものを言うという米国のスタイルを理解していたことも相手側に好印象を与え，両者の間の関係を促進する重要な要因になった。実際に，こうしたトップ間の信頼関係は，合弁企業が業務を開始した後に生じるさまざまなトラブルを乗り越えていく際に大きな効果を持ったことが報告されている。また，後にYHPの社長にも就任した横河正三社長は，その経験から役員会の活発化の重要性や当時の日本では認識されていなかった最先端の定量的経営管理・マーケティングの手法を学び，横河電機本体の経営にフィードバックさせている（横河，1991）。

1982年にはGEとの合弁企業である横河メディカルシステム（YMS）を設立する。YMSは，1976年にGEが開発したCT装置の販売代理店契約から進展したものであり，この契約を獲得すること自体が当時は非常に困難なことであった。まず，パートナーへの候補として名乗りを上げた日本企業は40社近くあり，その中には以前からGEと取引のあった企業も含まれていた。それに対して，横河電機はGEと業務上のつながりはなく，社内分析ではパートナーに選択される可能性は低かった。そうした中で，横河正三社長が直接に交渉を果たし，YHPの時の経験を元にトップ間の信頼構築に尽力した。また，GE側も横河電機の優秀な技術者の存在やYHPの成功を高く評価していた。こうしたことが決定の大きな要因となり，パートナーシップ契約が締結

される（上之郷, 1990）。

　以上のような米国企業との合弁の成功によって，同社は米国産業界からフェアな企業であり，横河電機と組めば事業もうまくいくという評判を作るに至った（週刊ダイヤモンド；1990.2.17）。

　（1983年にはYMSの設立によって，GEと親しい関係を構築したことからメーター事業を買収する。この事業は，GEにとっては計測器分野からの撤退としての売却を意味したが，横河電機にとっては世界規模で計測器事業を展開していくための重要な拠点を表していた。しかし，同事業の生産性や業績は非常に悪かったために，積極的な経営改善策に乗り出す。その方法として採られたのが，トヨタのカンバン方式を参考に生産工程を合理化し，品質管理の徹底を目指すための経営システムである「NYPS（New Yokogawa Production System）」の導入である。この導入に関しては，さまざまな問題が新たに発生するが，その解決策や成果などに関しては，「Will；1986.6」に詳しい。）

### (2)　北辰電機との合併

　1983年4月に，当時業界1位の横河電機と3位の北辰電機の合併が行われる。合併比率は，1：0.35で横河電機3500人，北辰電機2800人である。合併目的は，第1に計測・制御機器メーカーとしての競争力の強化にある。1970年代以降，プロセス制御システムがデジタル制御方式に移行し，情報機器で高い競争力を持っていた大手総合電機メーカー（東芝，日立など）が，同市場でも攻勢を強めようとしていた。総合メーカーは，総合力やサービス力で優れているために，専門メーカーである横河電機はさらに高度な技術と製品を追求し，将来に対しても規模の拡大が必要であった。そして，北辰電機が大手メーカーと合併した場合には，専業の技術優位性が崩れ，横河電機が窮地に陥ることにもなる。第2に，当時の計測・制御機器メーカーは国内志向が強かったので，今後は海外市場への進出を本格的に展開するためである。北辰電機には，海外に留学した人材が豊富であったが，経営不振から彼らの

才能は生かされていない状況であったので，そうした人材獲得も目的にあった（日経産業新聞；1989.6.28）。

合併交渉は，トップ同士の極秘の話し合いから始まった。両社の社長同士は以前から知り合いであり，信頼し尊敬しあう仲であった。従って，経営者同士の関係には問題がなかった。しかし，同業であるために重複する製品が多く，経営不振の企業を抱えることが果たしてメリットになるのかなど，役員会では反対意見も出た。これに対して，全役員のコンセンサスを重視し，時間をかけながら合意を固めていった。また，合併以前からその後の施策に関しては十分検討されてきた（上之郷，1990）。

合併後には北辰電機の方が規模が小さいために，従業員にとって横河電機に吸収されたというイメージが強く不安の声も出たが，横河正三社長自らが素早く説明会を開催して合併目的と将来展望を説明することから説得が続けられた。給与面でも横河電機の方が2割程度高かったが，それに北辰電機の水準を合わせるという事で人事や労務政策は対等に行うことを明示している。また，横河電機では人を大切にするという経営理念が確立されているために，こうした点も両者の円滑な融合をサポートする要因となっている。そして，横河電機側から北辰電機に対しては，威張らずに神経を使いすぎるくらい謙虚にすることが徹底され，接待費も企業間のコミュニケーションに積極的に使うことが容認された。こうした施策の一方で，横河電機側の従業員からも給与水準の同一化などに関して不満が出たために，横河社長を中心にしたトップが，双方の社員に真意を理解してもらうまで，何度も話し合いの場が設けられる（上之郷，1990／「私の履歴書（横河正三）」）。

つまり，このケースでは"人の融和"に焦点を置き，コンフリクトが発生するのを極力回避することが重要な課題とされた。合併当初に発生する不安や不満などを迅速に解消していくことが，その後のマネジメントを円滑に行うためにも必要であることが認識できる。しかし，対等意識の強かった合併であったために，総費用に占める人件費の増加や技術者同士の融合は計画段階で考えていたよりも困難な課題であったという見解もある（日経産業新

聞；1993.12.24)。

## 3. 新規事業への進出

　計測・制御機器産業を取り巻く環境変化に対応するために，北辰電機との合併を契機に，海外戦略とFA分野への本格的な進出が決められる（海外戦略に関しては，週刊東洋経済；1987.12.5／週刊ダイヤモンド；1987.1.24,1990.2.17)。ここでは，この時期の新規事業進出とM&Aの関係およびその特徴を整理する。そして，FA事業進出の延長として新たにソリューション事業が課題になってきたことに関して論じる。

### (1) FA事業への進出とM&A

　計測器やプロセス制御機器の分野における国内トップの地位は揺るぎないものになったが，情報技術の進展によりシステム全体の販売が重要になり，ハード販売よりもシステムを動かすソフト開発が企業の競争を分け，FA分野への進出が必要になった。しかし，同社はこの分野では通信メーカーや総合電機メーカーよりも遅れていた。そこで，新たにFAを中心にLAやBAへの事業展開として，技術開発面を中心に外部企業との合弁・アライアンス・買収が積極的に行われる。こうした活動は，1987年から91年にかけての案件が該当し，米国大手企業との関係も含まれている。

　この段階での同社のM&A活動は，ある戦略目標を達成するための手段としてM&Aを採用するというよりも，とりあえずFAに関連する技術を獲得できる機会がある場合には，他企業と積極的な関係を構築していこうという考えのもとで行われている。従って，当時の日本企業の多くがそうであったように，M&Aは特殊な戦略というイメージが強く，社内においてもM&A関連の仕事が入ってくることは，日常の仕事に追加される余計なものという意識であった。

　ここでのアライアンス・合弁は過去のHPやGEの経験もあったために効果を上げることができたが，M&Aに関しては必ずしも期待した成果を上げ

たものは少ない。それは、ビジネスプランが不明確なままで、とりあえず買収の機会があったから実行してみたというケースが多かったからである。また、海外企業に関連したM&Aの場合には、現地のビジネス慣行を十分に理解しておらず、どのようにビジネスを行っていけば良いのかというマネジメント上のスキルも欠如していた。結果的に相手企業に業務のすべてを任せてしまい、その責任者が常に的確な人物であるとも限らなかったので、十分な効果を引き出すことはできなかった。

つまり、この時期に行われたアライアンスの方は、目的意識が明確であったために効果を上げたが、M&Aに関してはビジネスプランが明確でないものもあり、特に海外の案件の場合にはマネジメントスキルの不足が理由で必ずしも期待した成果を上げた事例は少なかった。しかし、こうしたことを教訓に、同社はビジネスプラン策定の重要性と海外での新規事業買収の困難性ということを学習することができた。

## (2) ソリューション事業への展開

PAで培った豊富なアプリケーション・ノウハウを基礎として、PA、FA、LAを統合したIA（Industrial Automation）を推進する企業を目指すために、ハードウェア・ソフトウェアの開発体制とエンジニアリング体制および販売体制の強化が必要になった。そして、単にハード機器のサプライヤーとしての位置付けから、生産に関わる諸問題について顧客に最適の総合的解決（ソリューション）の提供を行っていくことが今後の課題になってきた。そこで次世代の生産システムの考え方として「横河総合生産支援システム構想」を1992年に発表する。これは、同社の今後のビジョンを対外的に強くアピールしたものというよりは、ハード機器生産だけでは生き残っていくことができないために、社内における生産システムに対する考え方の変化を狙ったものである。そして、IA推進に関してもすべてを自社開発で行っていくのではなく、その都度機会がある毎にM&Aやアライアンスが活用されていく。この時期のM&Aも、組織的な取り組み方としては、従来の路線と同様のもの

であった。

「横河総合生産支援システム構想」によってソリューション事業が同社の中心的ビジネスとして位置付けられたわけではなかった。従って，同社の事業変革として本格的にソリューション事業に取り組んでいくことを社内外に明示するために，1997年に ETS というコンセプトが発表された。そして，ETS という戦略目標を達成する過程でマルチプル M&A が効果的な手段として活用され，その特徴も以前のものとは変化していくこととなる。

## 4. ビジネスコンセプトと長期経営構想

IA ビジネスにおいて，1990年代後半，世界の競争企業間でグローバル規模の再編が進行し，大競争時代に突入した。横河電機の事業も今までは国内中心の事業運営で十分であったが，業界で生き残っていくためには，計測制御メーカーの枠を超えた総合的ソリューション・プロバイダーへの変革が必要になった。そして，情報サービス産業が急成長している中では，同社もそれに関連した事業に本格的に参入することも課題となってくる。このような変革を実現していく中で，必要とされる技術の獲得を目的にマルチプル M&A が有効な戦略として実行される。

### (1) ビジネスコンセプト「ETS」

1997年7月，新ビジネスコンセプト "Enterprise Technology Solutions (ETS)" を発表した。今日ではプラントの操業システムを導入するユーザーは，生産制御システムとそのエンジニアリングサービスのみをメーカーに要求しているのではなく，プラントをいかに効率的・計画的に運用し操業していくかという，経営レベルの視点から自社のプラントに最も効果的に適合するように設計された全体的なシステムを求めている。そこで，横河電機もプラントの制御システム構築という従来の制御メーカーが提供していた製品・サービスの提供だけでなく，プラントの操業計画といった上位の経営レベルにおける情報システム構築や，シミュレーションなどの生産支援システム，

さらに生産現場に設置されるフィールド機器に至るまで，プラント操業の最適化に関わる広範囲な機能と製品・サービスを提供することが今後の課題となってきた。

これは「お客様に最新・最高の技術を持って，最適なソリューションを提供していく企業への変身」という，製品を提供するメーカーとしての枠を超えて企業活動全体を対象にした総合的ソリューションを提供する企業への変革を目指したものである（プレスリリース；1997.7.16）。従来は，経営レベルと生産レベルの情報の流れが直結していなかったために生産現場の動向を直接的に経営レベルから把握できず，全社的な意思決定の中に生産計画が十分に反映されない場合も多かった。そこで，生産現場の情報を経営レベルにスムーズに伝達するためのシステムを提供し，企業活動の効率化，省力化，コストダウンなどを総合的に解決するための提案をすることが横河電機の役割として考えられる。

こうしたことの実現を目標として，ETSが対外的に発表される。「横河総

**図表3-2　Enterprise Technology Solutions(ETS)コンセプト図**

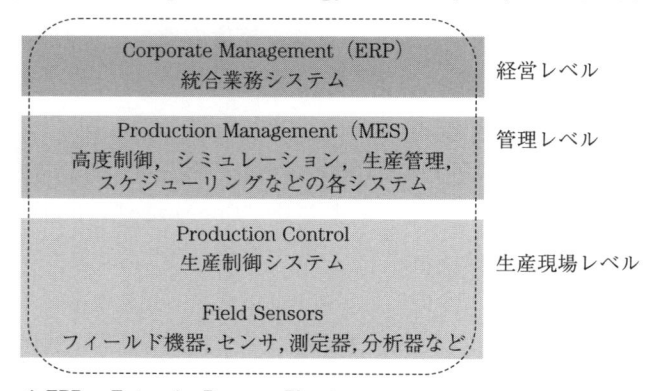

| | |
|---|---|
| Corporate Management（ERP）<br>統合業務システム | 経営レベル |
| Production Management（MES）<br>高度制御，シミュレーション，生産管理，<br>スケジューリングなどの各システム | 管理レベル |
| Production Control<br>生産制御システム<br>Field Sensors<br>フィールド機器，センサ，測定器，分析器など | 生産現場レベル |

＊ ERP = Enterprise Resource Planning
＊ MES = Manufacturing Execution System

＊従来の横河電機は「生産現場レベル」が対象領域であった。
　ETS発表以降は，他の上位レベルを強化することが課題になる。
出所）会社案内（1997年12月発行）より作成

合生産支援システム構想」と比較すると、ETSは同社の将来の方向性としてソリューション企業への変革を明確にアピールしたコンセプトである。そして、社内はもとより顧客や世間一般に公言することで、全社一丸の取り組みを加速させようとする意気込みを表したものである。また、それに伴う社内的な変革として、1998年7月にソリューション事業を推進し強化するために、全社的な構造改革にも取り組みIA事業本部が新設される。そして、IA事業本部を中心に、ETSを実現するための手段として、横河電機にない技術を求めてマルチプルM&Aが展開される。その一方で、社内の情報共有を促進し、生産を効率化する情報システムの構築に取り組むという社内の情報戦略も徹底される（日経情報ストラテジー；1999.7）。

### (2) 新長期経営構想「VISION-21&ACTION-21」

情報通信ネットワーク技術の急速な発展を背景に、ETS発表以降からソリューション関連で情報産業との関係は考えられてきたが、各時代のリーディング産業をターゲットとする同社としては、本格的に情報サービス事業へ参入することが今後の生存の課題となってきた。そこで、2000年1月に事業構造とグループ経営の革新を実現するための新長期経営構想である「VISION-21&ACTION-21（以下、VA21）」を発表する。

横河電機はこれまでIA事業を主力事業として展開されており、IT（情報技術）関連の産業に対しては、半導体テスタや通信・マルチメディア機器開発向けの測定器事業は行っているものの、それを直接的な対象として考えたものではなかった。そこで、長年のIA依存体質から脱却し、既存の成長事業のさらなる拡大と新事業育成の早急な実現が課題となった。そのために、情報サービス事業を計測、制御事業と並ぶ3大事業の1つとして発展させることの宣言として、将来の横河電機グループ全体の進むべき道を明確にした「VISION-21」と、その実現のための基本戦略を定めた「ACTION-21」を発表する（プレスリリース；2000.1.27）。これは、社員1人1人に至るまでの意識改革を含めた事業構造の革新を実現する内容のものである。

具体的な計画としてVA21は，2005年度に連結売上高5000億円，連結営業利益500億円を達成することが目標とされている（1999年3月期；連結売上高3200億円）。売上目標の内訳は，制御事業（40％），計測事業（30％），情報サービス事業（20％），その他の事業（10％）である（1999年3月期段階で約5：3：1.5：0.5）。そして，将来的な理想としては制御：計測：情報サービスを1：1：1のバランスにし，3本柱の事業展開を目指していくことである。つまり，単に制御事業を削減していくのではなく，今後はETSに基づくソリューション提供を基盤に，これまで培ってきた営業・生産・技術・ブランドと財務の強みを生かして，成長市場であるIT分野をターゲットに事業展開を行っていく。それは，生産工場を始めとして，医療，環境保全，福祉，教育，気象などの社会システム分野への展開をも含むものである。そして，こうしたIT関連の専門技術は，計測制御を中心に事業を行ってきた同社には不十分なものであり，人材などの面でも早急に補足していくことが必要である。また，ハードを中心としたIA産業で育ってきた従業員たちが，情報サービス事業を効果的に実行できるのかという問題もある。そこで，VA21以降は，IT関連事業をターゲットにM&Aが行われる。

また，社内の取り組み方をIT分野強化にシフトするために，IT事業本部を設立し，2000年度末まで制御機器部門の約4分の1に当たる2000人をIT関連に振り分ける計画を決める（日本経済新聞；2000.1.20）。さらに，事業の展開としてITを焦点にすることと同時に，社内のIT化も徹底していくために，3月にグループ各社のマニュアル・技術資料など各種ドキュメントをグローバルにマルチメディア配信するシステムを構築し，これをベースにした海外ODP（On Demand Printing）を開始した（プレスリリース；2000.3.6）。このシステムにより発注から費用配分までの一連の工程を自動化することからリードタイムを大幅に短縮し，印刷・物流・管理コストを30％削減することが可能になる。さらに，7月には経営情報統括部が発足される。

こうした事業構造の変革とともに，連結会計時代を迎えグループ経営の変

第3章　マルチプルM&Aの事例研究　145

図表3-3　横河電機の主なM&A

| 年月 | 相手企業名 | 形態 | 内容 |
|---|---|---|---|
| 1982 | エレクトロファクト(蘭) | 買収 | ヨコガワ・ヨーロッパ(1989年)、プロセス用計測器 |
| 83 | ゼネラル・エレクトリック(米) | 部門買収 | メーター事業買収 |
| | 北辰電機 | 合併 | 横河北辰電機 |
| 87 | DCL(ディジタルコンピュータ) | 資本参加 | 出資比率63％、コンピュータ通信技術、ソフトウェア |
| 88.11 | IMT | 買収 | 関東電子の子会社、半導体 |
| 88. 6 | スーパーテック・コンピューターズ(米) | 資本参加 | ミニスーパーコンピュータ |
| 90.12 | ローヌ(独) | 資本参加 | 出資比率33.3％、ローヌ・ヨコガワ、計測器 |
| 92. 4 | セジュレック「DCB」(仏) | 部門買収 | 事業部買収、プラント用分散型制御システム |
| 93. 1 | 電陽計測 | 資本参加 | 販売代理店 |
| 96. 5 | ウェーブテック(米) | 買収 | 米本社の株式12％、日本法人の全株式取得、通信関連計測器 |
| 97. 4 | GTI-IA(蘭) | 買収 | 買収額約20億円、プラントセーフガーディングシステム |
| 9 | マーレックス(英) | 買収 | 買収額約3億円、プラント情報管理システムソフト |
| 9 | メジャメンテーション(米) | 資本参加 | 出資比率51％、システム分析方針のSIで世界トップ |
| 98. 5 | 東燃システムプラザ | 買収 | システムプラザ(社名変更)、ERP、東電子会社 |
| 9 | ユーティリティサービス(オーストラリア) | 部門買収 | 買収額約5億円、テクコム・シミュレーション、発電プラント用訓練シミュレータ |
| 11 | マルトロン(英) | 買収 | 海外販売網強化 |
| 99. 5 | 3Aインターナショナル(米) | 資本参加 | 出資比率約30％、各種マルチメディア機器開発用アナライザー |
| 6 | 桑野電機 | 部門買収 | 半導体関連装置部門の買収、半導体関連装置、沖電気子会社 |
| 12 | SCT(米) | 資本参加 | 出資比率43.8％、次世代画像センサ |
| 2000. 3 | キューアンドエー | 資本参加 | 出資比率12.5％、インターネットプロバイダ業務代行サービス |
| | | | 2000年11月完全子会社化 |
| 3 | 住友金属工業 | 部門買収 | 半導体製造装置部門買収、通信向け計測器、2002年5月完全子会社化 |
| 2001. 1 | 安藤電機 | 資本参加 | 出資比率33％、半導体テスター・通信向け計測器 |

＊97年7月「ETS」発表／2000年1月「VISION-21 & ACTION-21」発表
(実際には97年初めからETSを意識した取り組みが実行されている)
97年のETS発表後にM&Aやアライアンスの案件が急激に増加している
出所)　各種新聞、ビジネス誌、有価証券報告書、ホームページに基づいて作成

革も重要な課題である。そこで，グループの効率化を図るために，国内子会社60社を20社に再編していく。今までのグループ経営の方針としては，自主独立路線が採られてきたが，重複部門などの無駄を排除し，不採算事業は他と統合することによって，自律と連携をテーマに掲げて機能別・エリア別に集約し，機動的な事業展開と間接部門のコスト削減を狙う。また，月に２回行われる役員会の内容を，執行役員を通してそれぞれの部署へ，さらに職場の全社員へ情報を伝達することによって，全社的な情報共有体制を目指し，透明度の高い経営の実現が目指される（経営者；2000.7）。

## 5. ビジョン推進のためのM&A

ETSの発表以降から，ソリューションを中心とした機能を提供していくには，現在の横河電機の品揃えや技術だけでは十分に対応していくことはできないために，自社に不足している技術を獲得していくことを目標に，M&A・アライアンス・合弁が積極的に行われる。これらの特徴は，過去の失敗による教訓から，それ以前に行われてきたM&Aとは目的や方法の内容が異なる。ここでは，その特徴と変更した点に関して整理する。

### (1) M&A戦略の特徴

まず，ETSやVA21という戦略目標を達成するための手段としてM&Aが行われているということである。それ以前のM&Aでは，事業部の独断やビジネスプラン・動機が不明確なものが多かった。現在では，M&A案件の決定は，各事業部レベルでビジネスプランを策定し，エグゼクティブ・ミーティングで議決される。そして，過去の反省から，経営企画部のスタッフが本当に買収する意義があるのかどうかの評価・チェック機能の役割を果たしている。具体的には，既存事業とのシナジーや補完性の経済的評価を行い，横河電機のメンバーになった場合にどのような効果があるのかということが分析される。また，トップ同士の意識や方向性が同じであり，相手企業が横河電機の文化を許容できるかどうかも重要な課題である。これは，技術と人材を

獲得し，それらを効果的に使っていくためには，横河電機が常に主導権を持って運営し，相手企業が横河電機の経営スタイルに合わせる必要があるからである。北辰電機との合併の時には，対等性が重要視されてきたために，この点は不十分であった。従って，ターゲットにしたすべての案件を締結するのではなく，途中で破棄されているものもある。

また，国内と海外の M&A 戦略の目的を明確に分離していることである。国内は ETS 推進のための技術補完と既存事業の強化，IT 関連への新規参入の手段として行われている。一方，海外では既存製品の販路拡大を目的としている。その理由は，国内企業の M&A の場合には市場に熟知しており，横河電機のネームヴァリューも効果を発揮し，きめ細かいマネジメントが展開できる。海外の場合は過去の経験から，市場が良く認識できず，将来に対する不確実性が高いために，高度なマネジメントスキルを必要としない販売面を強化するための買収に焦点を絞っている。

横河電機では M&A と並行して，アライアンスや合弁も活発に行われているが，同社ではこれらは全く異なる目的から実行されている。M&A の場合には，関連する技術を独占的に獲得したい時に有効な戦略である。そして，連結会計の対象にもなり，企業の中に取り込むために，その影響はアライアンスに比べると大きいものとなる。従って，実行に際しての投資評価や資源評価という買収監査には十分な時間がかけられる。例えば，アライアンスなどの交渉の期間は平均では 3 から 4 カ月位だが，買収に関わるケースでは 1 年位かかっているものもある。また，海外では全く新規の事業を買収するということはなく，既存事業強化の面が強い。そして，有力企業からの新しい技術の獲得や開発などに関してはアライアンスや合弁が活用される。

### (2) M&A 担当スタッフの存在

M&A 実行の主体となる部署は，ケースによって異なるが，長期的市場分析や新市場・新事業の創造を目的とする全社レベルの事業戦略を策定する専門部署や経営企画部のスタッフが常にサポートする体制は整っている（日刊

工業新聞；1999.9.21）。これらの一部のスタッフはM&A関連の経験が豊富であり，高いスキルを持つために，実行の中心的役割を担う場合や相談を受けることが多い。これらのスタッフは，海外事業での経験が豊富な人物や，アライアンスや合弁事業の経験がある人物など，豊富なキャリアを持つ人達であり，M&Aに熟練したプロフェッショナル集団である。また，案件の進行と共に，財務や法務のスタッフが専門的なサポートを行っていく。現在のM&A関連のスタッフの人数は比較的少ないために，十分に対処していくには精一杯の状況である。しかし，M&Aには秘密性の問題があり，ある段階までは限定された人だけしか知ることは許されないので，容易に人数を増やせないという事情がある。また，M&Aに関連する専門知識やスキルは非常に高度なものが要求されるので，そうした人たちをすぐに補完することもできない。

つまり，横河電機におけるM&Aは，特定のスタッフに依存する傾向にあるので，属人的スキルの部分が大きいと指摘できる。こうした状況を反映して，過去にM&Aやアライアンスに携わっていた人物の関連スキルのマニュアル化を実行し，組織レベルからもM&A関連スキルを考えていこうという動きも見られる。

次に，外部専門家との関係について論じる。M&A交渉においては，日本の案件は横河電機のスタッフが中心となって行い，直接的に外部専門家を使うようなことはない。一方で，海外企業の買収では買収監査や買収価格の客観性を評価するために投資銀行などの専門家のアドバイスを受け，また最終交渉においては価格の折り合いが重要になってくるために，M&Aをビジネスとする専門機関を使っている。実際に海外企業買収の場合には，経済的評価によって算出された価格と交渉価格が大幅に開いているというケースが多い。そのために仲介業者の役割も大きくなる。

また，ETS発表以降は，同社はM&Aを積極的に実行していくということを対外的にアピールしたために，案件の売り込みも増加している。ETS以前には，自社探索が中心であったために，こうした売り込みの増加は選択の幅

が広がることを意味する。しかし，我が国における買収対象企業の選択において，相手企業からの話の持込の場合にはうまくいくが，こちらから買収の打診をするような場合には交渉はうまく行かないのが現状である。この点が，我が国では，まだ M&A の有効性がすべての企業に対して認知されていない所でもある。従って，対象企業の探索においては金融機関等の仲介企業存在は重要な役割を担っている。

### (3)　M&A マネジメントの実際

　横河電機の M&A マネジメントがどのように行われているのか整理する。同社の経営理念である「従業員を大切にする経営」「信義を重んじる経営」は，日常の経営活動の中で実践されていると共に，HP や GE との合弁，北辰電機との合併，その他の M&A 関連の経験を通じて外部に対する高い評判や信用になっている。国内企業の M&A の場合には，これが大きな影響力を持ち，相手企業を納得させ信頼の獲得を促進する要因となっている。つまり，この経営体質がポスト M&A の相手企業への人事マネジメントで効果を発揮し，相手企業の従業員に対して，横河電機は雇用を最重視する企業であるので人員削減などは行わず，買収されても不当な扱いは受けないだろうという安心感を与える。

　また，横河電機側からも，組織の融合には細心の注意を払っており，現場のリーダーやキーマンの指導力を損なわないように，素早く相手企業に理念を浸透させるために，役員が自ら出向き，直接に情報を伝達し，さらに生活面に至るまで配慮している。もし，経営不振に陥った場合でも本社の人材を派遣して再建すれば十分に間に合うという考えがある。M&A ではトップ同士の意識や目的の調和が実行上の前提となるために，それが実現できそうにない場合には交渉途中で中止することも多い。

　一方，海外においては基本的にマネジャーは現地市場に熟知している人物に任せるという海外現地主義の考え方で運営され，人材の入れ替えも国内と異なり積極的に行われている。ETS 以前まではあまり成果を上げた事例はな

かった。そこで，過去の経験から，信頼できるトップマネジメントや優秀なスタッフをいかに残すかが重要な要因であると認識され，そのための施策として，インセンティブシステムが強化されている。しかし，海外企業ではいつ誰が辞めるのか分からないという不安は常に付きまとっているために，横河電機側から緻密なマネジメントは難しい。

　また，近年のM&Aにおいては情報システムの統合も重要な課題とされている。この点に関しては，1994年から情報システムの刷新に本格的に取り組んできたので，基幹業務に関するグローバルな情報システム統合は完成しており，受注処理から生産，技術情報を一元的に管理する体制は整備されている（日経情報ストラテジー；1999.7）。こうしたシステムは買収した企業に対しても活用されている。

　横河電機は，買収は積極的に行っているものの，今まで1度も事業の売却は行っていない。これは，横河電機グループの雇用政策も関係しているが，今後は少数出資の場合や途中で買収してグループに加えた事業に関しては考え方を改めていくことが検討されている（日経産業新聞；2002.10.21）。

【事例研究の参考文献】

日本能率協会編（2000）「横河電機」『日本企業の21世紀経営革新』日本能率協会マネジメントセンター

上之郷利昭（1990）『エクセレント・グローバリゼーション－横河正三が実践する信義の経営－』ダイヤモンド社

横河正三（1991）「合弁で学んだ国際事業のセンス」『Business Research』3月号

横河電機50周年社史『計測器ひとすじに－横河電機の50年』1965年

「私の履歴書（横河正三）」日本経済新聞，1996.9.1-9.30

Gomes-Casseres, B.（1996）*The Alliance Revolution*, Harvard University Press.

会社案内，有価証券報告書各年度版，プレスリリース，ホームページ

日本経済新聞，日経産業新聞，日刊工業新聞

　＊他の資料に関しては文中で記述

## 第3節　資生堂の事例

### 1. 資生堂の概要

　資生堂は，1872年に東洋と西洋の文化の融合を目指した調剤薬局として創業し，1897年に化粧品業界に進出した我が国を代表する歴史のある企業である。薬局からの出発ということもあり，スキンケアに対する非常に高い技術力を持ち，国内の化粧品市場では高い品質とブランドイメージを獲得している。1998年1月には，もう一度原点を見直し，スキンケアをコアとして再認識することを目的に「スキンケアハウス資生堂」という理念を提唱し，それに基づいた活動が徹底されている。

　事業構成は，国内では化粧品（コスメティック；カウンセリング化粧品，コスメニティ；セルフセレクション化粧品）を中心に，関連市場であるファイントイレタリー，サロン，食品，医薬品などの事業にも進出している。海外では，プレステージイメージを確立しており，高級メーキャップ製品，スキンケア製品，フレグランス製品，美容サロン向けヘア製品の生産・販売を行っている。そして，連結売上高約6000億円（1999年3月期）であり，世界60カ国に販売網を広げるとともに，国内9工場，海外11工場の生産体制を構築しているグローバル企業である。

　同社は，1921年に社訓とも言えるべき「5大主義」（品質本位主義・共存共栄主義・消費者主義・堅実主義・徳義尊重主義）という経営理念が決められ，業務遂行上の留意すべき心構えとされてきた（NRI Search；1982.11）。この精神をもとに，1989年に新しく企業使命や行動規範を明文化し，企業理念として制定されている。そして，1996年に「21世紀・グローバル No.1」を戦略目標として策定し，規模的拡大とともに「製品やサービスの質」以外の「社員の質」「マーケティングの質」「経営の質」というように多面的に世界中の顧客から評価され，支持される企業を目指して企業が運営されていく。そこで，「経営の質」の向上に対して1997年に企業行動宣言「THE

SHISEIDO WAY」を制定し，顧客・取引先・株主・社員・社会というすべてのステークホルダーに対して価値をもたらす企業を将来像として，この行動指針の社員への徹底が行われている。従って，資生堂は確固たる企業文化・理念を持って経営展開されている企業であり，経営が新たな局面を迎える時は，ビジョンを制定することによって従業員の行動を促すという特徴がある。

　また，資生堂の事業展開の特徴として，国内同業企業などと比較すると早い時期から海外進出が行われていたことである。そして，海外事業を拡大する中で，化粧品以外の事業や新しいブランドを獲得するためにM&Aが効果的に行われてきた。本節では，初めに同社の海外戦略の特徴とブランド戦略に関して整理する。そして，同社のM&A活動は大きく3つの期間に分類できるために，それぞれの段階でのM&A戦略の特徴とそれに伴う組織体制の変化を焦点に検討する。

## 2. 海外戦略の特徴

　ここでは，資生堂の海外戦略に関して整理する。それは，同社のM&Aは海外戦略との関連で実行されているものであるので，海外戦略の特徴を考えることはM&Aがどのような背景の中で行われているのかを理解することに有効だからである。

### (1) 化粧品を取り巻く環境とプレステージ・マーケティング

　まず，美に対する価値は世界共通であるが，美意識は各国の化粧文化との関連で微妙に異なり，それに伴い各地域で中心となる化粧品の需要も異なる。日本人を始めアジアでは肌の美しさ，色白であることを求める強い美意識があるために，スキンケア製品の販売が中心となる。米国では，目鼻立ちを美しくするポイントメーキャップに対する美意識が高いため，35－40％をメーキャップ製品が占めている。ヨーロッパでは，歴史的背景や自己主張・個性を表すためにフレグランス（香水等）を求める美意識が強く約40％がそ

の関連市場である。従って、化粧品市場で海外戦略を展開していくには、美に対する価値は世界共通であっても、美意識はそれぞれ違うということを認識し、普遍性と柔軟性を兼ね備えた展開を図ることが重要である。さらに、地域によって肌の質が異なり、香りの嗜好も異なるので、それに対応する必要もある（Will；1989.6）。

　こうした背景の中で、資生堂は高い技術を持つスキンケア関連の製品を中心に、プレステージ・マーケティングによって展開することを基本的なスタンスにし、「ハイクオリティ、ハイイメージ、ハイサービス」の3つを課題としてきた。そのため、我が国ではさまざまなカテゴリーの商品を資生堂ブランドで販売しているが、海外ではプレステージ市場をターゲットにし、高級ブランドのイメージを確立している。しかし、スキンケア製品だけでは各国の需要に十分には対応できないので、フランスではフレグランス専門の会社を作るなどして、日本の技術や戦略と海外独自のものを融合して新しい価値を生み出すことを目標としている。つまり、海外展開においても、欧米化粧品企業と類似した製品を販売するのではなく、日本という独自性や日本固有の化粧文化を基盤に各国の文化を融合させて、新しい美価値を創造し、それから生まれる美文化を世界に発信していくことが資生堂の戦略の基盤である（国際商業；1998.2）。

### (2)　段階的な海外進出

　資生堂の海外活動は大きく4つの段階に分けることができる。まず、1957年に台湾に化粧品販売の代理店を最初に開設して以来、その後の1975年までの期間である。この時期の当初は海外日系社会や日本文化圏への輸出が中心であり、その後世界各地に販売拠点を代理店や現地法人の形で開設し、国内の商品をそのまま輸出していた。従って、主に海外にいる日本人向けの販売であり、その方法も洗練されたものではなかった。次の段階は、1980年までの期間であり、商品力を強化するために各国を市場調査し、海外専用の商品を開発しその輸出が行われた。そして、マーケティング戦略に関しても「ハ

イクオリティ，ハイイメージ，ハイサービス」を中心にして強化された。1980年代に入ってから1987年までは化粧品の本場であるフランスに本格参入し，他企業との差別化のために海外商品・ビジュアルイメージの統一化が徹底された時期である。また，海外専用商品に対する現地生産化も行われる。

　ここまでの段階は化粧品事業中心の展開であった。1988年からはさらなる化粧品事業の強化と新たにサロン事業への進出が行われる。そして，その手段として M&A が採られ始めた。これ以降，資生堂の海外戦略はプレステージ市場を対象に積極的に展開されていくことになる。以下では，この段階における海外戦略に関して M&A との関連で整理する。

## 3. 海外事業の拡大

　海外での事業経験を積んだ資生堂は，さらに規模を拡大するために積極的な戦略が展開されていく。その中で，新たにサロン事業への進出が戦略として採られ，この分野ではほとんど無名であった同社は海外有力サロンの買収から着手する。

### (1) 海外事業の拡大

　初めての海外進出以来，本業である化粧品を中心に事業が展開され，徹底したプレステージ市場におけるマーケティングにより高いブランドイメージを構築するに至った。その中で他のカテゴリーの市場を強化するために，1988年3月にマス市場を対象にしたジレットとの OEM 契約，1989年には北米における生産規模を拡大するための化粧品製造会社のダブリンの買収を行う。また，1990年には米国現地生産法人 SAI（Shiseido America Inc）と1991年にフランスに BPI（Beaute Presige International）を設立する。BPI は，従来の資生堂ブランドとは異なる新しい創造的機能を担い，アウトオブ資生堂のフランス発信のグローバル・マーケティングが課された。そこで，社長に元サンローラン副社長を迎え，人材の登用，製品開発，流通，コミュニケーション戦略のすべての権限が一任された（国際商業；1992.2）。これは，資

生堂では16の現地法人のうち日本人社長は4社だけであり，現地の習慣・風土を理解している人でないと十分なマネジメントはできないと考えているために，海外事業に関しては原則的に現地主義が採られている（通産ジャーナル；1990.12）。さらに，フランスにBPIを設立したのは，当時はまだ不十分であったフレグランス市場への本格参入も目的であった。日本ではフレグランスはほとんど市場としては成立していなかったが，フランスでは化粧品の約50％を占めるほど大きい市場であったので，本場での製品の企画・販売により市場を拡大し，さらには情報収集の面も含まれていた。その一方で，新しい事業を拡大することを目的に，サロン事業の強化も行われる。

### (2) 欧州高級サロンと米国サロン事業の買収

サロン事業に関しては，最初から現地法人を設立し，地域への浸透を図っていくことは時間がかかることであり，またこの事業では資生堂はほとんど無名であったので既存の高級サロンの買収に着手した。まず，1986年にフランスの高級サロンであるカリタとサンジルを買収した。この買収はそれぞれ約9億円，3億円と額が小さいことも反映し，ここを拠点に事業を展開していくというよりは，海外サロン市場の動向の探索と情報収集も目的にあった。そして，1988年には約430億円で米国のサロン向け業務用化粧品会社であるゾートス社を買収する。

ゾートスは，米国パーマ剤市場でトップシェアを握り，世界約50カ国にライセンス契約に基づく技術供与を行っている。資生堂とゾートスは，1938年以来，技術交流を重ねており，1948年にゾートス製品の日本での販売を開始し，1975年には業務用品「資生堂ゾートス」を約17,000店のサロンに供与しているという親密な関係にあった。同社は，1983年にコーネア社に買収されていたが，大和證券の米国子会社である米国大和證券から案件が持ち込まれ，親会社のコーネア社との間で6カ月間の協議を経て基本合意に達した。買収金額は430億円と巨額なものであったが（1987年度の設備投資額は124億円），両企業間の50年以上に渡る長い交流から資生堂はゾートスの企業体質，

技術レベルの高さを十分に認識していたために買収しても十分なマネジメントが行え，成果を上げることができると判断したのである（週刊東洋経済；1988.7.16）。また，米国サロン用業務用品市場では年率6〜7％で成長していたので，今後のさらなる展開が期待できるものであった。1988年当時，資生堂は，パーマ剤，ヘアカラーなどの業務用品分野では国内7位に留まっていたが，この買収により日本での業務用品事業の展開にも勢いがつき，さらにサロン事業の世界戦略が可能になった。

### (3) 社内のM&A推進体制

資生堂が初めてM&Aを行ったのは1986年のカリタの買収であったが，1985年にも競争入札形態のM&Aに参加していたという。また，当時は円高と超低金利な資金調達コストであったことを背景にわが国の第1次M&Aブームが起こり，資生堂に対しても年間100件を越える案件が持ち込まれていた。それにも関わらず，同社で実際の契約までいかなかったのには，常務

**図表3-4　資生堂の社内M&A体制**
＜1985〜89年（サロン事業買収期）＞

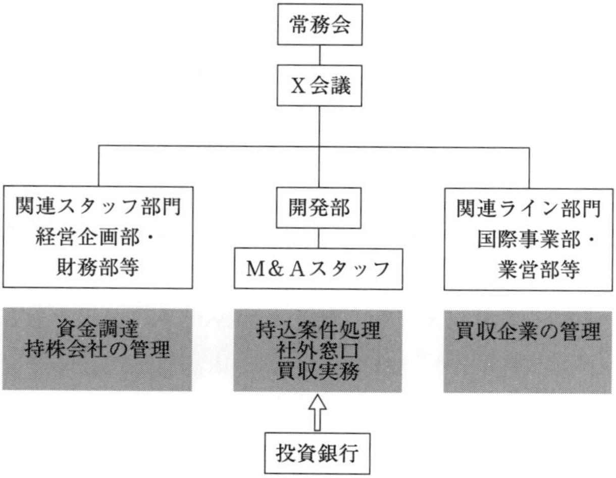

```
                    常務会
                      │
                    X会議
          ┌───────────┼───────────┐
    関連スタッフ部門      開発部      関連ライン部門
    経営企画部・                    国際事業部・
    財務部等         M&Aスタッフ     業営部等

    資金調達         持込案件処理     買収企業の管理
    持株会社の管理    社外窓口
                    買収実務
                        ↑
                     投資銀行
```

出所）中津（1998.8）より抜粋

会ですべての決裁が行われていたために，組織における意思決定が遅かったということが原因の1つであった（中津，1998.8）。

そこで，新規事業担当部門である開発部が，M&Aに関する社外との窓口業務と，実際に案件を進める際の推進業務を担当した。海外の現地法人や各事業部に持ち込まれた案件も，一旦開発部で集約し，さらに，各事業部からM&Aニーズのヒアリングを行い，それらを一覧表にして投資銀行への配布も行われた。基本的に資生堂側から対象企業を探すというよりも，持ち込み案件を絞り込んでそれを検討するというものであった。そして，案件を実際に推進するかどうかは，社長・副社長2名，開発部長他の合計5名からなるX会議と言われる所で決定し，常務会には各段階の都度報告が行われた。そして，実際に交渉等が進行してからは，社内にプロジェクトチームを編成し，ポストM&Aを担当する事業部長も交えながら展開された。

従って，M&Aに関連する人物はトップ中心であり，社内にM&A体制が十分に整備されていたとは言えない状況であり，その件数もサロン事業関連が3件と工場買収であった。また，この後の1990年から1995年までは，M&Aは1件も行われていない。これは，バブル崩壊などの影響で，国内事業を再編成する必要が出てきたためである。そして，1991年2月に「グランドデザイン」を発表し，資生堂の事業領域を4つに分類した「衛星企業群構想」を打ち出して事業の整備を行う。これにより，化粧品以外の事業も成長させることが新たな課題として明確にされる。

## 4. グローバルNo.1とM&A

1996年3月に「グローバルNo.1」計画を発表し，これを実現する過程で海外市場での規模の拡大が課題となり，M&Aが1つの手段として採られていく。また，戦略遂行に伴いM&Aに対する組織体制も変化する。

### (1) 戦略目標としての「グローバルNo.1」計画

「グローバルNo.1」構想発表に先駆けて資生堂インターナショナル（SI）

が1995年12月に設立された。設立理由は，世界価値をキーワードに現行の資生堂ブランドとは一線を画した新しい価値創造という目標のもとで，独自性を持った化粧品の開発・導入を進めていくためである。その1つの方法として，海外と国内の双方で販売される世界共通ブランドを増やし，製品レベルでの内外統一化が進められる。特に，海外市場の拡大が強調される理由は，従来の資生堂は，事業がグローバルに展開されているにも関わらず，事業内容は国内依存型であった。その具体例として1996年度の国内市場の売上構成比は資生堂が89％であるのに対して，ロレアルは23.7％，エスティローダーでも53.7％である（国際商業；1998.4）。今までは日本市場で確固たる地位を獲得するのが最大の経営目標で，海外市場への進出は国内市場へのステイタス面でのフィードバック，あるいはリスク分散的な要素が強かった。このように，資生堂の海外市場における浸透度は中堅化粧品企業の域を出ないレベルであることが認識できる。

　そのような状況において，すでに国内市場は成熟段階にあり，消費も低迷しており，需要もカウンセリング商品からセルフセレクション商品にシフトしていることから，同社が生き残っていくためには，まだ不十分な段階であり成長の可能性がある海外事業を伸ばすことが最重要課題とされた。そこで，1996年3月に2000年度に化粧品の「グローバル No.1」企業を目指す計画を発表する。これは，日本も世界市場の1つの拠点という戦略発想によるもので，あくまで世界市場を拠点に経営展開していくということが目標とされる。具体的には5年後の2000年度の決算期において，海外事業の比率を25％にまで拡大し，連結売上高8000億円（うち海外売上高2000億円）を達成させるという計画である。この数字を達成するために，海外事業に関しては既存事業の拡大で1200億円，M&AやOEMによる新規事業で800億円を達成することも計画に織り込まれている（国際商業；1996.10）。

　また，「グローバル No.1」は売上高という量的側面だけでなく，製品・サービスの質，社員の質，広告宣伝のイメージの質，カウンセリングの質，資生堂の企業経営に対する評価など質的な側面でも「グローバル No.1」を

目指すことが意味付けられている。

### (2) 「グローバル No.1」達成のためのサロン事業強化と M&A

1988年のゾートスの買収によってサロン用品の市場に本格参入を果たしたが,「グローバル No.1」を達成するには,サロン事業をコスメティック,コスメニティー,ファイントイレタリーに次ぐ第4の柱といえるポジションまで拡大する必要があるために,特にこの事業を強化するための戦略が実行される。それは,米国ではサロンにおいても物品の販売比率が売上の半分以上であるが,それに対して我が国では20％以下であるので,今後この分野での成長の可能性は高いと考えられるからである(国際商業；1998.8)。

まず,1996年から1997年にかけてヘレンカーチスの北米サロン事業と日本法人の買収が行われた。これによって,既存のゾートス社と併せて,米国におけるサロン向け化粧品市場において有力ブランドを複数保有することになり,品揃えの一層の充実,流通段階では有力問屋との関係が強化された。また,生産工場や物流などのインフラを共有できるため,スケールメリットも生まれ,シナジー効果も期待することができる(国際商業；1997.7)。さらに,国内では1998年6月にサロン事業全体を統括し戦略を策定するサロン事業本部を発足し,1998年7月に「資生堂ビューティーカンパニー」を設立する。さらに,サロン事業の卸売代理店である滝川から営業権を取得し,従来は代理店を通じて販売していたものを,資生堂の販売子会社による直接営業に切り替えることによって,製造から販売までを統括的にマネジメントしていく体制を確立する。

こうしたサロン事業の新体制を確立したことによって,今後,資生堂の持っているノウハウ,情報,インフラを総動員してサロン事業の国内営業の強化と本格的なグローバル展開を強力に進めていくことが可能となった。サロン事業関連の海外インフラの充実により,北米ではゾートスを中核に生産体制・商品力・販売網・営業力が強化され,全米で8位から5位のポジションまで成長した(国際商業；1999.1)。ポスト M&A の組織のトップに関して

は，現地の経営者は外国人や日本人の国籍にこだわらず，適材適所の人材の登用が心がけられている。米国のゾートスとヘレンカーチスが合体したサロン事業では日本人の社長が陣頭指揮をとっている。国際事業マネジャーを自社で要請するには5年から10年の歳月を要するが，資生堂では海外進出が早い段階から行われてきたので，国際事業のプロマネジャーが育成されているために，人材が不足しているという問題はない（国際商業；1997.8）。

また，この時期，サロン事業の買収とともに既存事業も拡大するために，1997年には北米地域における化粧品生産能力の拡大のためにカーター・ウォレスの工場を買収し，欧州ではフランスに第2工場を，アジアでは台湾に工場を建設する。また，トイレタリー事業に関しても海外展開をさらに発展するために1999年にジョンソン＆ジョンソンと製品相互販売提携を結び，その一方で不振だった紙おむつ事業からは撤退し，アイテム数の削減によるマーケティングコストの削減にも着手している。

### (3) 組織体制の変更

「グローバル No.1」計画を推進するに当たり，事業構成もアジア，オセアニア，ヨーロッパ，アメリカにそれぞれ地域本部を置き，自主独立的な形で市場の状況を的確に考えて迅速に対応できる体制に変更された。さらに，市場の変化に迅速に対応できることを目的とした事業改革だけでなく，社内の意思決定も迅速にするために取締役会の改革が行われ，1997年6月から常務会を廃止して意思決定機関を取締役会に一本化する（国際商業；1998.2）。1998年7月から取締役会の活性化と責任の明確化を目指し，取締役の数も従来の3分の2程度の18人体制に変更され，今後はすべての事柄は取締役会で徹底して話し合って決めていくことを目標に掲げている。

こうした事業構成と取締役会の変更に伴いM&A関連の組織体制も大きく変更している。まず，従来のX会議を発展させたものとしてM&A委員会が設置された。この委員会は，最終的な意思決定を行い，案件を推進するための関連部門に対する意思疎通の場としても機能しており，国内外の化粧品事

業を統括している専務をリーダーに，国際事業本部長，経営企画部長，財務部長の3名の取締役と関連部門の中核スタッフによって構成されている（中津1998.8）。また，以前は新規事業の担当部署である開発部の中にM&Aスタッフがいたものを，国際事業本部という1つの事業部門の中に事業開発室を設置し，その中にM&Aスタッフが設置されている。これは，今後海外市場を拡大していくことが課題であり，その中で海外企業を買収する可能性が高いことを考慮してのことである。その人員数は，国際管理部長を兼任する室長を含めて8名で構成され，その中の2名は元金融機関のM&A担当者であった人物である。このスタッフを中心にデザイナーとのライセンス契約など資本契約のないアライアンスも含めた広義のM&A業務が遂行される。国内の案件に関しては，当該事業部長が責任を持ってその提案や交渉が行われ，M&Aスタッフは社内アドバイザーとしての役割を担うことになる。これは，ポストM&Aのマネジメントを誰が責任を持って行うのかということを明確にするという意味付けもある。

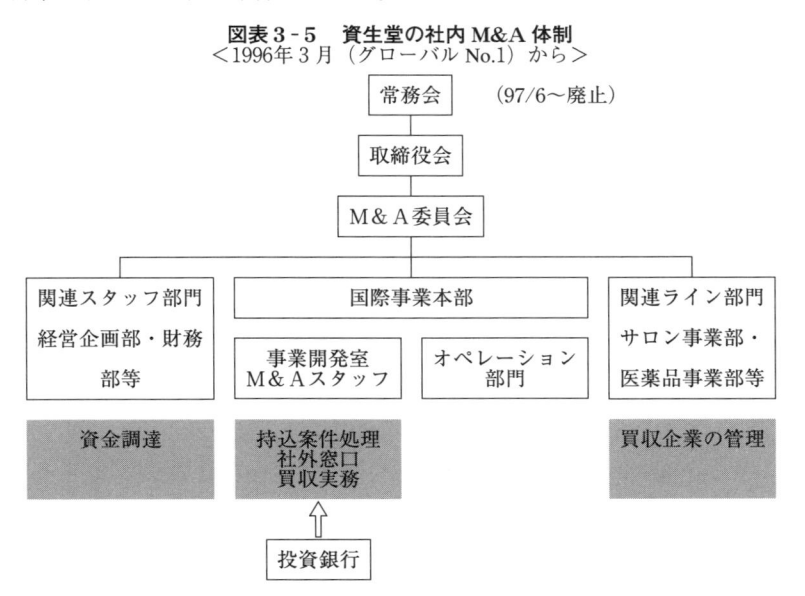

**図表3-5　資生堂の社内M&A体制**
＜1996年3月（グローバルNo.1）から＞

```
                    常務会        （97/6～廃止）
                      │
                   取締役会
                      │
                  M&A委員会
        ┌─────────────┼─────────────┐
  関連スタッフ部門    国際事業本部      関連ライン部門
  経営企画部・財務  ┌─────┬─────┐  サロン事業部・
     部等         事業開発室  オペレーション  医薬品事業部等
                M&Aスタッフ    部門
   ┌────┐    ┌─────┐              ┌─────┐
   │資金調達│   │持込案件処理│            │買収企業の管理│
   └────┘    │社外窓口  │             └─────┘
              │買収実務  │
              └─────┘
                  ↑
              ┌─────┐
              │投資銀行│
              └─────┘
```

出所）中津（1998.8）より抜粋

## 5. グローバル・マルチブランド戦略と M&A

2000年度に「グローバル No.1」という計画は達成するのが難しくなってきたため，その達成を2003年に延長し，さらに資生堂の持つブランド管理を整備することが課題になった。また，海外ではプレステージ路線が採られてきたが，さらにマス層・ミドル層をも対象とするマルチマーケティングが必要であると認識し，グローバル・マルチブランド戦略が策定される（日経ビジネス；2000.5.15）。

### (1) グローバル・マルチブランド戦略の展開

資生堂グループ全体の戦略として，1999年4月にコーポレートブランド「SHISEIDO」を核として，複数の独立した価値ある化粧品ブランドを世界市場で展開する「グローバル・マルチブランド戦略」を発表する。この戦略策定の背景は次の通りである。

第1に，グローバル化のさらなる展開である。1996年3月に「グローバル No.1」というビジョンを発表して以来，海外売上高は増加しているが，1999年3月期連結決算の輸出を含めたそれは全体の15.5%に過ぎない。社数ベースでも連結対象子会社は，国内38社，海外36社とほぼ均衡した状態である。欧米企業では化粧品売上高の半分以上を自国・自地域以外で販売しているのに比べると資生堂の海外市場進出度はまだ低いことがわかる。一方，日本国内の市場は成熟段階にあり，消費不振やセルフ品への消費シフトに伴う低価格化の中でこれ以上の成長を期待することは難しい。従って，海外市場でのビジネスを現在以上に伸ばしていくことが最重要課題であるために，再度グローバル化を強調するためにこの戦略が推進される。

第2に，グローバル市場で競争する場合，単一企業同士の競争ではなく，仏ロレアルグループ，米エスティローダーグループ，仏 LVMH グループというように，世界の化粧品企業グループとのグループ間競争に直面することになる。海外企業は，多様なブランドを傘下に収め，それぞれのブランド個性を生かしながらその総合力でビジネスを展開しているのが特徴である（国際

商業；1999.8)。従って，資生堂も単一ブランドによる総合的な化粧品ビジネスでは不十分であり，顧客の多様化・個性化・高度化に対応できるような多様な価値のあるブランドを持った企業に進化する必要がある。

　最初の海外進出以来，一貫してプレステージ市場に対するマーケティングに徹し，「ハイクオリティ，ハイイメージ，ハイサービス」の3本柱で展開してきたため，海外における資生堂のイメージはプレステージブランドとして確立されている。しかし，日本国内ではすべての商品を同じ資生堂ブランドで販売してきた。これは，顧客にブランドに対する信頼，安心感，安全ということを提供し支持されてきたが，今後世界市場で競争するには，この方法では限界が出てきた。つまり，欧米では1つの企業がすべてのカテゴリーに対して同じブランドで展開することはないのである。そこで，コーポレートブランドである「SHISEIDO」をプレステージ領域に限定し，ミドルやマス化粧品，トイレタリーについては製造元は資生堂（by資生堂）とするが，商品名などに資生堂の名称は表示せず，別会社化した個々のコーポレートブランド，事業ブランド，あるいはプロダクトブランドとして世界に流通させるというブランドのポジショニングが必要とされる。「SHISEIDO」ブランドのイメージを統一し，それを核にして，世界に通用する多様なブランドをグローバルに展開することを目的に「グローバル・マルチブランド戦略」が採られる。

　つまり，この戦略は，資生堂グループそれぞれの独自のブランド価値を高めつつ，それら独立ブランドの集合体として成長を図り，同時にブランドごとの収益性を高めることを目的にしたものである。さらに，海外事業を成長させるために新しいブランドを構築する必要性もある。しかし，ブランド価値は一朝一夕で確立されるものではなく，時間とコストをかけながら長い歴史を通してブランドへの信頼を築き，グローバルに通用するブランドが確立される。この点に関して，LVMHの社長であるベルナール・アルノーも「プレステージのブランドを1から作り上げることはリスクが大きく，しかも成功の確率は100のうち1あるかないかだ」（週刊ダイヤモンド；1999.11.6)

図表3-6　資生堂の主なM&A活動年表

| 年月 | 買収対象企業 | 買収形態 | 事業内容 | 目的など |
|---|---|---|---|---|
| 1986 | カリタ(仏) | 買収 | 高級サロン | 約9億円、現アレクサンドル・ズアリ |
| 86 | サンジル(仏) | 買収 | 高級サロン | 約3億円 |
| 88 | ゾートス(米) | 部門買収 | サロン専用プロフェッショナル製品 | 生産販売拠点拡大、約430億円 |
| 89 | ダブリン(米) | 買収 | 化粧品製造会社 | 生産拠点拡大 |
| 96.11 | ヘレンカーチスの北米サロン事業(米) | 部門買収 | サロン事業 | 北米地域でのサロン事業強化 |
| 97. 4 | ヘレンカーチス・ジャパン(日) | 買収 | サロン事業 | 日本事業取得 |
| 4 | カーター・ウォレスのニュージャージー工場(米) | 工場買収 | スキンケア・ヘアケア製品 | 北米での生産能力拡大、約100億円 |
| 98. 7 | ラモア(米)のサロン事業 | 部門買収 | サロン事業(ヘアケア用品) | サロン事業強化 |
| 99. 1 | ジョンソン＆ジョンソン(米) | 相互販売提携 | トイレタリー事業 | 海外市場展開 |
| 10 | プリストル・マイヤーズ・スクイブ(仏) | ブランド買収 | サロン向けプレステージ化粧品(ヘアカラー) | サロン事業強化 |
| 2000. 5 | ザ・インターナショナル(米) | 資本参加 | 男性向けヘアステーション | ブランド取得、出資比率53.8% |
| 5 | マンダラ・スパ(東南アジア) | 資本参加 | 高級スパチェーン | 商品供給、情報収集、出資比率40% |
| 5 | デクレオール(仏) | 買収 | アロマテラピー化粧品 | ブランド取得、出資比率75% |
| 5 | シーブリーズ(米) | ブランド買収 | ヘア＆ボディーケアブランド | ブランド取得、トイレタリー事業強化、約45億円 |
| 5 | ナーズ(米) | ブランド買収 | メーキャップアーティスト・ブランド | ブランド取得 |
| 2001.12 | ジョイコ・ラボラトリーズ(米) | 買収 | サロン向け業務用化粧品 | サロン事業強化 |

1996年3月　「グローバルNO.1」計画発表
1999年4月　グローバル・マルチブランド戦略発表
1999年6月　M&Aを専門とする事業開発部の設置

＊資生堂のM&A活動は3つに分類できる（点線）
第1期は、サロン事業を強化するためのM&Aである。
第2期は、「グローバル・マルチNo.1」を推進する上で、サロン事業を第4の柱まで成長させ、トイレタリー事業も強化するためのM&Aである。
第3期は、グローバル・マルチブランド戦略の推進に際して、海外有名ブランドを取得するためのM&Aである。

出所）各種新聞、ビジネス誌、ホームページに基づいて作成

と指摘する。そこで，欧米企業では，時間短縮効果やリスク回避を狙い，プレステージや独自の価値を持つブランドに対してM&Aを積極的に行い，マルチブランド化する戦略が重視されてきた。つまり，これは資生堂に対する課題でもあり，各領域で個性あるブランドを作り出すとともに，資生堂グループにはない価値を有したブランドのM&Aが今後必要とされる。

### (2) グローバル・マルチブランド戦略推進に伴う組織構造改革

1999年6月から，「グローバル・マルチブランド戦略」推進のために化粧品事業本部を中心に大幅な組織改革が行われた（プレスリリース；1999.6.1／平澤，1999）。まずブランド資産評価とグループ全体のブランド戦略を一元的にマネジメントするために社長直轄の「企業価値創造室」を新設した。さらに，国内外の化粧品マーケティング開発体制の一本化が実施される。プレステージの「SHISEIDO」ブランドには「コスメティック」，ミドル市場向けの「by資生堂」ブランドには「コスメニティー」という名称で統一し，それぞれに価値創造センターを設置し，ブランド強化のための商品開発から市場導入，育成，損益管理まで一貫した管理を行う。さらに，プロダクト・ブランド・ユニット制により，各ブランドごとの戦略や損益管理に徹底する（日経産業新聞；1999.10.27）。

化粧品のブランド価値の向上を図るために29の「プロダクト・ブランド・ユニット」を1999年に設定したが，グローバル・マルチブランド戦略の一環として2000年6月から店頭で100億円以上売れる見込みの化粧品の主要ブランド約20に擬似カンパニー制を導入し，採算管理の徹底化を図っている（エコノミスト；2000.7.24）。並行して7月からは，経営幹部の自己責任と採算への意識の向上を狙うために，取締役15人と事業責任者，部門長など191人を対象にストックオプション制度を導入する（日経産業新聞；2000.5.10）。

一方，海外拠点の強化に当たっても，生産力・販売力の強化に励んでいる。1つの例が，欧米での物流拠点の整備であり，2000年には欧州に2カ所の拠点を設置し，欧州全域から中近東まで販売地域を広げている。米国でも

工場の機能を強化し，中米地域までカバーする計画である。今までは，各国の販売子会社，代理店が個別に発注し，工場が直接出荷する体制であったが，このような拠点強化により，受発注管理と納品期間短縮，品切れを回避し，販売力強化と効率化の達成が可能となる（国際商業；2000.3）。

### (3) M&A 推進体制の確立

組織面で大きく変化したのは M&A に対する体制である。海外化粧品メーカーを中心とした M&A の実行を強化するために，専門の部署が設置された。2003年度3月期連結海外売上高目標の2000億円のうち800億円を M&A や OEM 提携などによる新しい関係会社やブランドから生み出す計画である。つまり，有力ブランドの積極的な M&A によって，資生堂以外のブランドを複数展開するグローバル・マルチブランド戦略を加速するのが狙いである。そして，1999年6月から M&A を専門とする事業開発部という単独の部署が設置され約20人でスタートする（日本経済新聞；1999.5.14）。この部署は，新規ブランドの開発・導入から基盤ができるまで，その統括・支援の役割を

**図表3-7　資生堂の社内 M&A 体制**
＜1999年6月（グローバル・マルチブランド戦略）から＞

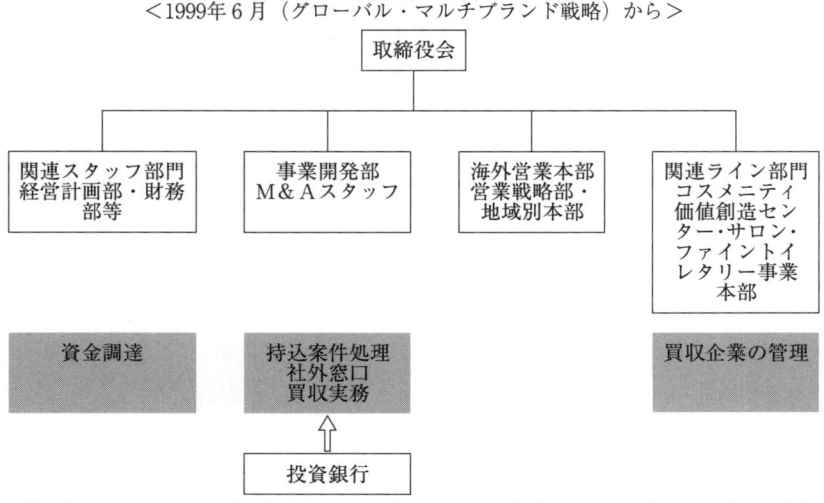

```
                        取締役会
        ┌──────────┬──────────┼──────────┬──────────┐
   関連スタッフ部門   事業開発部    海外営業本部    関連ライン部門
   経営計画部・財務   M&Aスタッフ   営業戦略部・    コスメニティ
       部等                        地域別本部     価値創造セン
                                                 ター・サロン・
                                                 ファイントイ
                                                 レタリー事業
                                                     本部

   [資金調達]    [持込案件処理
                  社外窓口
                  買収実務]                        [買収企業の管理]
                      │
                   投資銀行
```

出所）図表の作成に関しては，前2図は中津（1998.8）から抜粋し，上図に関してはそれらを参考に新たに作成した。

担い，新規ブランドの開発・強化を目標としている。これまではM&A委員会というプロジェクトチームや国際事業本部の事業開発室に関連するスタッフがいたが，独立した事業部として昇格させることにより，社長を含むレベルから事業部レベルに権限を委譲して，交渉現場で即決できるように意思決定の迅速化と情報収集の強化を目的に変更された。

　買収対象企業の選択基準は，①企業理念が一致し，シナジー効果が期待できること，②相手企業の経営全体に対して資生堂のフォロー体制が十分にできるかどうか，③買収したブランドを的確に運営できる有能な責任者が見つかるか，という視点が重視されている（日刊工業新聞；2000.8.9）。また，その範囲に関しては，マルチブランド，マルチカテゴリー，マルチチャネルといった考えのもとで，美と健康の納まるというのが1つの大きな枠として設定されている（阿部，1999）。そして，価値が多様化している消費者に対応していくには，今までのブランドではカバーできない多くの隙間があり，それを新しいブランドで埋めていくことが課題である。その中で，資生堂にはなかった特徴を有する新しいブランドや事業をターゲットにM&Aが実行されている。1999年10月には，ヘアカラー市場が伸びているために，サロン向けブランドをブリストル・マイヤーズ・スクイブから買収し，サロン事業の強化が行われた。また，資生堂にはなかったブランドや事業を求めて，2000年5月には5件のM&Aが実行されている。これらの内容を見ると，市場が重複しているものではなく，まさに市場の隙間を埋めており，裾野を拡大するためにM&Aが行われていると認識できる。

【事例研究の参考文献】

阿部貞夫（1999）「グローバルに美を売る」（嶋口充輝他編『ブランド構築』有斐閣，第7章）

福原義春（1985）「資生堂の企業文化とCI」『産業経営（早稲田大）』11号

弦間明（2000）『共に輝く－21世紀と資生堂』求龍堂

平澤光郎（1999）「化粧品ブランド展開の現状と課題」『Business Research』7月号

片山善治（1991）『トップが語る「美しい企業文化」』毎日コミュニケーションズ（福原義春氏インタビュー）

小宮和行（1993）『パリ発　資生堂　グローバル・ブランドへの挑戦』実業之日本社

水尾順一（1998）『化粧品のブランド史』中公新書

中津武（1998）「クロスボーダーM&Aの実践ノウハウ」『Business Research』8-11月号

中津武（2000）「資生堂におけるM&A組織と人材育成」『M&A　Review』7月号

塩沢茂（1984）『資生堂　国際戦略集団』徳間書店

山本学（1990）『ザ「ニュー資生堂」マネジメント』ダイヤモンド社

経済界「ポケット社史」編集委員会編（1991）『資生堂』経済界

ソニー・マガジンズ　ビジネスブック編（1997）『「企業文化化」のオピニオンリーダー／福原義春語録』ソニー・マガジンズ

国際商業出版編・発行『国際商業』通巻各号

会社案内，アニュアルレポート，有価証券報告書各年度版，プレスリリース，ホームページ

＊他の資料に関しては文中で記述

## 第4節　シスコシステムズの事例

### 1. シスコシステムズの概要

　シスコシステムズ（Cisco Systems）は，インターネットに欠かせない通信インフラ環境を支えている世界最大のネットワーク機器メーカーである。特に，インターネットの基盤でもあるルーター（データ中継機）というすべてのコンピュータをお互いに1つのネットワークに組み込み，デジタル化した音声や映像の信号を同一回線内で効率よく分けるネット機器では，世界の80％のシェアを握っている（なお，ルーターは現在の通信の主役である交換機を基盤とする電話網とは全く異なる技術を用いており，100年に1度の技術革新と言われている）。また，2000年3月には株式時価総額が世界トップの5,554億ドルに達し，成長率（株式成長率）では米国史上第1位を記録する。

同社は1984年にスタンフォード大学をスピンアウトした5名の研究者によって設立されたベンチャービジネスに端を発している。彼らは，ルーターを開発し，その販売を行っていた。この創業期にセコイア・キャピタルというベンチャーキャピタルのドン・バレンタインが資金援助をし，1988年にジョン・モーグリッジがCEO（Chief Executive Officer；最高経営責任者）として雇用される。当時の同社の売上高は約500万ドルであったが，モーグリッジは過去に他のビジネスを成功させた経歴を持ち，彼の就任と共に本格的な事業展開が行われ1990年にはナスダックに株式公開を果たす（Bunnel & Brate, 2000）。

 その後は，3代目のCEOとしてジョン・チェンバースが就任し，1993年からは単に製品の販売だけではなく，ネットワークの端から端までの顧客が直面する問題を解決する企業を目指すために「end to end networking solutions」というビジョンを掲げた（チェンバースに関しては，Reinhardt, 1999. に詳しい）。それは，顧客はインターネットの普及に伴い，単一製品よりもネットワーキングに関する総合的な解決策（ソリューション）を必要としていると考えたためであり，顧客が求めるすべての製品とサービスを提供できる企業へと展開していく。なお，チェンバース就任後からシスコの成長は著しく，2001年度では社員数は400人から37,500人（2001年10月現在）に増加し，約223億ドルの売上高を計上している。

 このような急成長が実現できた特徴は，米国企業の中でも突出した買収戦略にある。それは，ネット関連の市場は，"ドッグイヤー"といわれるように，カレンダー暦の7倍のスピードで変化している。そこで，将来の顧客ニーズを発見し，新たに製品を開発していたのでは，市場に投入した頃にはすでに必要のないものになってしまう可能性が高い。そこで，自社内部で製品開発を行うのではなく，有望な技術を持つ企業を買収することによって製品開発の代替とし，製品開発から市場投入までの時間を節約するのである。これは，A&D（Acquisition & Development）といわれるM&A手法であり，シスコがこのタイプのM&Aを行ったことによって，それ以降の他の企業の

戦略にも大きな影響を与えた。

本節では，このようにシスコがM&Aを非常に効果的な戦略として使うことができる背景やその仕組みに関して考察する。そして，A&Dといわれる M&A が推進できる社内体制がどのように確立されていったのかに関して整理する。

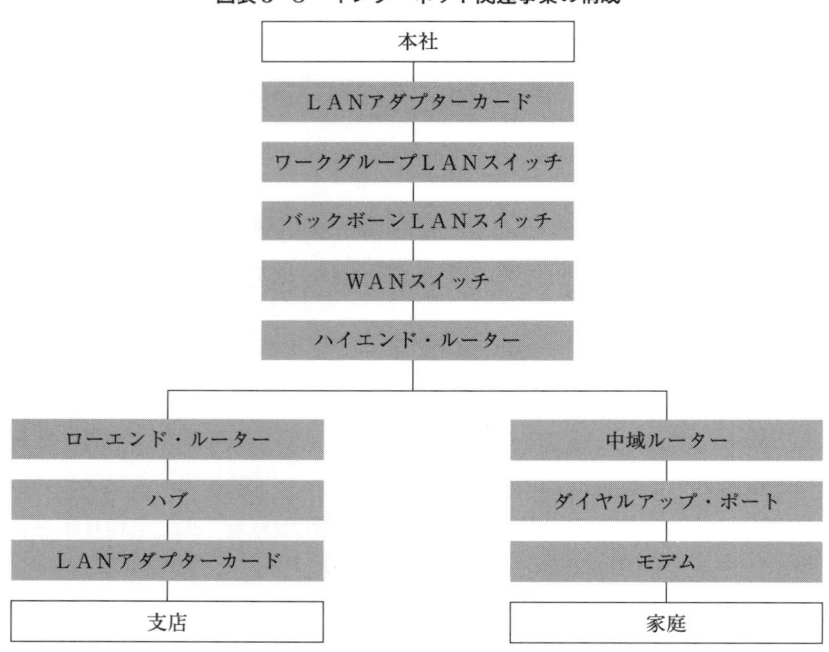

**図表3-8 インターネット関連事業の構成**

```
                    本社
                     │
            LANアダプターカード
                     │
         ワークグループLANスイッチ
                     │
           バックボーンLANスイッチ
                     │
               WANスイッチ
                     │
             ハイエンド・ルーター
                ┌────┴────┐
         ローエンド・ルーター    中域ルーター
              │                    │
             ハブ           ダイヤルアップ・ポート
              │                    │
      LANアダプターカード        モデム
              │                    │
            支店                  家庭
```

出所）FORTUNE, 1997. 5. 12
＊シスコでは，インターネットの端から端までの製品において No1, 2 を目指している。

## 2. 顧客重視の経営と戦略

同社の企業経営は顧客重視の視点から展開されている。つまり，企業文化の中でも顧客重視の姿勢は明示され，「end to end networking solutions」というビジョンも顧客の利便性を高めることを目標としたものである。さらに，各製品分野で世界シェアの1位または2位を達成するために，事業が拡

張されていることも特徴の1つである。

### (1) 顧客重視の経営

シスコでは企業文化を行動規範や意思決定の判断基準とするために「顧客，倹約意識，技術信仰撤廃，ストレッチゴール，変化の加速，質の高いチーム，チームワーク，エンパワーメント，オープンコミュニケーション，信頼」として明文化している（本荘・校條，1999）。そして，初めから異質な環境やバックグランドを持つ人を望むというアウトサイダーを受け入れる文化，そして彼らを成長させる文化が構築されている。こうした企業文化は，シスコが巨大企業になった現在でもベンチャー企業の精神を維持し続けていることを示し，M&Aの組織統合においてもプラスの影響を持つものである。

また，企業文化の中でも特に，顧客満足や顧客密着を重視している（Bunnell & Brate, 2000）。過去に成功し，その後衰退していった多くの企業は，顧客から離れていくために変革能力を失うと認識しており，シスコでは常に顧客の近くにいることを重視し，変化するニーズを迅速に読み取っている。そこで，定期的に約70の指標から成り立つ顧客満足調査を実施し，近年では5段階レベルのうち4.23に達している（Daly, 1999）。これは，顧客の90％近くがシスコとの取引に満足していることを示している。そして，管理者のボーナスの大部分が顧客満足指標をベースに決められる。こうした経営は，CEOのチェンバースがシスコに就任する前のIBMやワング・ラボラトリーズに勤務していた時に学んだものであり，実際に彼自身も50％以上の時間を顧客の対応に費やしている（日本経済新聞；2000.7.3）。

これに関する例として，シスコの急成長の契機となった1993年のクレセンド社の買収も，大口顧客であるボーイングの意見によってなされたものである。それは，ボーイングが必要とする技術は，当時のシスコには存在しなかったが，クレセンドが所有していたものであった。そこで，ボーイングの要求に迅速に応えるためには，その技術を取得することが必要であるとして

買収が行われたのである。このように，シスコでは顧客の要求に素早く対応することを最重要課題として経営が展開されており，同社の急成長の秘訣とされている M&A もこの視点から行われているものである。

### (2) 「End to End Networking Solutions」実現のための戦略展開

1993年に個々の製品の販売だけではなく，顧客のあらゆるニーズに対応し，ネットワークの端から端までの問題解決をトータルに行って顧客の成功を導いていくことを経営の目標に「end to end networking solutions」という戦略目標を掲げる。そして，その実現のために当時の CEO であるモルグリッジ，CTO（Chief Technical Officer；最高技術責任者）のエド・コッツェル，現 CEO のチェンバースで4大方針といわれるマスタープランを策定する（Schlender, 1997）。それは，①広範囲な製品ラインを揃え，ネットワークのワンストップ・ショッピングを実現する，②他の事業プロセスのように買収をシステム化することによって効率化する，③ネットワーキング装置における業界標準を確立する，④効果的な戦略パートナーシップを構築する，である。ワンストップ・ショッピングは，顧客が他の企業と取引をしなくてもシスコに相談すればすべての製品が揃い，問題も解決することができるという利便性の向上を狙ったものである。また，製品に関しても，インターネット関連製品は幅が広いために単一製品の提供だけでは対処できず，さらにまだ不安定な環境にあるので，標準品とならなければリスクが大きくなってしまうために，業界標準を目指した商品展開がなされている。そして，すべてを自分達の力だけで行うのではなく，不十分な所は買収や提携によって補完していくことが明示されている。

こうした方針に従って，シスコでは GE に学んだ市場セグメント戦略が採られている。つまり，製品毎に市場を細分化し，進出した各分野で必ず首位または2位を狙うというものである。同社では，どういう機能の製品をいくらで，いつ頃に欲しいのかを調査し，米国本社のマーケティング部門に情報を収集し，3カ月ごとに優先順位をつけて製品開発をしている。そして，自

社技術で当該期間内に製品開発が不可能な場合には，買収または提携を通じて関連技術の獲得が行われるのである。また，短期間で目標が達成できないと判断した場合には，製品のライフサイクルが短いために，参入そのものが断念される。主要20製品分野のうち，16分野が1位で，4分野が2位にまで成長している。そして，完全な市場の占有と成功を求めて買収を繰り返すのである（Daly, 1999）。

## 3. A&Dマネジメント

シスコのM&A戦略は，新しい技術開発や製品開発の代替的手段として，自社にない技術と人材を補完することを目的に行われており，こうした方法はA&Dマネジメントと言われる。そして，A&Dにおいてはどのような企業を買収するのかという対象企業の選択が重要な課題となる。

### (1) A&Dマネジメントの特徴

シスコでは，「end to end networking solutions」の実現のために，市場を分析し，各技術・製品をどの時点で揃えるかに関しての計画表が作られている。それぞれの製品をどのタイミングで，どのような方法で獲得するのかを綿密に計画し，これをもとに買収候補を選択し，実際の交渉に入る。1993年

**図表3-9　シスコシステムズのM&A件数**
（同社ホームページより作成）

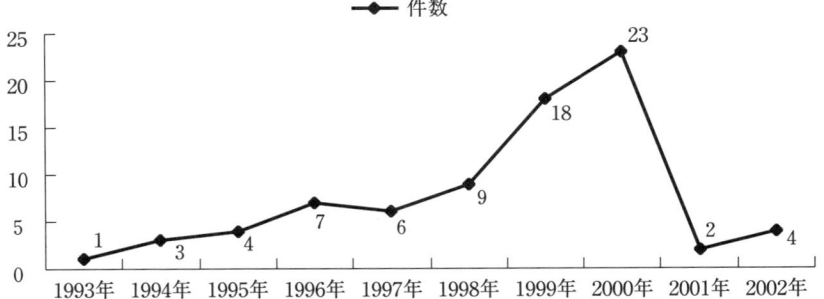

| 年 | 件数 |
|---|---|
| 1993年 | 1 |
| 1994年 | 3 |
| 1995年 | 4 |
| 1996年 | 7 |
| 1997年 | 6 |
| 1998年 | 9 |
| 1999年 | 18 |
| 2000年 | 23 |
| 2001年 | 2 |
| 2002年 | 4 |

のマスタープラン策定以来，買収件数は加速化しており，70社以上を買収している。現在では特に次世代の高速ネットワークに使われる光通信技術の獲得に集中している（日経産業新聞；2000.4.24）。

シスコのM&A戦略は，R&D（Research & Development；研究開発）とM&A（Merger & Acquisition；合併買収）を組み合わせた「A&Dマネジメント」と呼ばれている（日本経済新聞；1998.11.2／伊藤，1999／日本経済新聞；2001.3.22）。これは，規模の拡大を狙うのではなく，自社に不足している製品・技術を補完し，さらに中核事業を強化するために，有望な技術を持つ企業を人材とともに買収するという時間の節約を追求したものである。インターネット関連ビジネスでは，ドッグイヤーと言われるカレンダー時間の7倍の速さに匹敵するほど，環境の変化が激しいという。そのため，顧客ニーズに応じるために必要な技術が多様化しており，技術開発・製品開発も通常の7倍のスピードが要求されるために，すべてのことを自力で行っていくことは不可能である。例えば，最初から研究開発をした場合には商品化までに18ヶ月から2年かかり，市場に投入した時にはその技術がすでに陳腐化していることもありうる。そこで，シスコでは売上高の12%の資金を研究開発費に注ぎ込み，製品の約70%を自社開発し，それ以外は常に買収によって調達している（Rifkin, 1997）。また，最新の先端技術を有する企業は競合企業であるルーセントやノーテルに買収される可能性もあるということも1つの理由として，積極的にM&Aが展開されている。

買収対象とする企業は，スタートアップと言われる6カ月から1年以内に製品化の可能性のある独創的なハイテク技術を有するベンチャー企業である。こうした企業は，従業員が100人以下の小規模であり，高度な技術を有するものの資金力や販売チャネルが不十分なためにこれ以上の成長が制約されている場合も多い。そこで，シスコの豊富な資金力・技術力・情報力・販売チャネル・生産設備をフルに活用して，技術の普及を目指し，市場が立ち上がると同時に一気に大きな事業を作り上げるのである。また，シスコのこのような方針は，買収候補のスタートアップに対して，シスコの一員になれ

ばより成長できるという魅力を与え，技術者の持つ画期的製品を世界に広げたいという欲求を刺激している。

以上のように，通常のM&Aのように確固たる製品と市場を有する企業を買収して規模の経済を図るのではなく，製品開発・技術開発の代替的手段として買収を行うのである。その結果，自社開発に携わっている担当社員の多くは，買収によって獲得した技術者によって構成されている。

また，A&Dを推進していけるかどうかの前提条件は，高株価を維持していけるかにある。それは，買収方法が現金買収ではなく株式交換を利用したものであるので，株価が下落するとそれが使えなくなり，その時点でA&Dは有効に活用できず成長も止まってしまう可能性が生じるからである (Goldblatt, 1999)。

次に，シスコのM&Aの特徴は技術獲得を目標としているので，ニーズに見合うだけの高度で新規な技術を有する企業を見つけ出すことが最初の課題である。そのために，ターゲット企業の探索・評価は注意深く行われている。

### (2) ターゲット企業の選択

買収対象企業の選択は，自社のマーケティングを中心に探索する以外に，顧客の推薦を受けることや，調査会社やアナリストからのレポートも参考にして行われる。そして，買収選択基準である5つの原則として，①被買収企業と共有できるビジョンがあるかどうか，②短期的に見て株主に利益をもたらすかどうか，③長期的に見て株主・従業員・顧客・ビジネスパートナーなどのすべての利害関係者に利益をもたらすか，④社風や文化などの相性が合うのか，⑤地理的に近いかどうか，ということが決められている (Daly, 1999／Bunnell & Brate, 2000)。さらに，最近では買収した企業の売上が1年以内で約500～1000億円に達するかどうかということもポイントになっている (松本, 2001)。

まず，業界や技術が今後どのような方向に展開し，その中で相手企業はど

のようなことを行っていきたいのか，ということについて同意していることである。進むべき方向性や基本的な考え方が同じであることが必要であり，もしビジョンが異なりお互いが補足できないようならば買収は行われない（日経ビジネス；2000.7.31）。さらに，買収はすぐに株価に影響が出るために，動機が不明瞭な買収は避け，将来的に成長できるような専門領域における技術力が強い企業を対象としている。それは，高株価を利用したM&A戦略が急成長の原動力であるために，株価にマイナスの影響を与える可能性のあることは極力回避する姿勢が貫かれている。そして，当該M&Aによってシスコ自体の競争力やコンピタンスが強化され，株主だけではなく，将来的にはすべての利害関係者にとってプラスになることも課題とされる。

また，文化の問題は，ある特定の文化が正しいということを意味しているのではない。もし文化が異なるならば，従業員は2つのグループに分かれてしまうために統合はうまく行かず，買収の成果は得られないために，事前にこのようなことを避けることを目的にしている。そのために，企業間の相性に関しては注意深く分析され，特にスタートアップ企業では創業者を中心にしたスタッフの影響力が大きいために，彼らを説得できるかが重要なポイントとなる。そして，高度な技術を持った人材を獲得することが目的なので，転勤などは彼らの生活に大きな影響を与え，コミュニケーションも不十分になる可能性があるために，シリコンバレー付近にある企業がターゲットにされる（Inkpen et al., 2000）。

さらに，巨大企業の買収や対等合併はターゲットにはされず，常にシスコが主導権を持つような買収が展開される。それは，主導権が不明確な場合は，組織統合においてパワーに関する問題が発生し，そうしたことの調整に時間を取られるために，成長力を阻害してしまう要因となるからである。

以上はシスコのM&A対象企業の選択に関わる特徴点であるが，競争企業ではこれらのことは必ずしも実行されているとは限らず，多くのケースでは失敗している。それは地理的に離れていて文化差異が大きいにも関わらず買収が行われているからである（Daly, 1999）。例えば，シスコの競合企業の1

つであるベイネットワークスは，1995年にカリフォルニアのシンオプティクスとマサチューセッツのウェルフリートの合併によって誕生した。この2社は同程度の規模であったが，西海岸と東海岸の文化があまりにも異なったものであり，混乱を招きうまく統合することができなかった。現在では，企業内は出身会社によって分離されてしまっている状況である。それから3年後には，シスコがベイの3倍の企業に成長している。また，スリーコムでは5年前までは買収が活発に行われていたが，同規模のUSロボティクスを買収してからは停滞している。また，ノーテルがベイネットワークスを買収した時も，優秀な人材の流出を引き起こしている。つまり，他の企業では5つの買収基準のほとんどをクリアせずにM&Aが行われているために，こうした結果を招いているのである。

　シスコでも1993年に同じ業界のほぼ同規模であるシンオプティクスやケイブルトロンとの対等合併が考えられた。しかし，対等合併では，現在の市場では規模的に首位のシェアを獲得できるが，将来はそれが維持できるとは限らない。また顧客数・流通チャネル数も増加する一方で，重複部分も出てくるために調整コストが多大になるというデメリットも勘案して，その実行を断念している（Rifkin, 1997）。そして，競争企業のM&A行動の失敗について，チェンバースは対象企業の選択がどれほど重要であり，かつ困難なのかを過少評価している結果であると指摘する。

### 4. 社内のM&A推進体制

　シスコは，技術と人材を補完するために数多くのM&Aを行っており，その数は年々増加している。従って，その実行を素早く行い，最大限の効果を引き出すことを目的に，社内にM&A専門のチームが確立されている。それは，プレM&Aの選択・交渉とポストM&Aの統合を専門の職能にするものに分類される。

## (1) プレM&AにおけるM&A担当チーム

　M&Aを専門的に手がける事業開発部は，財務部と人事部で混成され，さらに事業部のリーダーと技術部の専門家で補足されている50から60人で構成されている。上級副社長であるマイク・ヴォルピが一連のM&Aの責任者である（彼の紹介については，Holson, 1998に詳しい）。彼は，日常業務のように買収を行うためにシリコンバレーで最も機敏なディールメーカーという異名が付けられ，入社以来5年間で約40社の買収を手がけている。そして，「買収先の企業から信頼を勝ち取ることに優れている人物である」とチェンバースは評価する（日本経済新聞；1999.11.2）。チェンバースはすべての取引に最終的なサインをするが，大規模で複雑な案件に対してだけ直接的に関わり，他はヴォルピを中心とした専門チームが実行している。

　M&A担当チームは，競争企業よりも早く顧客のニーズを感知し，そうした技術を持つスタートアップに早急に接触する必要があるために，望んでいる技術に最も適合する企業を認識するための高い分析スキルを有している。対象企業がすでに最終製品やテスト段階の製品を持つ場合には，シスコにとってその事業は成熟し過ぎているといえ，すでに競合企業も目をつけている可能性が高いためにリスクの大きいものとなってしまう。つまり，スタートアップ企業の評価には，通常の財務諸表などに依存した企業評価とは異なる独特のスキルが要求される。そして，対象企業が決定されるとデューデリジェンスが始められる。これはエンジニアが技術を検査し，会計士が帳簿を調べるように，M&A専門チームは相手企業の能力，マネジメントの質などを丁寧に調査していく（Goldblatt, 1999）。また，シスコの経営陣や幹部社員と相手企業の経営陣との間で行われる非公式の会話やミーティングの中からも相手企業の雰囲気・文化などは把握される。従って，1つの技術を選択するために15社程度を比較して決められている（日本経済新聞；2000.3.18）。

　前述したように企業の選択・評価というプレM&Aプロセスはシスコでは特に重要視されている。技術と同様に人々の才能も買っている側面があるた

めに，企業文化や相性などのソフト的問題に対して十分な時間をかけて調査している。それは，こうした点に何らかの問題があれば，将来の統合プロセスが困難になるのは予測がつくことであり，時間短縮を狙った A&D の効果を最大限に引き出すことが不可能になるからである。

例えば，買収した企業を組織の中に取り組んだことによって問題が発生したこともあった。1996年にグラニテを買収した時には，その企業の製品はシスコが当初期待していたようなものではなかった。またストラタコムの買収では，企業の規模が大きすぎ，製品技術は十分に発展したものであったために，業務システムの要素を統合するのに苦労した。さらに，流通チャネルを持たないままソフトウェア企業を買収するという失敗も過去に経験している (Goldblatt, 1999)。

このような過ちは，プレ M&A においても十分に分析すれば回避できることである。そのためにも M&A 担当チームは，プレ M&A 段階に特化し，分析や交渉関連のスキルを強化することが目標とされている。その一方で，ポスト M&A では統合を専門の職能とするチームが存在している。

### (2) ポスト M&A における統合担当チーム

かつて，シスコにはポスト M&A において組織統合を専門的に行う機関はなかった。しかし，3番目に買収したカルパナ出身のミミ・ジゴウクスが統合を専門の職能とするチームの必要性を提案し，その設立に至った (Goldblatt, 1999)。彼女の企業は買収されたにも関わらず，シスコには新しい従業員を統合するための機能が不十分であると感じていた。当時，カルパナの従業員達はシスコでどういう役割を担い，どのように行動すれば良いのかということを知るまでに数カ月かかっていた。そして，すべての人がシスコに移籍するまでにも数カ月かかっていた。このように統合段階が混乱し時間がかかっていたのは，シスコ側に統合に対して責任を持つ特定の人物やチームが存在しなかったからである。彼女は，こうした状況に対する不満をシスコの上司に報告し，これを契機に次の買収からは，彼女は助言を求められるよ

うになった。5年後には，彼女を中心とする統合だけに専念する11人のスタッフを有するチームが作られる。

このチームは，非常に早いスピードでM&Aプロセスを処理していく。まず，買収契約がなされる前から，相手企業の組織構造，財務諸表，戦略的重要性に関する情報を収集する。買収が発表されたその日に，統合チームは相手企業の本社に行き，管理者たちに今後の経営についての疑問や不安を尋ねるために小さいグループでミーティングを行う。さらに，統合チームは相手企業の管理者と協働で，各従業員の配置を決めていく。一般的に，開発などのエンジニアリングに関連するグループは，現在の延長として仕事を継続する必要があるので独立組織として存続させる。一方，販売と生産に関するグループはシスコの既存事業部の中に吸収する。そして，統合チームが主導で，新しい従業員にシスコの慣行，管理体制，情報システム，給料体系を教えていく。このプロセスはだいたい30日間で終了する。

統合チームの活動スピードが早いことを示す例として，1999年8月に買収されたモンテレイの人的資源役員であるロリ・スミスは，次のようなエピソードを指摘する（Goldblatt, 1999）。具体的な契約が終了したのは水曜日の午後11時であった。しかし，翌木曜日の朝には，シスコのタグがモンテレイのドアに付けられ，建物の玄関には旗があり，ロビーの壁には巨大なシスコのロゴのアートがあったという。

このように，現在では統合担当者を明確にすることによって，責任の所在を明確にし，迅速な統合プロセスが実行されている。

## 5. M&Aマネジメントの特徴

シスコでは，既存の製品や市場ではなく，将来の技術獲得を目的に買収を行っているために，優秀な技術者やトップマネジメントをどのように組織内に残すかが課題となっており，特に人事政策に重点が置かれている。さらに，統合プロセスを迅速に行うために，それはシステム化されており，科学の域にまで達していると評されている。

## (1) 人材マネジメント

　現在の市場において高いシェアを持つ企業を買収すれば，さらにシスコの市場での地位は高いものとなるが，そうした買収は間違った方法と認識されている。シスコでは，自社で製品開発する時間短縮を目指した技術獲得の買収に焦点が置かれているために，それは現在の製品を買収しているわけではなく，次の世代の製品を買収していることを意味する。そして，こうした技術はまだ発展途上の段階にあるために，それに携わっている技術者の存在が大きい。従って，買収によって技術者の有する技術や能力を取得していると指摘できる（Rifkin, 1997）。そこで，買収後に優秀な人材が流出しないようにすることが大きな課題となっている。シスコでは買収された従業員に対して木目細かい人事・報酬制度を徹底しており，将来に対する不安や心地悪い状態を素早く解消していくことに徹底している。

　その方法として，まず相手企業の経営トップを企業に残すことに重点が置かれる。これは，トップが残ればその下で働く社員達も残る可能性が高まるからである。そのために，買収後の待遇や業績評価については全く差別することはなく，ストックオプションなどの適用も行われる。実際に5年間シスコで働いて成果を上げれば，100万ドル分のストックオプションが獲得できる可能性もある（日経ビジネス；2000.7.31）。インターネット関連業界においては，被買収企業のトップマネジャーの40％から80％は2年以内に退社しているという調査報告がある。しかし，シスコでは最近買収した企業における14人のCEOのうち9人は残っている（Plotkin, 1997）。また，同じ事はトップエンジニアに関しても言える。

　一般的に，相手企業の人材が買収後に退職してしまう理由としては，将来に対する不安，文化や相性の違い，地理的に離れていることが指摘されるが，多くの企業ではそうしたこと以上に，マネジメントチームやエンジニアを動機づける方法が理解されていない。買収された企業のCEOは，シスコは彼らを「つなぎとめる方法」を良く理解していると指摘する（Bunnell & Brate, 2000）。シスコでは個人の目標と企業の目標を調整し，挑戦的で困難

な仕事を与えることによって，彼らの創造力を刺激し，それをシスコの一員になることから実現させようと配慮している（日経ビジネス；2000.7.31）。そして，数多くの買収を通じてさまざまな企業からの人によって構成されているために，アイデアを競わせることができ，問題解決に対してもさまざまな人から助言を受けることが可能である。また，スタートアップ企業の技術者にとっては，シスコの傘下に入ることによって自社製品がグローバル市場で販売され，市場でトップの地位になることは非常に魅力があり，エキサイティングな雰囲気を体感できるという誘因もある。従って，金銭面と技術者のチャレンジ精神の刺激という2つの側面から人的マネジメントが展開されている。

さらに，相手企業のトップや技術者以外に一般従業員に対してもこうしたアプローチが採用されており，被買収企業の社員の退職率は6.7％という低い数字を示している。シスコ本体と被買収企業についての退職率については月ごとに調査されており，シリコンバレーのハイテク関連企業の転職率が年平均18％であるので，これと比較すると非常に低いことが分かる（Reinhardt, 1999）。

### (2) M&Aプロセスのシステム化

シスコも初めの頃の買収では，統合がうまく行かず組織が混乱したケースもあった。しかし，困難に直面しながら，利益と成長を目標に掲げ，失敗を教訓にして買収に関するノウハウを徹底的に磨き上げた。最近では，シスコのA&Dは科学の域まで達したといわれ，買収される企業に対しても余分な説明が要らないという状況になり，買収ペースはさらに加速している（Plotkin, 1997）。5年前では，1つの取引に6から9カ月位かかっていたが，1999年8月のセレントの買収では，契約まで10日でなされた。現在のインターネット関連業界の急速な進歩のために，取引そのものに要する時間を短縮することも1つの課題とされている。

ポストM&Aの組織統合もスピーディに行われる。シスコには「100日統合

プラン」と呼ばれる CD‐ROM に収められたマニュアルがあり，統合プロセスはほぼ自動化されている（日本経済新聞；1998.11.2）。まず，買収が決まると統合責任者が任命され，そのもとで週単位の統合プロセスが始動し，資産管理から人事まで短期間で同社の方針を相手企業に浸透させていく。通常の場合，相手企業の人事・サービス・製造・流通などの各部門はシスコの本社インフラに統合され，エンジニアリング・マーケティング・営業は担当事業部署に統合される。買収した企業を顧客に対して100日以内にシスコの一部として紹介するのが統合計画の目標である。そして，従業員の不安をなくすために，これから起こることを買収先の社員に説明し，その後も差別は絶対に禁止するという姿勢から，彼らはシスコ社員と同等の処遇を受け，さらに彼らの意見・不満・不安を聞く体制も構築されている。また，買収先の社員だけで1つの事業部は作らないようにしている。これは，社内に領域を作らないためである。

　企業文化に関しては，特別な導入教育の機会が設けられている。買収された企業の社員とベテラン社員がペアを組んで仕事を進める「バディ（相棒）制度」によって，日常のふれあいの中から企業文化と価値観を伝達していくのである（本荘・校條，1999）。

　また，買収した企業の評価については，その管理者や従業員が残っているのかということが重視される。シスコの買収は単に現在の市場を対象にしているのでなく，将来において必要とされる技術を見据えたものであり，それらは人の能力に大きく影響されるからである。従って，優秀な人材が買収後に流出することは，技術の流出を意味する。財務的な基準としては買収後3年以内に投資額を回収できることを目標にしている（Rifkin, 1997）。

　このようなシスコのM&Aマネジメントの特徴については，Inkpen et al.（2000）がシリコンバレーにある技術獲得型のM&Aを行っている企業を分析した調査から整理している。EUなどの非アメリカ企業がシリコンバレーの企業を買収しても成果を上げることが困難であるという調査結果を分析するために，シスコをシリコンバレーで最も成功している買収企業であると考え

てさまざまな視点から比較を行っている。つまり，彼らの指摘のように，シスコは米国ネットワーキング企業の一般的事例ではなく，ベンチマークの比較対象企業に選ばれるような優れたM&Aマネジメントを実行している企業である。

**図表3-10　シスコと米国以外の買収企業におけるM&Aアプローチの比較**

| 論点 | シスコシステムズ | 米国以外の買収企業 |
|---|---|---|
| 統合スピードと意思決定 | 統合チームによる100日以内の統合化<br>インターネットイヤーで思考，四半期計画<br>統合問題単純化のために本社近くの企業を買収 | 統合チームはない<br>緩慢な意思決定<br>遠距離の企業を買収 |
| コミュニケーションとビジョン | 新しい従業員に迅速に彼らの役割と肩書きを伝達<br>相手企業の将来像に対する強いビジョンを持つ | 相手企業とのコミュニケーションの量と質の向上<br>相手企業にビジョンは伝達しない |
| ネットワークと社会化 | 社会化を通して新規市場と買収機会を発見 | 社会化に消極的 |
| 組織に残す人の対象は？ | もしシスコの文化に適合するなら上級幹部を維持<br>文化に適合しない場合は去ってもらう<br>相手企業の従業員の大半を動機付けによって残す | 相手企業の上級幹部の維持を選好<br>金銭的刺激を通して上級幹部を残す<br>従業員を残すための明確な計画はない |
| ストックオプション | ストックオプションの付与を継続 | ストックオプション計画を中止 |
| 統合アプローチ | 相手企業の製品開発・マーケティング部門は自企業の関連部門に統合。しかし製造・財務・販売・流通に関しては集中化<br>第1に人材に焦点。次に事業運営の仕方に焦点。傲慢さはない。その代わり偏執狂的 | 買収企業は異なる独立した組織を構築<br>統合の焦点は特にない<br>傲慢さから損害を受ける |

出所）Inkpen, Sundaram & Rockwood（2000）p.67

　シスコは，ネットワーク全般に関するソリューションを提供することを目標に「end to end networking solutions」というビジョンを掲げ，これを実現

するために，自社に不十分な技術を外部から取得することによって補完を図るM&Aを展開している。IT関連産業は技術革新のスピードが速いために，すべてを自社開発していたのでは時間とコストがかかってしまうので，内部技術開発の代替的手段としてM&Aが実行されるのである。その手法はA&Dマネジメントと言われ，新しい成長戦略の1つであると認識されている。

　シスコは，複数のM&Aを行うことにより企業成長を図っているが，ただ単にM&Aの件数が多いのが特徴というわけではない。スタートアップといわれるベンチャー企業の買収を中心に行うために，対象とする技術の有効性やその後の成長性，シスコとの相性などが精査され，さらにポストM&Aにおいても技術者を組織に残すことを主要課題としたさまざまな施策が展開されている。これらのことは，プレM&AとポストM&A段階の両方に専門担当者やチームを置くことにより実行されており，各段階で迅速な対応をしていくためには重要な存在となっている。特に，ポストM&Aでは，組織統合に関するプログラムが「100日統合プラン」という形でシステム化されている。これにより，今までは場当たり的な対応しかしていなかったM&Aプロセスは反復可能なものとなり，より優れた成果を生み出す秘訣として存在する。

　以上のように，シスコは他に類を見ないほどM&Aを効果的な戦略として成長した企業である。そして，M&Aの多くは失敗するという一般論がある中で，非常に高い成果を上げてきた。シスコのM&Aマネジメントの内容を分析することにより，マルチプルM&Aによって成長を図る企業にどのような特殊的な能力やスキルが存在するのかを認識することが可能になるであろう。

## ＜補足＞IT不況とシスコの現状

　創業以来，M&Aを駆使して急成長してきたシスコであるが，米国企業のIT関連投資が鈍化している中で，その打撃を直接的に受け，2001年7月期決算において1990年の上場以来初の最終赤字10億ドルを計上した。その間，全世界の従業員を対象に8,500人の人員削減と22億ドルの不良在庫の評価損

の計上を行った（日経産業新聞；2001.8.9）。しかし，競合企業であるルーセント・テクノロジーやノーテル・ネットワークスよりは，経営面・財務面では非常に高い水準にあり，17億ドルに上る豊富な営業キャッシュフローを維持している。

こうした中で，M&Aに関しては，買収する企業の事業分野・成長性・商品化までの時間を従来よりも高いレベルで精査し，短期間で利益を生む案件にだけ限定している（日本経済新聞；2001.3.19）。その結果，2001年の買収案件は2件と激減している。これは，A&Dでは株式交換方式による買収が中心であるために，シスコの株価がIT不況によって大幅に低下したことも背景にある。最近の成長のポイントは，ネット技術を活用した映像配信や大規模記録装置サービスなどの新しいサービスを支えるソフト・ハードのインフラ技術にある。そして，買収した企業の技術が直接的に収益の向上に貢献するものに絞っており，そうでない場合は資本効率を下げてしまいROE（株主資本利益率）の悪化を招いてしまうために買収のペース自体も見直されたのである。（日本経済新聞；2001.8.23）。

その後は，過剰在庫削減のためにSCM（Supply Chain Management）システムの改善に取り組んでいる（日経産業新聞；2001.8.16）。また，従来の組織では顧客別に大企業部門，一般企業部門，通信業界部門の3つに分類していたが，技術開発が重複しないように技術系と営業系に分離し，単にコストの削減だけでなく，収益の拡大を意識した組織改革を行っている（日本経済新聞；2001.8.24）。このように，内部的なリストラクチャリングに力を入れており，M&Aによる効果をさらに上げていくことが課題となっている。

**【事例研究の参考文献】**

伊藤邦雄（1999）『グループ連結経営』日本経済新聞社

本荘修二・校條浩（1999）『成長を創造する経営』ダイヤモンド社

松本孝利（2001）『ITスピード経営』経済界

Bunnel, D&A. Brate（2000）*Making the Cisco Connection*, John Wiley & Sons.

第3章 マルチプル M&A の事例研究　187

Byrne, J.A.&B. Elgin（2002）Cisco Behind the Hype, *Business Week*, January 21.

Daly, J.（1999）The Art of the Deal, *Business 2.0*, October.

Goldblatt, H.（1999）Cisco's Secrets, *FORTUNE*, November 8.

Holson, L.M.（1998）Whiz Kid : Young Deal Maker is the Force Behind a Company's Growth, *The New York Times on the Web*, November 19.

Inkpen, A.C., A.K.Sundaram & K.Rockwood（2000）Cross-Border Acquisitions of U.S. Technology Assets, *California Management Review*, Vol.42, No.3.

Kupfer, A.（1998）The Real King of the Internet, *FORTUNE*, September 7.

Paulson, E.（2001）*Inside CISCO*, John Wiley & Sons.

Plotkin, H.（1997）Cisco's Secret, *INC MAGAZINE*, March.

Reinhardt, A.（1999）Meet Cisco's Mr. Internet, *Business Week*, September 13.

Rifkin, G（1997）Growth by Acquisition : The Case of Cisco *Systems, Strategy & Business*, Booz, Allen & Hamilton, Second Quarter.

Schlender, B.（1997）Computing's Next Superpower, *FORTUNE*, May 12.

Young, J.S.（2001）*Cisco Unautorized*, Prima Communications.（宮本喜一訳『シスコの真実』日経 BP 社, 2001年）

アニュアルレポート, プレスリリース, ホームページ

＊他の資料に関しては文中に記述

## 第5節　GE キャピタルの事例

### 1. GE キャピタルの概要

　GE キャピタル（GE Capital ; 以下 GEC）は, 全世界を対象に総収益・総利益ともに世界最大規模を誇る GE（General Electric）グループの金融サービス事業部門である。2000年度現在, 同社の GE グループの総売上に占める割合は40％以上に達し, 3700億ドルの資産と純利益は52億ドルに達し, 20年に渡って2桁の利益増を続けている。さらに, 約10万人の従業員を有することから GE 全体に対する位置付けは非常に高く,「世界最大のノンバンク」と称されている。

GECの起源は，1932年の世界大恐慌時代に冷蔵庫を購入する際の消費者に対する融資が当初の役割であった。その後はGEの家電販売に対するクレジット事業を受け持つGEクレジットとして，本業のサポート部門として位置付けられていた。1970年代後半には，GEに有利性があると思われるすべての金融事業にも積極的に参入するという目標に従って，機器リースなどの資本集約的事業を拡大し，本業のサポート的役割から独自の事業展開がされていく（Tichy & Sherman, 1993）。さらに，1987年にはGECと社名変更し，ゲーリー・ウェントがCEOに就任してからクレジット事業以外の金融ビジネスにも本格的に参入していく姿勢が確立される。

これは，1980年代後半の米国では，金融自由化が進み，銀行・証券・保険などの業態の垣根が解消され，政府の低金利政策を背景に金余りの状態が続いていたことがある（小田桐，1999）。そのような中で，GECはM&Aを積極的に行うことによって，クレジットカード業務・消費者金融業務・リース業務などを取り込んだ大規模な総合金融サービス企業（金融コングロマリット）を目指して展開されていく。

GECは，本格的に金融ビジネスに参入して以来10年間で，全世界を対象に300社以上のM&Aを行って事業を拡大している。その結果として，24の事業に多角化されており，それは6つの部門に大きく分かれ，それぞれにCEOが設置されている。各部門は，利益の最大化やグローバル化が義務づけられており，各々は純粋な独立企業として機能している。従って，GECの中核会社から明確な数値目標が課せられる一方で，現場重視の考えから各事業のトップには大幅な権限委譲が行われている。

同社は，現在でも高成長を維持しているが，その秘訣を前CEOウェントは次のように指摘する（日経ビジネス；1998.10.5）。第1に，品質改善活動のシックスシグマなどのGEの強力な経営ノウハウをサービス業のGECでも応用して使用していること。第2に，トリプルAの格付けを生かした資金調達力の強さ。第3に，GEの世界的に信頼されているブランドイメージの活用。第4に，GEの製造部門と深く関わっているために，製造業がどのよう

な状況に置かれ,どのようなニーズがあるのかを理解できること,と指摘する。特に,GECでは製造業に熟知している点が,他の金融会社と差別化している要因である。実際に,GECの上級副社長の1人は製造部門の出身者であり,マネジメント業務にも熟知しているので,経営難に陥った融資先を再建する場合に効果が発揮されている(日経産業新聞;1998.4.3)。

**図表3-11 GEキャピタルの事業構成**

| | |
|---|---|
| ◎消費者向けサービス(Consumer Services)<br>・GE Financial Assurance<br>・Auto Financial Services<br>・GE Card Services<br>・Global Consumer Finance<br>・Mortgage Services<br><br>◎中間市場向け金融(Mid-Market Financing)<br>・Commercial Equipment Financing<br>・Vendor Financial Services<br>・European Equipment Finance<br><br>◎専門的金融(Specialized Financing)<br>・Real Estate<br>・Structured Finance Group<br>・Commercial Finance<br>・GE Equity | ◎設備運用管理サービス(Equipment Management)<br>・Aviation Services<br>・Fleet Services<br>・Information Technology Solutions<br>・Transport International Pool/Modular Space<br>・GE SeaCo/GE Capital Container Finance Corporation<br>・Penske Truck Leasing<br>・GE American Communications<br>・Rail Services<br><br>◎特殊保険(Specialty Insurance)<br>・Financial Guaranty Insurance<br>・Mortgage Insurance<br>・ERC<br><br>◎その他(Other)<br>・Wards |

出所) GE Capital Annual Report, 2000年度版より作成
＊24の事業は,6つの部門に分類され,それぞれにCEOが存在する。

以上のように,GECは他の金融会社とは異色な存在である。特に,多くの企業を傘下に抱えている金融コングロマリットといわれるユニバーサルバンクの中でも,非常に高いレベルの株主価値の創造が実現されている(Walter, 2000)。そして,対象とする市場を拡大し成長していく過程でM&Aを効果的に使っているのが特徴である。本節では,同社のM&A戦略とそのマネジメントに注目して論じる。

## 2. 市場拡大のためのM&A

GECでは,M&Aを活用して海外市場や新規事業の拡大が行われている。

ここでは，同社の M&A 戦略がグループ間シナジーではなく，ポートフォリオの視点から展開されていることと，どのような企業を買収対象にしているのかに関して整理する。さらに，近年に盛んである日本市場に対する M&A 戦略の特徴についても触れる。

### (1)　M&A 戦略の特徴

　GEC の戦略は金融ニッチの開拓にある。シティグループやモルガンスタンレーのような名声のある金融機関が狙わないニッチ市場をターゲットにビジネスを展開している (Curran, 1997)。例えば，メーカー系のノンバンクであるので，さまざまな機械類のリース，特殊な保険など，普通の金融機関とは異質なビジネスを行っている。そして，セグメント・マーケティングの手法を採っており，市場を細分化し特定分野に特化していくことが設定されている。これは，顧客に近い所でビジネスをすればニーズを感知し，変化に迅速に対応できる体制を構築することができるためである。

　GEC には24の事業があるが，統一された CI (Corporate Identity) 像は特に決められていない。これは，一見バラバラな事業展開に見えるが，事業を決めるのは CI ではなく，事業ポートフォリオであると考えているからである (安田, 1998／伊藤, 1999)。つまり，リスクの分散を目的にポートフォリオの視点から，ハイリスク／ハイリターン事業とローリスク／ローリターン事業というリスクとリターンを組み合わせて，独特の事業バランスを構成している。そして，金融事業は高度な専門性を有するために，事業間のシナジーよりも個別事業が独自に成長と収益を追求することを重要課題にしており，細分化された特定市場でナンバー 1 になることを目指して経営が行われる。同社では，このような最適な事業ポートフォリオを構築するための手段として M&A を活用している。特に，金融業は規制や顧客基盤があるために，新規事業を設立して軌道に乗せるまでには非常に時間とコストがかかり，それよりも既存企業を買収した方が効率的だからである。また，買収した企業が複数の事業をしている場合には，事業別に分解して既存企業と合併

させるなどして経営の効率化が目指される。

　社名変更して以来の10年間に世界中で買収した企業は300社を超えている。これは，単に巨大企業帝国を建設するためのM&Aではなく，事業ポートフォリオの視点から比較的小さい企業や業績不振企業を買収し，各事業が成長する結果としてGECも成長することを目指す戦略である（伊藤, 1999）。従って，近年の金融業界で見られる市場での生き残りのための市場支配力の強化を狙った大合併のようなタイプのM&Aは行われていない。

　M&Aは，市場拡大を目的とした事業の「広がりと深堀り（Breadth & Depth）」戦略といわれる2つの尺度から実行される（日経ビジネス；1998.10.5）。「広がり」は海外市場などの新しい市場への進出や新しいサービスの提供という新規事業への参入である。「深堀り」とは，既存の事業の強化を目的にしたものである。そして，すでに各市場で確固たる地位を獲得し，優良企業として評価されている企業ではなく，経営不振の企業，不採算事業部門で経営改善すれば成長可能な企業をターゲットにしている。具体的な買収基準は，3・4年後にROE（株主資本利益率）が20％以上で，買収後の成長性が15〜20％見込め，その買収でGECの評価が下がらない，ということが決められており，事業を立ち上げてから2年以内に利益の出る会社に改善することを目標に経営が進められる（日本経済新聞；1999.5.16）。

　つまり，企業を買収する時は，その企業はどのような制約要因があるために成長できないのかを検討し，GECが何らかの支援を行えば成長することが可能になるような企業が選択される（Ashkenas et al., 1998）。資金が不足している会社には資本を注入し，コスト削減の努力が足りない会社にGE流のシックスシグマなどの品質管理の方法を導入する。それにより，問題のあった企業の経営を改善していき，高収益企業に変身させるのである。また，こうした問題のある企業は，安く買えるというメリットもある。企業価格の算定においても，日本企業は企業全体の価値で測定するが，GECは潜在的なROEから測定する（日本経済新聞；1999.5.16）。GECは，高いリスク評価能力と被買収企業の潜在能力を引き出すためのマネジメント能力に優

れているために，あえて業績不振の買収価格の安い企業をターゲットにしているのである。

さらに，GECはGEのトリプルAの格付けを背景に，資本市場から低コストで資金を調達することができる。そして，手数料を上乗せした上で，グループ各社に低利で貸し付けるために，傘下の買収された企業もこのメリットを享受できる。

### (2) 日本市場に対する戦略の特徴

GE本体が経営のグローバル化を志向しているために，GECの海外進出地域も年々増加しており，M&Aを活用することによって，短期間での市場参入を実現している。その動きは，1990年代初めにはヨーロッパ諸国をターゲットにし，その後はメキシコへ，そして1994年頃からアジアに移っていき，近年では日本市場で拡大を図っており，総資産に占める米国外の割合は3分の1を超えている（Shepherd, 1998）。

図表3-12　日本におけるGEキャピタルの主なM&A活動

| 会　社　名 | 業　　態 | 経　　緯 |
|---|---|---|
| ・GEキャピタル・コンシューマー・ファイナンス | 信販・カード事業 | 1994年ミネベア信販と1995年新京都信販を買収して設立 |
| ・コーエー・クレジット | 消費者金融 | 1998年1月に買収（2000年9月にレイクに吸収合併） |
| ・GEキャピタル・カー・システム | 自動車リース | 1998年に丸紅カーシステムに80％出資 |
| ・GEコンシューマー・クレジット（旧レイク） | 消費者金融 | 1998年11月に買収（業界5位） |
| ・GEエジソン生命 | 生命保険 | 1998年2月に東邦生命と合弁で設立 |
| ・GEキャピタルリーシング（旧日本リース） | 産業機械リース | 1999年3月に買収 |
| ・GEフリートサービス（旧日本リースオート） | 自動車リース | 1999年3月に買収 |
| ・ライフの消費者金融事業 | 消費者金融 | 2000年3月に買収 |
| ・福銀リース | 機器リース | 2000年10月に株式の95％取得 |
| ・ニッセンGEクレジット | 消費者金融 | 2001年10月に通販のニッセンとの合弁で設立 |

出所）　各種新聞，ビジネス誌に基づいて作成

GEC の対日戦略は，1993年に10人のスタッフによる事務所の開設から始まり，その後の一連の M&A 活動の積極的展開によって，わずか5年で生命保険，消費者金融，リースという事業の3本柱を構築するまでに至った（小田桐，1999）。買収対象企業は，一連の M&A 戦略と同様に業績不振企業であり，これを GEC のマネジメントによって経営改善していくのである。

　例えば，1998年のレイクの買収は，同社は大手6社の一角であり，経営の方法は正しく，良い商品も持ち，店舗などのインフラも整備されていたにも関わらず，本業の消費者金融が資本不足のために業績不振に陥っていたケースである。そこで，資本注入すれば2桁の ROE 達成が可能であると判断し，レイクを消費者金融と債権回収事業に分離して，消費者金融事業だけを新会社とした。その後，1998年に買収したコーエークレジットと合併させて，事業の強化を図っている（日経産業新聞；2000.8.31）。東邦生命のケースでは，新商品の開発力が欠けていた例であり，GEC が主導になって新商品の強化を行うために，営業権，従業員，代理店などのシステムを引き継ぐ形で GE エジソン生命を設立する。

　1999年の日本リースのリース事業買収に際して，新会社の会長に就任した GEC のクリス・リッチモンドは，日本リースの確立された事業インフラに，グローバル市場で培った GE のノウハウを結び付け，優秀な経営陣とスタッフとともに，日本リースを優れた商品と付加価値の高いサービスを提供する強力なリース会社に育てたいと述べている。その後，実際に業界の横並び体質や受け身の姿勢からの脱却を図るための営業スタイルの改革や給与・人事制度の整備が行われた。その中で特に興味深いのは，GE の価値観を実践できているのかを数値化して年棒に反映している点であり，システムだけでなく考え方自体も変革させることによって高い成果を目指している（日経産業新聞；2001.10.24）。（なお，日本企業に対する M&A に関しては，日経ビジネス；1998.10.5，1999.7.5／Bremner & Brady，1999 に詳しい）

　以上のように，GEC の M&A 戦略は，事業ポートフォリオの視点から実行されており，ポスト M&A のマネジメントに関して豊富な経験と優れた方法

を持つために，あえて業績不振の企業を買収している。そして，それらの企業を経営改善させることによって，高い収益性と成長性を獲得している。次に，こうしたM&Aを実行する主体である同社のM&A推進体制について考察する。

## 3. 社内のM&A推進体制

GECでは，M&Aが経営戦略の中心になっているために，社内においても専門のチームが設置されている。それは，主にプレM&Aの対象企業の選択・評価・交渉を行うチームと，ポストM&Aの組織統合を中心に行うチームに分類される。

### (1) 事業開発チーム；プレM&A担当

GECでは，常に世界各国の市場に対する情報収集と買収候補企業の探索が行われている。その組織内体制として，ウェント会長のスタッフの中と5つの事業グループを統括する担当者の下に，また事業グループ内の大規模な単一事業の中に専任の事業開発担当者やチームが置かれており，特に事業部レベルから対象企業を探索する場合には，地域別にそのチームは組織化されている（Ashkenas et al., 1998）。

このチームに属する専門家の多くは，コンサルティング会社や会計事務所の出身者で，買収に関する企業選定・分析・交渉といった高度なスキルを必要とする業務を専門としてきた人達である。例えば，日本市場においては，日本市場に熟知した都市銀行出身など日本人のM&A専門家をも含んだ買収専門部隊が形成されている（日本経済新聞；1999.5.16）。そして，日本のGEグループ全体では40名のメンバーがM&Aの機会を毎日検討している（週刊ダイヤモンド；2002.2.23）。

プレM&Aの各段階に対して専門チームは細かく分割され，各自がプロフェッショナルとして関わっている。まず，ターゲット企業の選択に関しては，何100もの潜在的ターゲットを探索するだけの任務を負っているチーム

が形成されている。例えば，ヨーロッパ市場を対象とするチームはロンドンにあり30人程度で構成されている。また，自社内にM&A担当者を有する一方で，自社の探索だけでは不十分な所も出てくるために，多くの候補企業の情報提供を目的に，M&Aに強い大手投資銀行をアドバイザーとして使っている（Sfepherd, 1998）。こうしたことは，すでに業界では高い評判になっており，我が国においても，有力銀行や証券会社等は，ノンバンク絡みのM&A案件があれば，まずGECに持ち込むと主張している（週刊ダイヤモンド；1997.11.8）。

　候補企業を見つけることができたら，その事業内容を評価するために別の専門チームが派遣される。このチームは，対象企業の財務内容や事業内容，組織文化を監査し，その後で実際に相手企業の幹部社員と面接を行うことから，社内の状況を認識し，GECのニーズに適合しているのかを判断する。さらに，現在では組織統合段階を円滑に行うことを視野に入れて買収監査は執り行われている。それによって，統合が困難となる可能性が発見できた場合には，買収それ自体の意義が再検討される。

　以上のように，GECのプレM&A担当チームは，専門によってさらに細かく仕事が分割されており，世界各国を市場に動いているので，その構成人数も比較的多くなっている。

## (2) 統合担当チーム；ポストM&A担当

　GECでは，業績不振企業を買収して，その企業に経営資源を導入し，実際にマネジメントすることによって業績回復とさらなる成長を目指すために，ポストM&Aは非常に重要な段階である。GE本体においてもポストM&Aの組織統合に関するマネジメントを非常に効果的に実行しているので，こうしたことはGECにも大きな影響を与えている。つまり，被買収企業に対する統合マネジメントは経営力の根幹であり，将来への継続的な成長を可能にする競争力の源であると考えられている。

　同社には，組織統合を専門の職能とする統合担当者（Integration Manager）が設置されている。従来は，関連事業部のリーダーが統合の責任者とされてきたが，彼らはM&A関連以外の仕事も持ち，主要な関心も利益の増大のための施策を設定することにあるので，組織統合に関しては十分な時間を割くことができなかった。また，事業リーダーは高い地位にあったので，被買収企業側の従業員たちと自由に話し合うことは難しく，企業間の掛け橋になるべき役割を持つ人が必要となってきた。そこで，組織統合を専門の職能にする担当者の存在がクローズアップされていく。

統合担当者の必要性は，人事担当役員からの要請によるものであった。その役割が社内において認知されたのは，1990年代の初めのM&Aにおいて統合担当者がいなかった時には期待業績を下回った結果しか出さなかった事業が，フルタイムの担当者を置くことによって業績を好転させてからである。そして，1994年までにはその役割の存在がM&Aの成否に直接的に影響することが明確になってきた（Ashkenas et al., 1998）。

統合担当者の役割は，事業を管理していくのではなく，統合計画の策定からその達成という一連の統合プロセスを管理していくことにある。彼らは，GECの経営システムや経営手法を相手企業に導入する一方で，GECの企業文化や行動規範，価値観・倫理観などを幹部から末端の従業員に至るまで浸透させるという経営の人的側面における統合も重視している（日経産業新聞；1997.12.18）。例えば，既存の日本企業を買収して設立されたGEエジソン生命やGEキャピタルリーシングでは社員全員がGEグループの一員として，GEの価値観であるクオリティ，スピード，バウンダリレスネス，ストレッチが共有され，日々の業務が遂行されている（日経産業新聞；2001.10.24）。この意識改革により，業績が改善され経営効率も高まっていくのである。

また，買収された当初は，相手企業の従業員は現状に対する不満や将来に対する不安があるために，そうした意識をできる限り取り除き，コンフリクトを極力回避していくことを目標に，迅速な統合活動への着手が必要となる。GECではコミュニケーションプランとして，伝達相手，タイミング，

伝達方法，雰囲気，メッセージという各事項を明確にしており，コミュニケーション促進に全力を傾けている。従って，統合担当者はM&Aに関連する専門的知識よりも，優れた対人関係スキルや組織文化の違いに対する敏感さが要求され，従業員1人1人に経営方針を認識してもらうことが課題となる。

図表3-13　統合担当者の役割

| |
|---|
| ◎統合活動の促進と管理<br>・GECの要求と規準を相手企業の慣行に一致させるために，相手企業の管理者と一緒に仕事をする<br>・従業員に統合作業に関する重要な情報を迅速に伝達するための方法を作る<br>・新会社に以前にはなかったリスク管理や品質改善のような機能を加える<br><br>◎買収された事業のGECに対する理解の支援<br>・被買収企業の管理者が，GECのシステムの使い方を習得するのを支援する<br>・新しいマネジメントチームにGECの事業サイクルや戦略計画・予算策定・人事考課などを説明する<br>・GEやGECで使われる各種略語について説明する<br>・被買収企業の管理者が，GECの企業文化や事業慣行を理解するのを支援する<br>・被買収企業の管理者が，彼らの仕事がどのように変わるのか理解するのを支援する<br>・新しい企業にGECの事業慣行を導入する。例えば，ワークアウト，クオリティ・リーダーシップ，チェンジ・アクセラレーション，マネジメント教育という各種プログラムである<br><br>◎GECの買収された事業に対する理解の支援<br>・被買収企業の管理者が，GECからの質問攻めに答えなくても良いようにする<br>・GEの役員に対して，なぜその企業を買収したのかについて説明する |

出所）　Ashkenas, DeMonaco & Francis（1998）p.170

## 4.　パスファインダーモデルの策定

　GECではM&Aを市場拡大に対する中心的手段として考え，将来においても積極的に展開していくことが決定されているために，担当者の設置以外にもM&Aプロセスを効果的に実行していく方法が必要とされ，それに関するスキルや能力をコア・コンピタンスとして形成していくことが課題とされた。そこで，10年間に渡り何100人もの人材を投入し，豊富なM&Aの経験を踏まえて，各段階におけるベストプラクティスを抽出し，M&Aを反復可能

図表 3-14 パスファインダーモデル

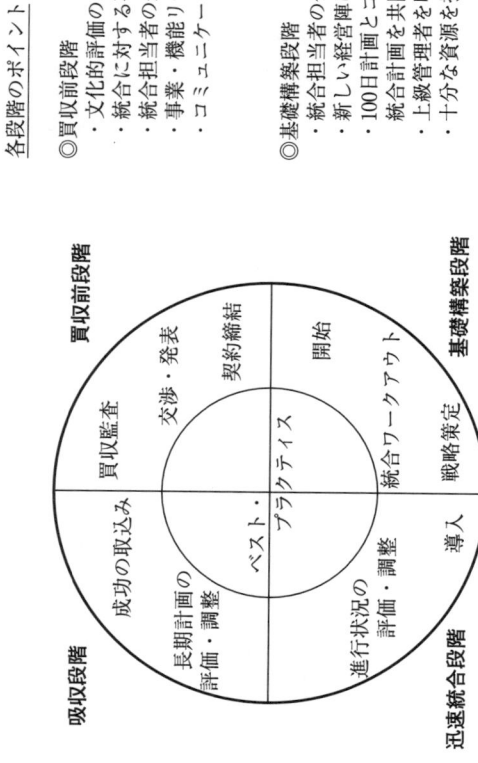

各段階のポイント

◎買収前段階
・文化的評価の開始 ・文化的障害の認識
・統合担当者の選出
・事業・機能リーダーの強みと弱みの認識
・コミュニケーション戦略の立案

◎基礎構築段階
・統合担当者の公式的紹介
・新しい経営陣にGECの事業展開と原則を説明
・100日計画とコミュニケーション計画を含む
・統合計画を共同で策定
・上級管理者を明確に包含
・十分な資源を提供し責任を分担

◎迅速統合段階
・統合推進のためにプロセスマッピング、チェンジ・アクセラレーション・プログラム、ワークアウトを活用
・統合プロセス監査の実施
・統合計画を常に改善するためにフィードバックと学習を活用
・短期的な管理者の交換を開始

買収前段階　基礎構築段階

買収監査　　開始
交渉・発表
契約締結
ベスト・プラクティス
成功の取込み
長期計画の評価・調整
統合ワークアウト
戦略策定
進行状況の評価・調整
導入

吸収段階　　迅速統合段階

◎吸収段階
・共通のツール・慣行・プロセス・用語を継続的に開発
・長期的な管理者の交流を実施
・企業研修センターとクロトンビル経営開発研究所を活用
・統合監査の実施

出所）Ashkenas, DeMonaco & Francis（1998）p.167より作成

なプロセスとしてまとめ上げるプロジェクトを実施する（Ashkenas et al., 1998）。その結果として一連のM&Aプロセスを"パスファインダーモデル"として体系化することが可能となった。

このモデルでは，組織統合はM&Aにおける特定の一時点で行うものではないと考えられている。M&Aとは，買収契約書に署名する以前の選択・買収監査の段階から買収完了後の経営におよぶ一連のプロセスである。従って，組織統合は買収契約を締結してから取り組むものではなく，買収前から予期できる問題もあるので，買収監査の段階から視野に入れておくことが効果的である。現在では，買収交渉開始と同時に統合のためのプランニングに着手することが認識されている。そして，将来に発生する可能性がある摩擦を予期することによって，これらを事前に回避することができ，統合プロセスを円滑に進めることが可能となる。

パスファインダーモデルにおけるM&Aプロセスは，大きく買収準備，基盤構築，迅速統合，吸収の4つの段階から成り立ち，各段階には2，3のサブプロセスが設けられている。そして，各段階に重要なポイントが示され，M&Aの担当者や事業リーダーは，これを基盤にしながらM&Aプロセスに対するマネジメントを実行する。

このモデルを構築する前の1992年に，最良の統合事例を認識して一連のモデル・アプローチを構築するために「チェンジ・アクセラレーション」という方法論が取り入れられた。これはGEでも行われている変革プロセスがシステム化されたものであり，変革の手順・指針集をCAP（Change Acceleration Process）というプログラムにまとめている（一條，1999）。このプログラムは，変革を効果的に実現するための知的資産として認識されており，M&Aプロセスもこれに従って行われる。CAPの核は「$Q \times A = E$」という方程式にある。Q（Quality）は変革案の質の高さ，A（Acceptance）は社員による変革案の受容度であり，GEの行動指針を相手企業も共有できるかということである。E（Effect）は変革の成果を指す。そして，この方程式が社員に徹底されており，被買収企業に対してもGECの求める変革を実行して

いくことが成功のためには重要であると認識されている。また、プログラムのシステム化の推進体制も整備されている。Qに対しては、本社のイニシアチブ担当の人材育成部署が中心になり、社内外のベストプラクティスの発見とその知的資産化が図られる。Aに関しては、クロトンビルリーダーシップ開発研究所が中心になって、知的資産を素早く教育プログラム化し、業務に生かして成果を上げた人物を高く評価することによって、プログラムの浸透とその活用を図っている。

また、1995年からは、ベストプラクティスの洗練、利用ツールや研究結果の共有、そして現在進行中の統合作業についての事例研究を行うために定例協議会が開催されている。今日では、GECのすべてのリーダーやM&A関連担当者は、社内のイントラネットを通じてこうした研究結果をオンライン上で共有している。コミュニケーションプラン、100日プラン、機能統合チェックリスト、ワークショップの議論一覧、コンサルティング情報資源なども必要な時に閲覧可能となっている。そして、人事担当者がこのような情報の逐次更新と入手のサポートをしている。

**図表3-15　GEの経営システム化推進のトライアングル体制**

```
                    経営システム化の徹底
                            │
                   ┌────────────────┐
                   │ 会長兼最高経営責任者 │
                   └────────────────┘
                            │
    ┌─────────┐                            ┌─────────┐
    │Q：成功経験の│                            │A：知的資産活用│
    │　知的資産化 │                            │　の徹底     │
    └─────────┘                            └─────────┘
         │              ╱╲                       │
         │             ╱　╲                      │
         │            ╱E：自己╲                   │
         │           ╱ 革新の  ╲                  │
         │          ╱  実現    ╲                 │
         │         ╱_____╲                │
    ┌─────────┐                            ┌─────────┐
    │ 人材育成担当 │                            │リーダーシップ│
    │ 部署       │                            │開発研究所  │
    └─────────┘                            └─────────┘
```

出所）　日本経済新聞「経済教室；一條和生」1999.11.23

このように，GEC では一連の M&A プロセスのベストプラクティスを抽出し，それを知的資産としてシステム化することが実現されている。

## 5. 組織統合の方法

組織統合は，パスファインダーモデルの進行に従って実行されていく。そして，この実行期間と実行内容に関しては，100日統合プランが設定されており，さらに組織統合の文化的側面にも対応していくために GE で効果を発揮してきたワークアウトを応用した方法が採られている。

### (1) 100日統合プランの策定

契約が締結され，正式に公表されるとすぐに，GEC の管理者は統合担当者と協力して両企業の管理職チームに対するオリエンテーションと企画セッションの計画を立てる。この目的は「統合のための100日プラン」を策定することであるが，同時に新しい上級管理者たちを新しい仲間として迎え入れ，親睦を深め，意見交換を行う場でもある。

統合担当者は GEC のルールと被買収企業の管理者チームから提案された改善案の双方に基づき，組織統合に対するプログラムの立案を始める。GE グループには各部門が成功体験を共有するベストプラクティスの文化があるが，それを買収から100日以内に学び合うというものである。買収した企業の強みや弱みを詳細に分析し，GEC のものと比較検討してお互いの強みを明確にし，それを強調する形で計画が立てられる。この計画では，統合すべき業務機能，資金管理や業務手続の整備，給与・福利厚生制度の移行作業，顧客対応方針などが含まれている。そして，価値観，責任体制，課題，報酬制度について説明を受け，各種ルールについて勉強する。ルールには，4半期ごとの業績チェック，事業リスクへの対応，品質管理など約25項目の業務運営指標が含まれる（Ashkenas et al., 1998）。つまり，100日プランのプログラムに沿って，さまざまな経営管理システムや基準が GEC のものに切り替えられるのである（日経産業新聞；2001.6.26）。

また，100日プランの中には品質改善運動であるシックスシグマも含まれる。シックスシグマとは，「ある業務プロセスにおいて，不良品が100万個につき3，4個未満しか発生しない」ということである。シックスシグマの試みは，製品修理による品質改善というパラダイムから脱却し，プロセスの設計・改善によって必ず完璧かそれに近い製品やサービスの提供を目指すものである。GEでは製造・開発部門に限らず，営業や管理などのあらゆる部門で適用されている（Salter, 1999）。GECでは，シックスシグマを金融サービスにも取り入れて，サービスの品質改善と効率化に取り組んでいる。例えば，レイクのケースでは，新規出店の承認プロセスを改善し，1年半で370の無人店舗を新規出店した。さらに全国55のローンセンターを7カ所に，そして15のACM（Automated Consulting and Contract Machine；自動応対サービス機）集中オペレーションセンター体制に統合・集中化を行い効率を上げている（プレスリリース；2000.5.26）。

そして，シックスシグマなどのGECの経営手法を用いて具体的な課題を解決していく中で，被買収企業がGECの仕事の進め方，経営ノウハウの利点，行動規範などを実感し，統合が促進されていく。従来の組織統合においては，買収企業の価値観，仕事の方法などは，ミーティングなどによって一方通行的に伝達される傾向にあったが，GECでは双方向的に能動的に考えているのが特徴である。つまり，シックスシグマは品質改善の手段であるとともに，統合の手段としても機能している。このように「100日プラン」は単なる計画作りではなく，人々を刺激し，統合の熱意と活力を与えるものであるための行動指針としても考えられる。

### (2) 企業文化の統合方法；カルチャー・ワークアウト・セッション

組織統合において企業文化は重要な要素であり，かつその統合は非常に困難な作業とされている。過去の多くのM&Aの失敗は，既存の文化に固執しすぎたからであり，相手企業の異文化を受け入れる企業風土を作ればいいというのがGECの考え方である（伊藤，1999）。そこで，企業文化・国文化の

相違に対して，真っ正面から取り組むために，カルチャー・ワークアウト・セッションというGECのメンバーと被買収企業の管理職による3日間のトレーニングを体系的なプロセスとして構築している。

これは，100日プランの最後に実施される。顧客や従業員へのインタビューを通じて，企業文化をコスト志向・テクノロジー志向・ブランド志向・顧客志向の4つの軸を持つ散布図上へプロットし，GECのものと比較し，企業文化の相違点と類似点を浮かび上がらせる（Ashkenas et al., 1998）。そして，最初の100日間を過ぎると次の半年間は文化の相違に対する共通理解とギャップ解消のための具体的な計画が実行される。

次に，統合プロセスを共有化し，文化の違いに対する理解を一部の社員から全体に広げることが課題になる。その1つの方法は，カルチャー・ワークアウトの結果を少数グループでのミーティングの場やビデオなどを通じて広く認識してもらい，関連する課題を議論させることである。この方法によって多くの従業員が，管理職チームと同じ情報を獲得でき，統合の重要性やその意味を理解することが可能になる。

また，異文化への対応を個人単位で支援するために，外部コンサルタントによる特別講義なども行われている。買収した外国の有能な管理者に対しては「キャピタル・ユニバーシティ」と呼ばれるプログラムがあり，アメリカのGECや本部において6カ月から1年間の任務に従事させ，GECの企業文化を体験してもらうことによって，企業文化の浸透が図られる。

以上のように，GECにおける組織統合は，事業に関する側面と人的・文化的側面に対するアプローチがプログラム化されているのが特徴である。

GECは，市場を拡大する上でM&Aを中心的な戦略として展開している。特に，金融業界では顧客基盤がすでに確立されているために，ゼロから新市場に進出しても時間とコストが非常にかかるので，既存企業の買収が効果を発揮する。そして，それらから高い成果を獲得しているのが特徴である。M&Aの多くは失敗に終わるという一般論がある中で，GECのケースは異質

なものとして認識できる。数多くのM&Aを成功的に実行できるのは，同社のM&Aマネジメントが非常に優れていることを示す。これは，プレM&AとポストM&Aの両方の段階に置かれている専門担当者の存在や，パスファインダーモデルというM&Aプロセスのシステム化により実現されているのである。

特に，パスファインダーモデルの存在は，10年間に取り組んできたさまざまなM&Aから，どういうことが一連のM&Aプロセスで課題やポイントとなったのかを整理して体系化したものである。従って，それはM&Aに関連する知識やノウハウを形式知化したものであると言えよう。そして，従来は暗黙知だった関連知識などを形式知化することにより，組織全般での活用やさらなる質の向上を図ることが可能になり，将来のM&Aをより円滑に進めることにつながる。

GECのM&Aマネジメントを分析することから，GECは最も発展したM&Aマネジメントを実行している企業であり，かつM&Aによって市場拡大を行おうとする企業に対しての1つの理想型である。複数のM&Aの実行によって成長を図る場合には，タイミングがあったからといって場当たり的に繰り返すのではなく，数多くの経験を通して培われてきた独特な知識や能力の存在が重要な影響を及ぼすことが分かる。

**【事例研究の参考文献】**

アンダーセン・コンサルティング（1998）『金融業　勝者の戦略』東洋経済新報社
GE コーポレート・エグゼクティブ・オフィス（2001）『GEとともに』ダイヤモンド社
一條和生（1999）「経済教室；企業，経営のシステム化を」日本経済新聞，11月23日
伊藤邦雄（1999）『グループ連結経営』日本経済新聞社
小田桐誠（1999）「GEキャピタル　対日戦略の狙い」『実業の日本』4月号
坂本和一（1997）『新版　GEの組織革新』法律文化社
佐々木裕彦（1999）『図解「GE」強さのしくみ』中経出版
安田隆二（1998）「GEキャピタルのポートフォリオ・マネジメント」『ダイヤモンド・

ハーバード・ビジネス』4－5月号
「GE キャピタルの戦略とコア・コンピタンス」『ダイヤモンド・ハーバード・ビジネス』1998年4－5月号
「ジャック・ウェルチのマネジメント」『ダイヤモンド・ハーバード・ビジネス』2001年1月号

Ashkenas, R.N., L.J.DeMonaco & S.C.Francis (1998) Making the Deal Real : How GE Capital Integrates Acquisitions, *Harvard Business Review*, Jan-Feb. (「GE キャピタルが実践する事業統合のマネジメント」『ダイヤモンド・ハーバード・ビジネス』1998年4－5月号)

Ashkenas, R.N. & S.C.Francis (2000) Integration Managers, *Harvard Business Review*, Nov-Dec. (「インテグレーション・マネジャーの要件」『ダイヤモンド・ハーバード・ビジネス』2001年2月号)

Bremner, B. & D.Brady (1999) GE Capital's Tokyo Treasure Hunt, *Business Week*, February 8.

Curran, J. (1997) GE CAPITAL :Jack Welch's Secret Weapon, *FORTUNE*, November 10.

Shepherd, B. (1998) GE Capital's M&A Strategy, *Global Finance*, November.

Slater, R. (1999) *Jack Welch and the GE Way*, McGraw-Hill. (宮本喜一訳『ウェルチ』日経 BP 社, 1999年)

Tichy, N.M. & S.Sherman (1993) *Control Your Destiny or Someone Else Will*, Doubleday. (小林陽太郎監訳『ジャック・ウェルチの GE 革命』東洋経済新報社, 1994年)

Walter, I. (2000) Shareholder Value Management of GECS, *Harvard Business Review*, (「GE キャピタルの株主価値経営」『ダイヤモンド・ハーバード・ビジネス』2001年1月号)

アニュアルレポート, プレスリリース, ホームページ
＊他の資料に関しては文中に記述

# 第4章

# M&A コンピタンスの形成要因
――事例研究の解釈と考察――

## 第1節　M&A コンピタンスの内容と形成要因

　本節では，第2章において展開した M&A コンピタンスに関する議論によって第3章の事例を分析するためのフレームワークを提示する。第3章で論じた事例研究の内容は，客観的事実を中心に記述されてきた。事例研究の他の研究手法に対する優位性が，個別企業の状況を詳細に分析することにより，時間的経過に従って，どのようなプロセスを経て組織が変化し，どのような現象がどのような事柄に影響を与えたのかというように深い洞察が行える点である。本研究では，提示した理論的フレームワークを検証することを目的としているために，そのフレームワークに従って4つの事例を分析することにより，共通点や異質点を発見し，それがどのような意味を持つのか考察する。

### 1. M&A コンピタンスの内容と形成要因

　M&A コンピタンスとは，M&A の意思決定から統合という M&A プロセスを効果的にマネジメントしていく企業特殊的な能力であり，競争優位の源泉であるコア・コンピタンスの1つであると認識できる。そして，具体的にはそのプロセスに関連するさまざまな専門知識やスキルの集合体として考えた。それは，マルチプル M&A を効果的な戦略としている企業において必要とさ

れるコンピタンスでもある。従って，各企業によってM&Aコンピタンスの内容は異なり，またそうした異質性が独自性となることによって重要な競争優位の源泉としての特徴を有することが可能となる。

ここでは，M&Aコンピタンスの形成要因に対するフレームワークの提示を試みる。つまり，競争優位の源泉として考えられる組織内のコンピタンスは，模倣が困難であり，独自性を有するという特徴があるために，コンピタンスそのものだけではなく，それを形成する要因やコンテクストも分析対象にすることが意義のあることだと考えられる。その形成要因が企業ごとに異なるために，その結果として形作られるコンピタンスが企業特殊的なものとなる。

まず，M&Aコンピタンスの存在を考える場合には，戦略目標を達成するための手段としてマルチプルM&Aが実行されることが重要である。コングロマリット企業のように利益機会のありそうな非関連分野の企業を次々と買収していくのではなく，企業の成長戦略の一環として，不足する技術を補完するための買収なのか（技術獲得型M&A），市場を拡大するための買収なのか（市場拡大型M&A）を明確にし，策定した戦略目標を達成するために必要な資源や市場を有する対象企業に焦点を絞ったM&Aが実行されることである。つまり，M&Aを行うことによって，自社内部の経営資源や能力による技術開発や市場拡大戦略以上のメリットである時間短縮効果や相乗効果を獲得することが目的である。マルチプルM&Aは，それ自体が目的なのではなく，策定した戦略目標を達成するために企業が選択する手段の1つであることを認識する必要がある。従って，マルチプルM&Aを実行している企業でも，自社内部での技術開発・製品開発，市場開拓や社内ベンチャーなどの内部成長戦略は並行して行われている。

次に，マルチプルM&Aでは短期間のうちに成果を生み出していくことが課題である。1回限りを前提としたM&Aでは，場当たり的対応しかできないことが多々あるが，複数案件を実行するにはそれでは不効率である。そこで，個別のM&Aを独立的ではなく一連の流れの中で考え，M&Aに関連する

第4章 M&Aコンピタンスの形成要因　209

専門知識やノウハウを組織内に蓄積して，現在の案件だけではなく将来にも活用することが必要になる。つまり，過去の経験や他社のベストプラクティスからの組織的学習を通じて，M&Aコンピタンスとして企業の特殊的能力の1つとして形成していくことがマルチプルM&Aを有効な戦略的手段として実行する企業には必要になる。そのためには，組織内におけるM&Aに対する取り組み体制を整備することである。

その方法として専門担当者や専門部署の設置というM&A推進体制の確立がある。M&Aの専門担当者を社内に置くことによって，彼らがすべての案件に絶えず携わっていく体制を構築するのである。それにより多くのM&Aを経験するに従って，M&Aに関連する専門知識やスキルを学習していくことが可能になる。しかし，専門担当者の設置によって蓄積されるM&Aコンピタンスは，属人的であるために暗黙知的な特徴を有する。そこで，これを他者と共有するために，彼らを1カ所に集合させるという専門チームや専門部署の形成が行われるのである。

さらに，M&Aコンピタンスを形式知化していくというナレッジマネジメントの一貫としても考えられるM&Aプロセスのシステム化の有効性を指摘した。これは，案件ごとのマネジメント上の負担を軽減するとともに，その

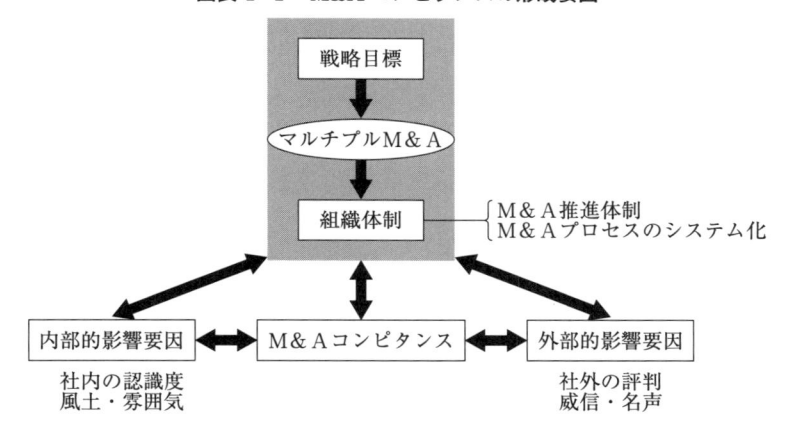

**図表4-1　M&Aコンピタンスの形成要因**

```
          戦略目標
             ↓
       マルチプルM&A
             ↓
         組織体制 ─── { M&A推進体制
                       M&Aプロセスのシステム化
        ↙    ↕    ↘
  内部的影響要因 ↔ M&Aコンピタンス ↔ 外部的影響要因
  社内の認識度                      社外の評判
  風土・雰囲気                      威信・名声
```

都度で最高のアプローチを採れることを可能にする。そして，将来の M&A を行う中から新しく獲得された知識やノウハウを補足することから，その強化も実現できる。こうした作業を通じて M&A は特殊な戦略という位置付けから，製品開発や市場拡大のような日常的戦略に近いものとしての特徴に変わっていく。従って，できる限り組織的視点から M&A コンピタンスの形成を考えていくことが重要であり，そうした行為によってコア・コンピタンスの1つの要素としての特徴を伴っていくのである。

また，M&A コンピタンスの形成に対する企業内部と外部の影響要因の存在も考慮する必要がある。企業内部の影響要因として，買収企業の組織内における M&A に対する認識の問題として M&A を取り巻く内部環境の存在を指摘した。これは，M&A を企業の経営戦略の中でどのように位置付け，それに対する組織的アプローチを整備する意義があるのかということである。つまり，戦略目標達成のための戦略的手段としてマルチプル M&A を実行していくことを明示することにより，関係者が選択肢の1つとして M&A を重視する傾向が強くなるということである。従って，関係者に対する意識変化をもたらす効果がある。また，統合プロセスにおいて戦略的ケイパビリティを移転し，企業間における学習を促進する雰囲気やコンテクストの創造も必要である。これは，M&A の効果を引き出す統合段階を迅速かつ円滑に実行するための役割を持ち，組織的問題の発生を回避し，その事前的解決につながる準備段階としての特徴を有する。

企業外部の影響要因としては，マルチプル M&A によって数多くの M&A を実行し，それを成功的に行っていくことは，マスコミなどに取り上げられることを通じて評判として形成され，これは M&A コンピタンスをさらに強化していく。また，ポスト M&A において相手企業を支配的にマネジメントしていくのではなく協働体制を築き，以前よりも業績が良くなり従業員の処遇も向上したという過去の実績を持つことは，交渉過程において相手企業を納得させる要因の1つとなる。そして，その評判を基盤に密接な協力体制を素早く構築し，必要となる信頼関係を高めることができるので，統合マネジメ

ントにおける労力も軽減されるという効果を持つ。

　さらに，外部に自社がM&Aに積極的に取り組んでいることを公表することは，金融機関などからのM&A案件の持ち込みを増加させ，対象企業の選択における意思決定の幅を広げることができる。そして，相手企業が買収されることによって，その企業の名声も向上するという買収企業の威信による効果も重要な影響要因である。これは，潜在的な相手企業に対して機会があれば買収されたいという誘因につながるものである。こうした要因は，買収企業の選択能力，交渉能力，統合能力の強化に対して大きい影響を与えていると考えられる。

　以上のように，M&Aコンピタンスそのものの内容や特徴を分析するだけではなく，その形成要因として戦略目標とマルチプルM&Aの関係，M&Aに対する組織体制，企業内外の影響要因の存在も分析することが重要な課題である。つまり，これらの要因を考慮することにより，M&Aコンピタンスがコア・コンピタンスの一部として認識できることの意義や，従来のダイアド関係を前提としたM&A研究では無視されてきた視点からの議論を行うことが可能となる。

## 2. 各事例企業のM&Aコンピタンス

　本研究ではM&AコンピタンスをマルチプルM&Aを成功的に実行していく上での重要な企業特殊的能力として認識しているので，まず各企業のM&Aコンピタンスの特徴とその背景を整理することが課題となる。しかし，日本企業の事例においては，米国企業に比較するとM&Aに対する意識や取り組み体制が遅れていたために，M&Aコンピタンスを明確に認識することが困難である。そこで，どのような戦略的認識のもとでM&Aを考えて，M&Aコンピタンスを形成することを目的としているのかという点から考察し，その現状を分析する。なお，M&Aコンピタンスに対する各形成要因の事例間の詳細な比較分析と，マルチプルM&Aの分類や日米企業間における比較に関しては，次節以降で論じられる。

## (1) 横河電機の事例

横河電機では，1997年7月にビジネスコンセプト"ETS"を発表し，従来の計測・制御機器という製品を提供するメーカーから総合的ソリューションを提供する企業へと変革する中で，さらに近年のIT事業への本格参入の中で，自社に欠如している技術の獲得を目指してマルチプルM&Aが実行されている。M&Aのペースは年々加速しており，その数は10社以上を数える。

同社は高度な計測制御技術を持つメーカーとして成長してきたために，従業員や技術者の思考はハード産業中心であり，ITを中心とするソフト関連産業への参入は遅れていた。実際に，1992年に「横河総合生産支援システム構想」を発表し，機会があればM&Aやアライアンスを行っていくが，それらは核心的な技術と直接つながるものは少なく，具体的に成果を上げるのは困難であった。この点に関して，横河電機の従業員は，創業以来ハード産業で育ってきたために，ハード志向のDNAを持ちソフト関連の産業に関しての知識やノウハウは欠如していると指摘される。そこで，1997年に戦略目標としてETSを発表することによって，ソリューション事業への本格的参入が対外的にも明示される。そして，その手段としてソフト関連の技術を内部開発することは，ハード的DNAの人材では不十分であり，また非効率であるので，外部の優良な技術を有する企業のM&Aの方が効果的であると判断して技術獲得型のマルチプルM&Aが展開される。

ただし，日本企業の特徴でもあるが，M&Aと並行してアライアンスや合弁事業というハイブリッド戦略も実行されている。それは，日本のM&A環境では，自ら積極的に相手企業に買収の打診をしても敬遠されることが多く，その実現は困難である。そこで，M&Aの準備的段階として最初はアライアンスによって関係を構築するという要素もある。従って，本研究ではM&Aに焦点を絞っているが，同社のM&A担当スタッフはアライアンスにも関与していることも考慮する必要がある。しかし，M&Aの方が意思決定や統合の複雑性，リスクの高さという面においてアライアンスに関わる知識やスキルよりも高度なものが要求され，それらとは性質が異なるものである。

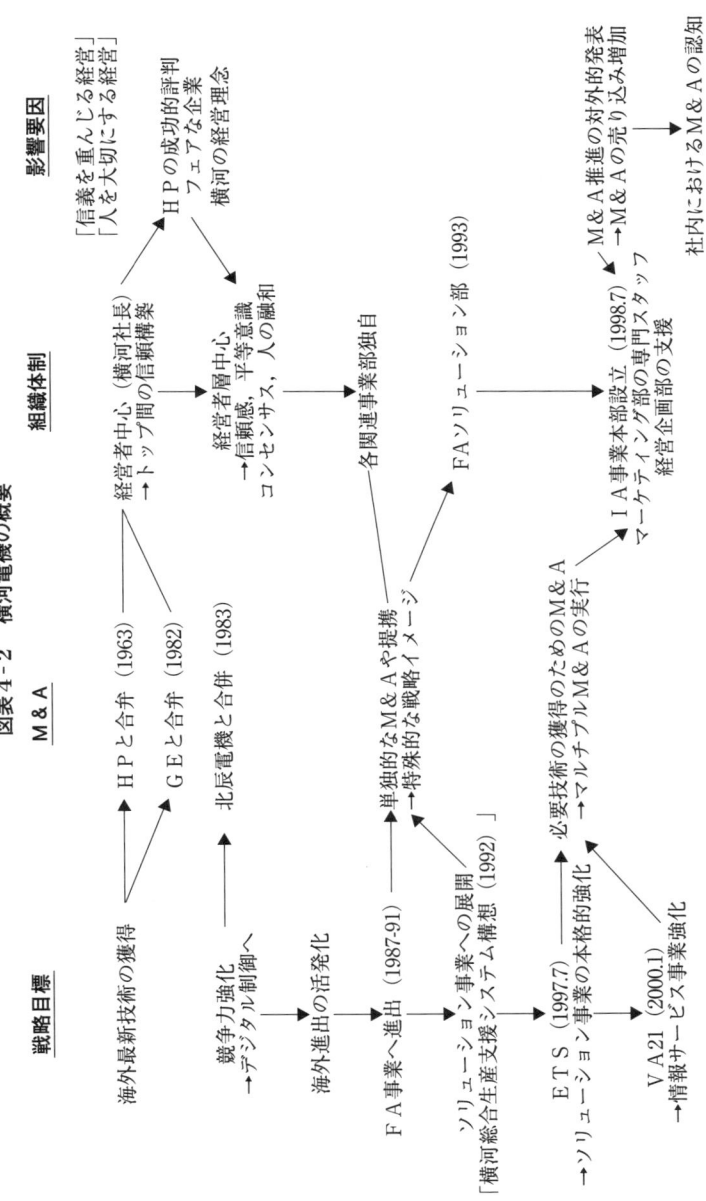

第4章 M&Aコンピタンスの形成要因 213

図表4-2 横河電機の概要

| 戦略目標 | M&A | 組織体制 | 影響要因 |

戦略目標：
- 海外最新技術の獲得
- 競争力強化 →デジタル制御へ
- 海外進出の活発化
- FA事業への進出 (1987-91)
- ソリューション事業への展開 「横河総合生産支援システム構想 (1992)」
- ETS (1997.7) →ソリューション事業の本格的強化
- VA21 (2000.1) →情報サービス事業強化

M&A：
- →HPと合併 (1963)
- →GEと合併 (1982)
- 北辰電機と合併 (1983)
- →単独的なM&Aや提携 →特殊的な戦略イメージ
- 必要技術の獲得のためのM&A →マルチプルM&Aの実行

組織体制：
- 経営者中心（横河社長） →トップ間の信頼構築
- 経営者層中心、平等意識 →信頼感、コンセンサス、人の融和
- 各関連事業部独自
- FAソリューション部 (1993)
- IA事業本部設立 (1998.7) マーケティング部の専門スタッフ 経営企画部の支援

影響要因：
- [「信義を重んじる経営」 「人を大切にする経営」]
- HPの成功的評判 フェアな企業 横河の経営理念
- M&A推進の対外的発表 →M&Aの売り込み増加
- 社内におけるM&Aの認知

同社ではM&Aを一連のプロセスとして考えて実行しているので，各プロセスに関連する要素をM&Aコンピタンスとして整理していく。まず，プレM&Aの対象企業の選択に関しては，過去の成果を上げなかった案件は目的が不明確であり，あまり関連のない事業の買収において多かったために，それを教訓に目的の明確化が実践され，特に海外案件では自社のマネジメントスキルが活用できるような既存事業の枠内で行われている。こうしたことは，統合コストをできる限り低減していくという意図がある。そして，特定の関連事業だけが中心となって買収を進めるのではなく，専門部署のスタッフの支援や経営企画部の財務担当者が事業戦略上の評価以外に財務的評価も行うことによってその正当性を評価している。つまり，M&A目的の明確化や理由付け，戦略目標を達成するために必要な技術を有する企業を絞り込む能力の強化が図られている。

交渉過程においてもトップ同士の意識や目的の調和が実行上の前提となるために，それが実現できそうにない場合には交渉途中で中止されることも多い。また，特に海外買収では過去の経験から経営のキーマンとなっている人物が残るかどうかが大きな成功要因と認識しているために，交渉段階からその取り組みがなされている。従って，この段階で形成される信頼関係は，その後のマネジメントの円滑な運営にもつながるために，常に友好的な交渉の実行が心掛けられている。

M&Aに対する組織体制としては，従来は経営者を中心に交渉などは行われてきた。その後，対象企業の選択やその後のマネジメントに関する中心的役割は各関連事業部レベルに移っていく。その中で，常に専門のスタッフが大きな役割を担ってきた。彼らは，M&Aやアライアンスの交渉を数多く手がけてきた経験があり，こうした業務には熟練した人達である。また，財務や法務業務を専門とする経営企画部のスタッフも彼らを専門知識の面からサポートしている。マルチプルM&Aの場合には，対等合併などと異なり，規模的にも小さいものが多く，迅速に必要とする技術を吸収する必要があるために，すべての案件に関わる業務を経営者層に任せることは大きな負担とな

る。つまり，M&Aに効果的に取り組むためには，専門的知識やスキルを必要とするために専門スタッフとその支援体制がETS発表以降に整備されていく。

しかし，現段階ではM&Aコンピタンスは組織的なコンピタンスとしては考えられておらず，その形式知化などの方法も行われていないために，同社のM&Aコンピタンスは属人的要素が強いものである。その背景には，現段階のアプローチでもまだ十分に対応していくことが可能であるという意識があることが伺える。しかし，M&Aが今後さらに重要な戦略として位置付けられていくことを鑑みて，多くの案件を実行してきた関係者の過去に培ってきたノウハウなどをマニュアル化するという試みも実践されている。

また，同社には経営理念として「信義を重んじる経営」「人を大切にする経営」が創業以来徹底されており，それは不況下においても人員削減をしなかったことから対外的にも有名なものとなっている。過去の海外企業との合弁や北辰電機との大合併においても，この理念に基づいた経営が実践されてきたというように，自社内部だけではなく外部企業や関係企業に対しても同じ精神が貫かれている。従って，M&Aの交渉やその後のマネジメントにおいては，常に企業間の信頼関係の構築や注意深い人的資源管理に重点が置かれ，これらに対する優れたノウハウや能力を蓄積している。

そして，こうした経営理念やフェアな企業であるという評判は，外部企業からの信頼を獲得する源泉としての特徴も有し，相手企業を納得させ，横河電機の一員になっても不当な扱いを受けずに，さらに発展できるという誘因にもなっている。特に我が国ではM&Aに対する抵抗感が依然として存在するために，こうした要因は非常に影響力を持つものである。同社の国内計測制御機器業界のトップという威信も相手企業の選択に対してプラスの効果を持つ。それは，買収される企業は規模的に小さいものも多いために，横河電機のネームバリューを獲得できることは，技術の市場浸透やマネジメント面でのさまざまなメリットを獲得することができる。

以上のように，横河電機ではETS発表以降に，ソリューションやITとい

図表4-3　＜横河電機＞

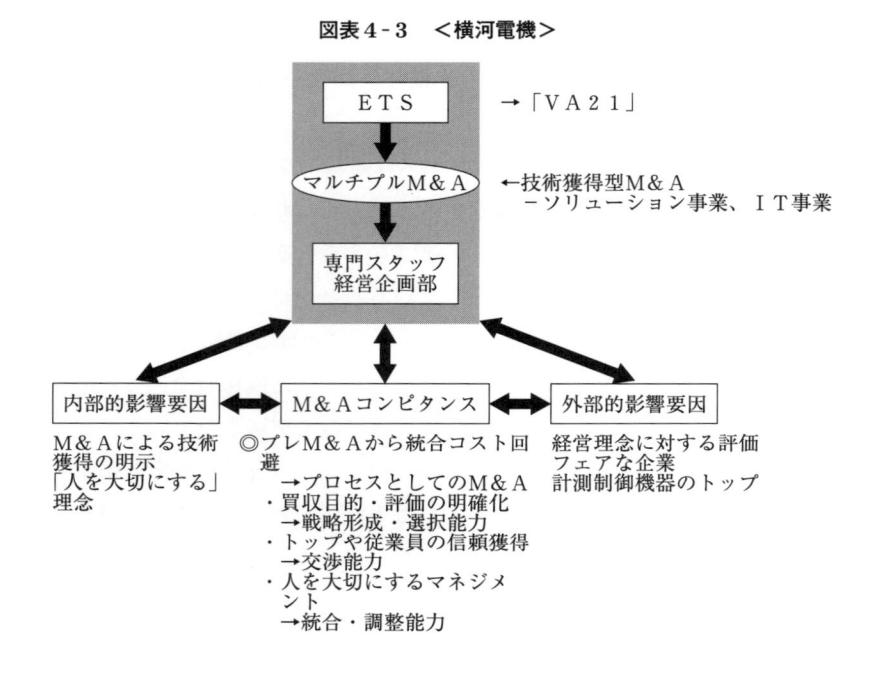

```
         ┌─────────┐
         │  ETS    │ →「VA21」
         └────┬────┘
              ↓
      ┌──────────────┐
      │ マルチプルM&A │ ←技術獲得型M&A
      └──────┬───────┘   －ソリューション事業、IT事業
             ↓
       ┌──────────┐
       │専門スタッフ│
       │経営企画部 │
       └──────────┘
```

| 内部的影響要因 | ←→ | M&Aコンピタンス | ←→ | 外部的影響要因 |

内部的影響要因
M&Aによる技術獲得の明示
「人を大切にする」理念

M&Aコンピタンス
◎プレM&Aから統合コスト回避
→プロセスとしてのM&A
・買収目的・評価の明確化
　→戦略形成・選択能力
・トップや従業員の信頼獲得
　→交渉能力
・人を大切にするマネジメント
　→統合・調整能力

外部的影響要因
経営理念に対する評価
フェアな企業
計測制御機器のトップ

う今までの同社には不足していた技術を求めてマルチプルM&Aが展開されている。そして、プレM&Aにおいては経験豊富な専門スタッフが中心となって多くの案件は進められており、ポストM&Aにおいては個人ベースのM&Aコンピタンスが大きい影響力を持っている。また、ポストM&Aでは同社の経営理念に対する評判や威信の効果が統合マネジメントを強化している。

## (2)　資生堂の事例

資生堂では海外市場での売上高を拡大していくために、1996年3月に「グローバルNo.1」計画を発表し、さらに複数ブランドの所有によってグローバル化を進めることを目標に1999年4月に「グローバル・マルチブランド戦略」を策定する。そして、これを達成するための手段として自社の既存ブラ

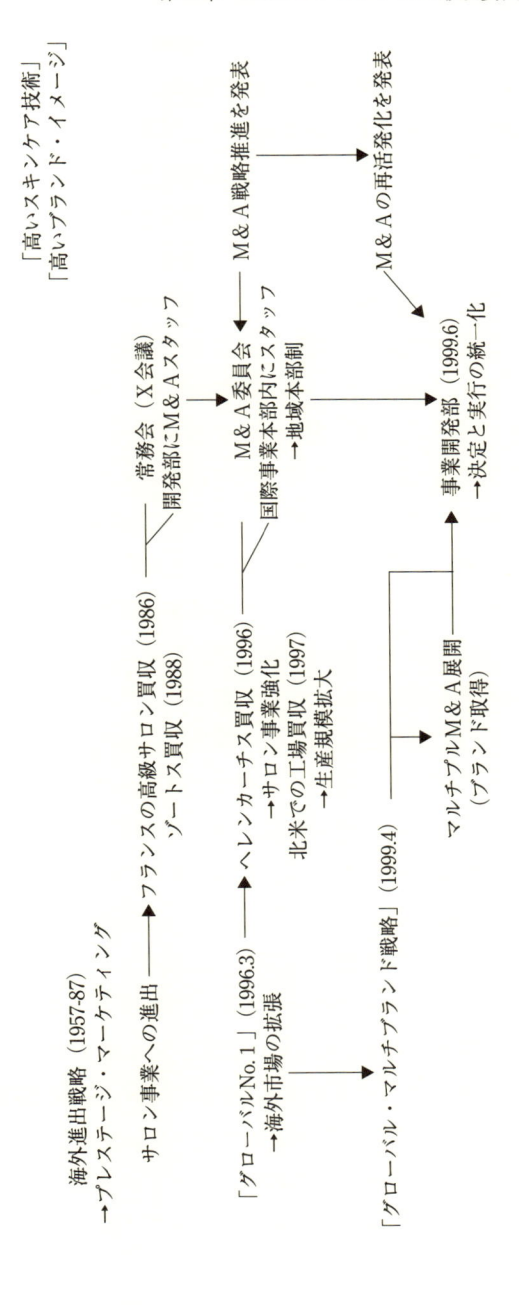

第4章 M&Aコンピタンスの形成要因　217

**図表4-4　資生堂の概要**

| 戦略目標 | M&A | 組織体制 | 影響要因 |
|---|---|---|---|

海外進出戦略 (1957-87)
→プレステージ・マーケティング
　サロン事業への進出
　　→フランスの高級サロン買収 (1986)
　　　ゾートス買収 (1988)
　　　　　　　　　　　　　　　　　　常務会 (X会議)
　　　　　　　　　　　　　　　　　　開発部にM&Aスタッフ　　　「高いスキンケア技術」
　　　　　　　　　　　　　　　　　　　　　　　　　　　　　　　「高いブランド・イメージ」

「グローバルNo.1」(1996.3)
→海外市場の拡張
　　→ヘレンカーチス買収 (1996)
　　　→サロン事業強化
　　　北米での工場買収 (1997)
　　　→生産規模拡大
　　　　　　　　　　　　　M&A委員会
　　　　　　　　　　　　　国際事業本部内にスタッフ　　　　　　M&A戦略推進を発表
　　　　　　　　　　　　　→地域本部制

「グローバル・マルチブランド戦略」(1999.4)
　　マルチプルM&A展開
　　(ブランド取得)
　　　　　　　　　　　事業開発部 (1999.6)　　　　　　　　　M&Aの再活発化を発表
　　　　　　　　　　　→決定と実行の統一化

ンドの拡大戦略と並行して，他企業の持つ有力ブランドを取得するという市場拡大型のマルチプルM&Aが展開される。

　同社は1957年以来，化粧品事業において海外市場への進出は積極的に行われ，プレステージ・マーケティングと高度なスキンケア技術に基づく製品販売によって高いブランド・イメージを構築している。しかし，経営がグローバルに展開されているにも関わらず，1996年においても売上高の国内依存比率が89％と高く，国内市場の飽和化や消費の低迷を背景として海外市場を拡大していくことが重要な課題となってきた。そこで，1996年3月に「グローバルNo.1」計画を発表し，5年後の2000年度の決算期において海外事業の比率を25％まで拡大し，海外売上高2000億円の内の800億円をM&AやOEMによる新規事業の拡大によって補完していくことを明示する。

　以前にも海外市場を対象にサロン事業や生産規模の拡大のためのM&Aは行われてきたが（1986年から89年に4件），それは単独的な企業買収という意識が強かったために，それに伴う組織体制は整備されていなかった。その後，「グローバルNo.1」計画を達成するために，これからも成長の余地のあるサロン関連事業の拡大のための買収が行われていく。これは海外の有力サロン事業を買収することによって，製品・ブランドを補完し，国内のサロン事業にもフィードバックさせて，4つ目の事業の柱として強化することも目的の1つであった。この時期には，トップ層によるM&A委員会と国際事業本部の中の事業開発室にM&A専門のスタッフが設置される。海外市場拡大の戦略としてM&Aを考えているために，その関連部門にスタッフがいた方が能率的であるという認識からである。また，以前に金融機関でM&Aに携わっていた人物もスタッフの一員となっている。つまり，専門スタッフや専門委員会の設置によって，M&Aの意思決定水準を強化していくとともに，M&A案件を推進していくための関連部門に対する意思疎通の場としての機能も担っていた。特に，プレM&Aにおける候補企業の評価・選択能力や交渉能力を向上させていくことが目的とされている。

　しかし，トップマネジメントや特定の担当人物が実行の中心的役割となっ

ているために，M&A件数を増加させていくことは大きな負担となるためにM&Aのペースは当初の見込みよりも遅れたものとなっていた。それは，目標売上高の800億円に対して，買収した事業の売上高は年間80億円程度に留まっていた（日本経済新聞；1999.5.14）。そこで，さらなる戦略転換が必要とされる。

「グローバルNo.1」達成のためのM&Aはサロン事業に集中していたが，さらにグローバル市場で海外有力化粧品企業と競争する場合には，単一ブランド競争ではなく，複数ブランドを有する企業グループ間競争に直面することになってきた。これは，資生堂ブランド以外のブランドも持つことによって市場拡大を図ることが課題であることを示す。そこで，「グローバル・マルチブランド戦略」を提唱し，多様なブランドを持つとともに，コンパクトで明確な資生堂の企業文化をグループ全体で維持することが可能な企業ブランドの集合体としての企業グループを目標にする。既存のアウト・オブ・シセイドーのブランドを拡大させるとともに，資生堂にはない価値を持つブランド獲得のマルチプルM&Aに本格的な取り組みがなされる。

まず，顧客志向のブランド単位の組織に再編し，M&Aに対する意識や組織体制が大きく変化した。被買収企業の選択に関して，企業文化の類似性や買収後に資生堂からの経営介入が円滑に行えるのかというポストM&Aを見据えた基準が明確に決められる。さらに，海外の多くのブランドを対象に市場拡大していくために，M&A戦略強化を目的として専門の部署である事業開発部が設置される。以前はM&Aの実行と最終的な意思決定機関が異なっていたが，独立した事業部として昇格させたことにより，権限を委譲して意思決定の迅速化と情報収集の強化が目的とされている。そして，単に選択企業やブランドを決定するだけではなく，その後の統括・支援という具体的なマネジメント面でも多くの業務を積極的に行っていく。つまり，以前の体制ではM&A業務は個人単位で実行されてきたために，関連知識やスキルは特定の個人に依存していた。それを専門部署の設置によって他者と共有可能な体制を構築し，M&Aプロセス全般に関わるM&Aコンピタンスを組織内に蓄

積していくことが課題とされる。

さらに，M&A コンピタンスに影響する要因を考えてみる。まず，「グローバル No.1」という戦略目標の中で M&A によって達成される目標売上高が決定されたために，資生堂としての M&A がどのような位置付けにあるのかを明確にしたことになる。これは，従業員に M&A に対する心構えを作る基盤となるものである。また，資生堂の広範な販売経路を使うことによって買収したブランドの製品を幅広く市場に導入でき，同社は財務上でも優れた内容の企業であるので，さまざまな側面から被買収企業は恩恵を受けることができる。こうしたことは，同社のイメージや評判として，過去の事業展開から形成されてきたものであり，被買収企業に対してもプラスの効果を与えるものである。

このように，資生堂の M&A に対する組織体制は「グローバル No.1」とい

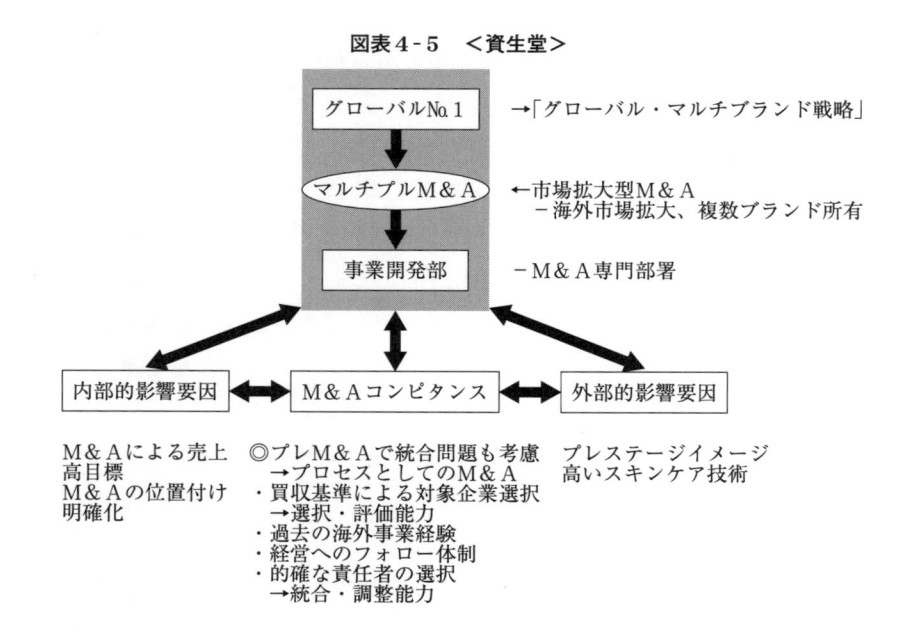

図表 4-5 ＜資生堂＞

```
       ┌─────────────┐
       │ グローバル No.1 │  →「グローバル・マルチブランド戦略」
       └─────────────┘
              ↓
       ( マルチプル M&A )  ←市場拡大型 M&A
              ↓              －海外市場拡大、複数ブランド所有
       ┌─────────────┐
       │  事業開発部   │  －M&A 専門部署
       └─────────────┘
```

┌──────────┐  ┌──────────────┐  ┌──────────┐
│内部的影響要因│←→│ M&A コンピタンス │←→│外部的影響要因│
└──────────┘  └──────────────┘  └──────────┘

M&A による売上高目標
M&A の位置付け明確化

◎プレ M&A で統合問題も考慮
　→プロセスとしての M&A
・買収基準による対象企業選択
　→選択・評価能力
・過去の海外事業経験
・経営へのフォロー体制
・的確な責任者の選択
　→統合・調整能力

プレステージイメージ
高いスキンケア技術

う戦略目標を策定してから変化しており，現在では専門機関として事業開発部を設置している。そして，グローバル市場における競争に立ち向かうためにマルチブランドを所有するための手段としてマルチプルM&Aが実行されている。プレM&Aにおいては，事業開発部が中心となって実行されている。ポストM&Aでは，同社のM&Aが海外企業を対象にしているために，過去の経験から的確な現地責任者を選択し，さらに経営へのフォロー体制の確立の重要性が認識されている。ただし，現状では専門の統合担当者は存在しない。従って，個人ベースだったM&Aコンピタンスを組織的レベルから形成している途中段階であると認識できる。

### (3) シスコシステムズの事例

シスコシステムズは1993年に「end to end networking solutions」というビジョンを掲げ，顧客はネットワークに関する単一製品の提供に留まらず総合的ソリューションを必要としているという考えから，ネットワーク全般に渡る製品とサービスを提供できる企業へと変革していく。しかし，ネットワーク関連市場は急成長している技術変化が激しい環境に置かれており，さらに高度な技術開発能力も要求される。そこで，自社内部の経営資源だけで開発していたのでは変化のスピードには対応できないために，自社に不足している有望な製品・技術を持つ企業を対象に買収戦略が展開される。これは，製品開発の代替的手段としてその開発時間短縮のために行われる技術獲得型M&Aであり，その特徴からA&D（買収開発）マネジメントと言われている。1993年に初めての買収を行って以来，その件数は増加しており約70社の買収が行われている。そして，ほとんどの案件から成果を上げているために，マルチプルM&Aを戦略として展開する企業の中で最も成功している事例の1つとして認識されている。

同社では成長戦略の手段としてM&Aを考えているために，M&Aコンピタンスを企業の競争優位に重要な影響を与える要因として認識し，その形成に対する企業内部における組織体制も整備されている。まず，選択対象企業は

シスコの一員になることによってさらにその企業が成長できるのかどうかが重要な意味を持つために，プレM&Aの評価や交渉においては専門のM&A担当チームが中心になって実践される。対象企業の選択に関しては，5つの原則が設定されており，それに従って実行される。この原則は，他の企業の失敗事例やM&Aで成功している企業をベンチマークすることによって決定された。そして，単に対象企業の商圏や資産などの現在の視点から評価が行われるのではなく，将来において有望な技術を有するベンチャー企業の買収というように未来に対する視点から企業評価は行われる（日経ビジネス；2000.7.31）。また，ベンチャー企業における技術は特定の技術者などの人に依存している場合が多いために，企業文化や相性というソフト的問題に対しての監査にも時間がかけられる。つまり，企業間で信頼が構築され，方向性が一致しているのかどうかを交渉段階において見極める能力が重視されている。

このようなプレM&A段階における十分な分析と評価は，自社のニーズに適合した企業を選択することとともに，統合プロセスにおける組織的問題の発生を回避することが目的である。つまり，自社内部での技術開発の代替的戦略としてM&Aを適用することは，技術を開発して製品化するまでの時間を短縮することが狙いである。そのためには，迅速な統合が必要であるために，企業文化や相性が適合し，シスコの経営理念を理解してその後のマネジ

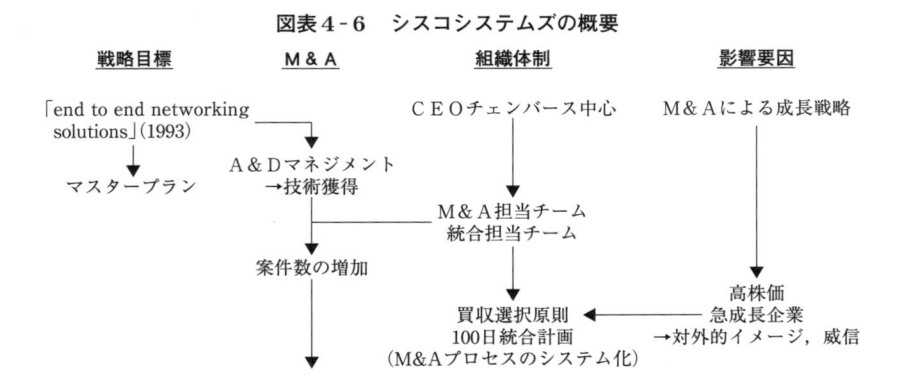

図表4-6　シスコシステムズの概要

| 戦略目標 | M&A | 組織体制 | 影響要因 |
|---|---|---|---|
| 「end to end networking solutions」(1993) | | CEOチェンバース中心 | M&Aによる成長戦略 |
| ↓ | | | |
| マスタープラン | A&Dマネジメント →技術獲得 | | |
| | ↓ | M&A担当チーム 統合担当チーム | |
| | 案件数の増加 | | 高株価 急成長企業 →対外的イメージ，威信 |
| | ↓ | 買収選択原則 100日統合計画 (M&Aプロセスのシステム化) | |

メントが継続できるような企業が選好され，統合プロセスの単純化が目指されている。

　組織統合においては，専門の統合担当チームが中心となって進めていく。彼らは，統合を専門の業務としているために，迅速に統合計画を策定して実行に移す。特に，買収後にも優秀な技術者やトップマネジメントをそのまま残すことが課題となるために，人事政策と報酬政策は徹底して実行される。多くのシリコンバレーのハイテク関連企業の離職率が年平均18％であるのに対して，同社では6.7％という低い水準にある。これは，金銭的な誘因としてのストックオプション制度だけではなく，相手企業の従業員の創造性やチャレンジ精神を刺激するようなさまざまな動機付けのための施策が活用されることによって達成されている。

　さらに，統合は100日以内に達成することを目標に一連の施策がプログラム化されている。これはCD－ROMにマニュアル化されており，担当者はこれに従って統合プログラムを実行していくのである。しかし，すべてを機械的に行っていくわけではなく，上記のようにソフト的側面を常に重視しながら展開されるので，多くの買収企業に見られがちな傲慢さはなく，日常のふれあいを大切にした経営の中から企業文化や価値観の浸透が実現されるのである。

　このようなプレM&AからポストM&Aに至る一連のプロセスはシステム化されている。それは，非常に多くのM&Aを戦略目標達成のために実行していくので，その都度対処策を考えていたのでは不効率であり，M&Aは特殊な戦略ではなく日常業務的な戦略へと位置付けが変わっている。そのために，専門の担当チームの設置やそのプロセスをシステム化することによって，M&Aコンピタンスを組織内に蓄積し，コア・コンピタンスの一部分として形成していくことが必要になる。つまり，従来の研究では企業の特定の技術開発力をコア・コンピタンスとして認識する傾向にあったが，技術開発の代替戦略としての意味をM&Aが持つ場合には，それに関連する能力もコア・コンピタンスとして認識することも可能であると考えられる。同社のこ

のようなM&Aに対する取り組みに対しては，M&Aをアートからサイエンスにしたという指摘もなされている。

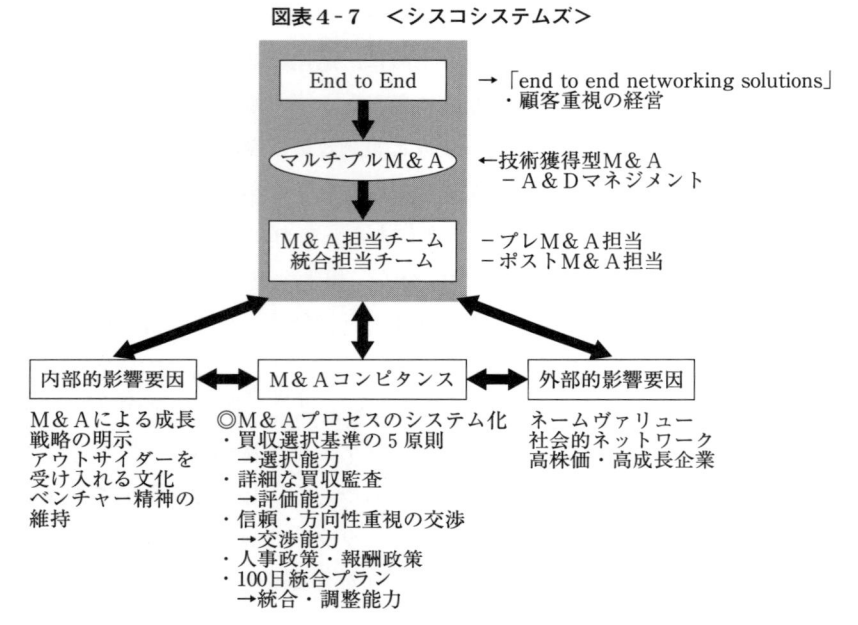

図表4-7　＜シスコシステムズ＞

End to End → 「end to end networking solutions」
・顧客重視の経営

マルチプルM&A ← 技術獲得型M&A
　－A&Dマネジメント

M&A担当チーム
統合担当チーム
－プレM&A担当
－ポストM&A担当

内部的影響要因 ↔ M&Aコンピタンス ↔ 外部的影響要因

内部的影響要因
M&Aによる成長戦略の明示
アウトサイダーを受け入れる文化
ベンチャー精神の維持

M&Aコンピタンス
◎M&Aプロセスのシステム化
・買収選択基準の5原則
　→選択能力
・詳細な買収監査
　→評価能力
・信頼・方向性重視の交渉
　→交渉能力
・人事政策・報酬政策
・100日統合プラン
　→統合・調整能力

外部的影響要因
ネームヴァリュー
社会的ネットワーク
高株価・高成長企業

　マルチプルM&Aを加速度的に展開していく上で，同社の企業文化や風土も考慮する必要がある。M&Aは他企業を自組織の中に取り込むために，自社内部の従業員に対しても影響を与えるものである。この点に関して，同社では現在のような大企業になっても創業時に持っていたベンチャー精神は維持されており，アウトサイダーを受け入れてそれを成長させようという文化が構築されている。従って，同社では重要な業務上のポジションも買収先からの人物が就任しているという状況が普通である。

　また，外部的な影響要因としては，シリコンバレーでは他企業との社会的ネットワークの構築が経営を展開していく上で重要な課題とされており，それによって新規市場と買収機会の発見が行われている（Inkpen et al., 2000）。そして，今日の顧客は明日の雇い主になるという可能性が常にある

ために，自社に対する他企業からの信頼感の形成は重要な資産でもある。さらに，高い株価を背景に株式交換によって買収を進め，買収された企業はシスコ内のインキュベーターによって短期間のうちに規模の拡大と生産性の向上が達成される。それがまたシスコの急成長を支え，株価の上昇を促し，新たな企業を買収していくというサイクルを形成している。従って，高株価と高成長企業という同社に対する評価は，買収の相手企業に対する魅力としての意味も有する。

A&Dと言われる新しいM&Aを作った同社のマルチプルM&Aに基づく成長戦略によって，2000年3月には株式時価総額が世界トップになり，米国史上第1位の株式成長率を達成する企業になった。これは，同社が一連のM&Aプロセスに関するM&Aコンピタンスをコア・コンピタンスとして確立した結果である。そして，プレM&Aでは対象企業の選択を最重視し，ポストM&Aでは優秀な技術者の離反を回避し，彼らを新たに動機付けるための優れた統合マネジメント能力を構築しているのが特徴である。

### (4) GEキャピタルの事例

GEキャピタル（GEC）は，24の事業から構成されている世界最大のノンバンクであり，本社であるGEと同様に活動する市場において「No.1, No.2」のポジションを目指してM&Aによって成長を図っている企業である。1987年に社名変更し，ゲーリー・ウェントがCEOに就任してから10年間のうちに全世界で300社以上の買収を行っている。従って，M&Aに対する組織体制も確立されており，M&Aプロセスをシステム化したパスファインダー・モデルが策定されている。これは，過去の豊富な経験をもとにM&Aの各段階におけるベストプラクティスを抽出することによって体系化され，M&Aコンピタンスをコア・コンピタンスとして認識した結果として実現されたものである。

同社のM&A戦略の特徴は，ニッチ市場をターゲットにしたセグメント・マーケティングの手法を採っており，事業間シナジーではなく各事業がそれ

ぞれ成長した結果として GEC 全体も成長するというポートフォリオ的視点からのものである。自社内部の経営資源の導入による市場開拓ではなく M&A が中心的戦略となっているのは，金融ビジネスは各国毎に法律や規制が異なり，顧客基盤がすでに既存企業によって確立していることを背景としている。つまり，新規に進出して経営を軌道に乗せるまでには時間とコストがかかるので，既存企業を買収した方が，その後のマネジメントを効果的に行える能力があれば非常に有効な戦略となりうるからである。

買収対象企業は，「広がりと深堀り（Breadth & Depth）」戦略という新市場の拡大と既存市場の強化という2つの目的から，経営不振企業や不採算事業部門を持ち，GEC からの買収後の経営介入によって経営改善し，成長する見込みのある企業が選択される。こうした企業は安い価格で買収できるという利点があり，さらに GEC には優れたポスト M&A におけるマネジメント能力と資金調達能力があるために，何らかの欠陥のある企業でも経営改善を実現することは可能であると考えているからである。そして，成長の制約要因を分析することによって，各企業に適合した経営支援を行って高い収益力と成長性を獲得している。

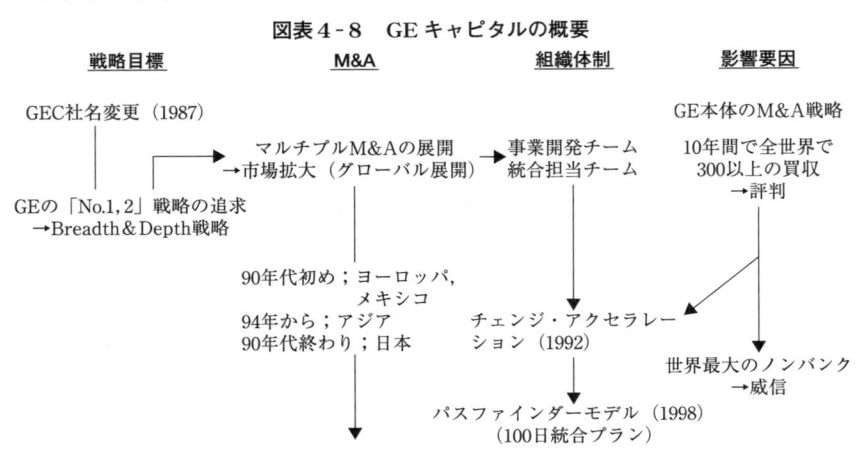

**図表4-8　GEキャピタルの概要**

| 戦略目標 | M&A | 組織体制 | 影響要因 |
|---|---|---|---|
| GEC社名変更（1987） | マルチプルM&Aの展開<br>→市場拡大（グローバル展開） | 事業開発チーム<br>統合担当チーム | GE本体のM&A戦略<br>10年間で全世界で<br>300以上の買収<br>→評判 |
| GEの「No.1, 2」戦略の追求<br>→Breadth&Depth戦略 | 90年代初め；ヨーロッパ，メキシコ<br>94年から；アジア<br>90年代終わり；日本 | チェンジ・アクセラレーション（1992） | 世界最大のノンバンク<br>→威信 |
| | パスファインダーモデル（1998）<br>（100日統合プラン） | | |

プレ M&A においては，事業開発チームを中心に世界各国の市場を対象に

情報収集と候補企業の探索が行われる。彼らは，過去に金融機関等においてM&Aの専門業務を担当してきた経歴を持つスペシャリストの集団である。そして，ターゲット企業の探索とその買収監査では別々のチームが編成され，各段階における専門知識やスキルを最大限活用できる体制が構築されている。買収監査においても財務上の評価だけではなく，買収後にGECの文化や風土に適合し，円滑な統合プロセスが実現できるのかという組織的側面も重視される。

　GECでは業績不振企業の買収によって，ポストM&Aのマネジメントから経営改善を行い業績回復とさらなる成長が目指される。従って，組織統合を専門の職能とする統合担当者が設置され，彼らは重要な役割を担っている。統合担当者は買収監査から統合計画の策定に着手し，契約締結とともに迅速な統合活動を実行していく。そして，GECの経営システムや経営手法，企業文化や行動規範を相手企業に導入するという役割を担う。また，相手企業のGECに対する理解を促進するために従業員の不満や不安を軽減し，企業間の信頼を高めていくさまざまなコミュニケーション施策が計画されている。

　さらに，過去の数多くの経験を元にしてM&Aの一連のプロセスにおけるベストプラクティスを抽出し，それをシステム化していくために，チェンジ・アクセラレーションという方法論が取り入れられた。これは，M&Aに関する知識やスキルを企業の重要な知的資産として認識し，それを1つの行動指針としてまとめて業務に活用していこうとする試みである。その後，さらに，ベストプラクティスを洗練してM&Aを反復可能なプロセスとして実行するためにパスファインダー・モデルとしてM&Aプロセスの体系化が実現される。つまり，GECでは自社内部の経営資源の展開による市場拡大戦略ではなく，外部企業の経営資源を利用したM&Aを中心的戦略として掲げているために，M&Aは日常業務的な戦略に近いものとして考えられている。そこで，それを効果的に行っていくには，専門の担当者の設置とともにM&Aプロセスをシステム化するという暗黙知的な性格を持っていたM&Aコ

ンピタンスの形式知化という方法が，企業のコア・コンピタンスとして確立するには重要な役割を担っている。これは，現在活発に議論されているナレッジマネジメントの手法をM&Aマネジメントに取り込んだものである。

　GECではGEで行われているさまざまな経営手法が活用されており，シックスシグマなどは単に品質改善活動としての意味を有するだけではなく，相手企業が具体的な課題を解決していく中で，仕事の進め方，経営ノウハウの利点，行動規範を実感することによってGECの価値観などのソフト的側面の統合を進めていくという効果がある。また，クロトンビル経営開発研究所でのワークアウト・セッションなどによっても統合活動が補完されている。つまり，統合担当者の存在だけではなく，さまざまなプログラムを通してのGECの風土や雰囲気が，組織のハード的側面とソフト的側面における統合の実行に影響し，統合能力を強化している。

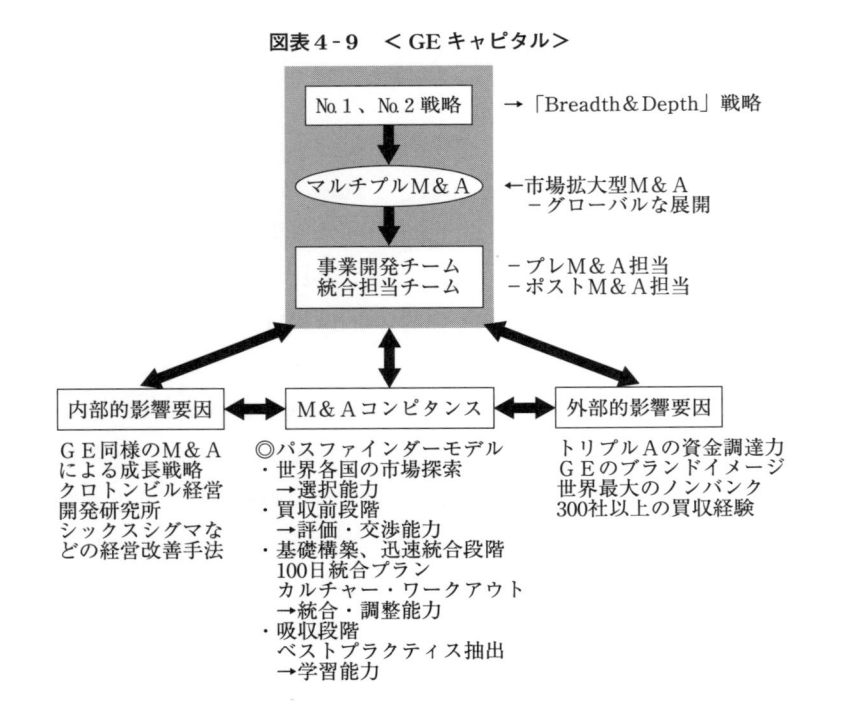

図表4-9　＜GEキャピタル＞

```
┌─────────────────┐
│   No.1、No.2戦略   │ →「Breadth&Depth」戦略
│        ↓        │
│   マルチプルM&A    │ ← 市場拡大型M&A
│        ↓        │    － グローバルな展開
│   事業開発チーム   │ － プレM&A担当
│   統合担当チーム   │ － ポストM&A担当
└─────────────────┘
     ↓     ↓     ↓
```

| 内部的影響要因 | M&Aコンピタンス | 外部的影響要因 |
|---|---|---|
| ＧＥ同様のM&Aによる成長戦略 クロトンビル経営開発研究所 シックスシグマなどの経営改善手法 | ◎パスファインダーモデル ・世界各国の市場探索　→選択能力 ・買収前段階　→評価・交渉能力 ・基礎構築、迅速統合段階 100日統合プラン カルチャー・ワークアウト　→統合・調整能力 ・吸収段階 ベストプラクティス抽出　→学習能力 | トリプルＡの資金調達力 ＧＥのブランドイメージ 世界最大のノンバンク 300社以上の買収経験 |

さらに，300社以上の企業を買収し，経営不振企業を改善して成長させているという評判や，GEグループの中核を担う世界最大のノンバンクであるという威信は，同社に買収されたいとする企業の増加につながっている。つまり，GECが被買収企業よりも優れた経営資源を持つために，相手企業も買収されたことによって獲得できるメリットは大きく，さらにそうした評判や威信はM&Aプロセスを円滑に進めていくために影響を与えるのである。

以上のように，GECは世界で最も数多くマルチプルM&Aを実行している企業であり，それによってグローバル規模で市場拡大が実現されている。そして，プレM&Aではあえて業績不振企業などを選択し，ポストM&Aのマネジメントによって経営を改善することから成果を創出している。そのために，統合マネジメントに関するM&Aコンピタンスは非常に高度なものである。また，一連のM&Aプロセスをパスファインダーモデルとして名付けてシステム化していることも特徴である。

## 3. 小括

本節では提示したフレームワークに従って，各事例企業におけるM&Aコンピタンスとその形成要因に関して整理してきたが，その中から次のような特徴点が考察できた。

まず，M&Aの特徴がダイアド関係のものからマルチプルな関係になる場合に，企業に対してどのような影響や変化が生じるのかを検討する。企業の戦略的側面における変化として，戦略目標の明確化とその対外的発表が行われることが挙げられる。大合併などのダイアド関係の場合には，期待する効果に関しては主張されているが，合併行為自体が目的となってしまっている所がある。そして，相手企業を積極的に探索するというよりも，初めに相手企業があってその後に合併ないし買収が行われるケースが多い。一方，マルチプルM&Aの場合には，戦略目標を達成するための1つの手段として認識されており，どのような企業を買収対象にするのか，さまざまな評価や分析を通して明確にされている。従って，マルチプルM&Aは戦略的要素が非常

に強いという特徴がある。

　また，組織的側面に与える影響としては，業務を遂行する中心人物が，多くの先行研究のダイアド的な場合では経営者層中心であったのが，マルチプルM&Aの場合には専門担当者が登場し，彼らが大きな役割を担うということである。そして，M&Aを取り巻く組織構造が変化し，M&Aを意識した組織構築が実現されている。

　次に，事例企業の比較から指摘できることは，日本企業と米国企業ではM&Aに対する取り組み方や組織内のM&A推進体制が大きく異なることが認識できる。2つの日本企業の事例は，我が国で最もマルチプルM&Aを戦略的に活用している代表的企業である。しかし，現段階ではM&Aコンピタンスは特定の個人に依存している属人的要素が強く，ようやく他者との共有のために専門部署の設置などに取り組んでいる状況である。従って，コア・コンピタンスの1つとしてM&Aコンピタンスを確立するまでには至っておらず，まずは組織構造を変更することからその蓄積を図ろうという形成の途中段階である。

　特に，プレM&Aにおけるコンピタンスは経験豊富な人材や外部専門家のスカウトによって強化されている傾向にあるが，ポストM&Aを専門とする統合担当者などは存在せず，各関係部門の責任のもとで統合マネジメントは行われている。従って，ポストM&AにおけるM&Aコンピタンスの強化と，その形式知化であるM&Aプロセスのシステム化が将来の課題であると指摘できる。

　一方の米国企業では，M&Aを戦略目標達成のための重要な戦略として位置付けており，日本企業と比較するとその件数が非常に多いことが分かる。プレM&AとポストM&Aの両方に専門のチームを設置して，M&Aコンピタンスが重要なコア・コンピタンスであり，それが競争優位性に大きい影響を与えることを認識しているために，その組織的形成に積極的に取り組んでいる。そのために，専門担当者の持つ属人的コンピタンスを他者と共有可能な体制として，常設のプロジェクトチームが作られている。さらに，豊富な経

第4章　M&Aコンピタンスの形成要因　231

験をもとにM&Aプロセスの各段階におけるベストプラクティスを抽出し，それをシステム化することにより，M&Aコンピタンスの全社的活用が目指されている。これは，企業の競争優位性に重要な影響を及ぼすナレッジマネジメントの考え方から認識できるものであり，M&Aコンピタンスをさらに強化して他の企業が模倣できないものとするためには有効な手段である。

　日本企業では最近になってM&Aが本格的な戦略的手段として認知されてきたという背景があるために，米国企業と比較するとその取り組み方に関しては遅れている所がある。しかし，その中でも横河電機や資生堂のようにM&Aを積極的に活用している企業は出現してきており，そうした企業におけるM&Aコンピタンスを分析してきた。さらに，米国企業では一連のM&Aプロセスに専門担当者を設置し，さらにそれがシステム化されているように，M&Aコンピタンスをコア・コンピタンスの1つとして認識している。これらは，今後の日本企業に対して参考になるものであり，他企業のベストプラクティスを学習してM&Aコンピタンスを強化することの意義に関しても触れてきたために，将来の課題となるべき点である。ただし，まだ日本企業が現在の体制で十分に効果を発揮している所を見ると，企業の経営戦略におけるM&A依存度やM&A件数が，M&Aコンピタンスの形式知化などに対して関係しているとも認識できる。

　M&Aコンピタンスは，以上で指摘してきた企業が所有するものの他に，外部の金融機関やコンサルティング会社などのM&A関連の業務をビジネスとして展開する会社にも存在するものである。実際に，各事例企業の専門担当者は，そうした関連会社からスカウトされてきた人物を含んで構成されている。例えば，大手コンサルティング・グループのアーサー・アンダーセンは，M&Aプロセスを計画，交渉，実施，評価の4つに分類し，それに関わる一括したサービスの提供が試みられている（日本経済新聞；2000.8.15）。そして，M&Aに関する情報やノウハウを共有するためにイントラネットが活用されている。つまり，こうした外部専門機関は，販売するためのM&Aコンピタンスを持つことをビジネスにしており，クライアントへその知識や

ノウハウを提供し，M&A関連業務を支援することを目的としている。従って，彼らのM&Aコンピタンスはサービス対象であり，その企業がM&Aを行う場合に活用されるものではない。

企業においても外部専門機関を利用することによって，一連のM&Aプロセスに対応していくことは可能である。特に，単独的なものを前提とした場合ではそれでも十分であると考えられる。しかし，マルチプルM&Aの場合には一度ではなく連続して複数の案件を実行していくために，その都度彼らを利用し，自社内にはM&Aコンピタンスを構築することを考えない場合には，効果的な実行は実現されない。さらに，比較的小規模な案件を含むために，その都度手数料を支払うことは大きな負担にもなる。つまり，各事例企業においてはマルチプルM&Aを戦略目標達成の手段として重要な戦略として認識されており，M&Aコンピタンスを組織内に形成し，それを活用することから競争優位を強化していくことが狙いとされている。また，差別化のポイントにもなる。従って，外部専門機関はサポート的な役割として位置付け，企業内にM&Aコンピタンスを形成し，それをコア・コンピタンスの一部分としていくことを課題として取り組まれている。

次の節からは，各事例におけるM&Aコンピタンスの形成要因を横断的に分析することによって，日本企業と米国企業，さらには技術獲得型M&Aと市場拡大型M&Aの比較からどのようなことが導き出されるのか考察する。

## 第2節　戦略目標とマルチプルM&A

マルチプルM&Aは全社的レベルにおける企業の戦略目標を達成するための手段として実行される。それは，自社内部の経営資源に基づく成長戦略の代替的手段としてのものであり，自社に不足している技術を補完するための技術獲得型と，経営活動の範囲を広げていくための市場拡大型のM&Aに分類される。そして，マルチプルM&Aを有効な戦略として展開していく上でM&Aコンピタンスは必要となる概念であるので，各企業がどのような目的

第4章　M&Aコンピタンスの形成要因　233

からM&Aを実行しているのかを考察することは重要な課題として考えられる。本節では，M&Aコンピタンス形成の前提として位置付けられる戦略目標とマルチプルM&Aの関係を整理し，その後で各事例の比較分析を行ない，マルチプルM&Aのタイプや日米企業間でどのような特徴点があるのかを考察する。さらに，マルチプルM&Aという買収を実行することが，アライアンスや合弁を選択する場合とどのような点で異なるのか検討する。

## 1. 戦略目標とマルチプルM&A

　従来の我が国でのM&Aの認識は，企業が経営活動を展開する中で1度起こるかどうかという一過性のものであり，たいていの企業にとっては関係のない特別な戦略として考えられていた。それは，全社的レベルにおける戦略目標の達成というよりも，相手企業の存続を延長させ，倒産などの可能性を回避するという救済的な位置付けからのM&Aや，1980年代後半から1990年代前半にかけての日本企業の海外企業買収に見られたような投資目的のもので，買収価格が巨額なものが特に目立った事例として取り上げられていた（日経ビジネス；1992.10.5／週刊ダイヤモンド1996.7.6）。また，1980年代の米国におけるTOBやLBOに代表される財務的メリットを求めての敵対的M&Aの報道等によって，一般的にはマイナスのイメージが持たれていた（Anders, 1992）。

　そうした過去に行われたM&Aの大部分は，買収目的の不明確性を原因として，期待した成果を生まずに失敗に終わったというケースが多くの調査結果から得られている（Sirower, 1997／Lajoux, 1998）。横河電機の過去の海外事業の買収事例においても，動機が不明瞭な場合にはポストM&Aでどのようなマネジメントを行っていけば良いのか分からずに，買収前と同じ経営状況のままにしていたので，多くの案件は成果を創出しなかったと指摘されている。このように我が国では，マスコミ等の影響によってM&Aの取引額の大きさがクローズアップされてきた背景があり，さらに大部分の研究では1企業対1企業の関係のM&A，特に巨大合併に対する分析の方が注目を集

めていた。従って，戦略的な意味においてM&Aが一般的な見解として考えられてきたのは最近になってからである（アンダーセン，1998／横山・本田，1998）。

本研究の前提としているマルチプルM&Aは，企業に明確な戦略目標が存在して初めて有効な戦略として考えられるものである。自社内部の経営資源による技術開発や市場拡大による成長戦略に対する時間短縮効果を狙ったものであり，それらが企業内で継続的に行われていくのと同様に，マルチプルM&Aも戦略目標の達成に向かって1回限りではなく連続的に複数行われる。例えば，資生堂では新しいブランドをゼロから構築して市場に浸透させるには多大な時間と広告宣伝費などのコストがかかるために，その市場で有力な価値を持つ海外ブランドの買収が行われている。

従って，マルチプルM&Aは自力による技術開発や市場拡大の代替的戦略としての位置付けにあり，買収による成長戦略（growth by acquisition）と言えるべき特徴を有する。そのために，対等なパワー関係のM&Aは避け，常に買収企業が主導となって運営できるような案件が選択される。ただし，買収企業は相手企業を支配－服従の関係とは考えずに，協働的パートナーとしてお互いに協力し合っていく体制を構築し，両者ともに利益を獲得していくことを課題としている。

しかし，必要となる技術の獲得や市場の拡大をすべてM&Aによって行っているわけではないということに注意すべきである。各事例企業においても，内部資源による技術開発や市場拡大は行われており，さらに社内ベンチャー等の活用を通しても成長は図られている。つまり，買収によって外部から獲得する資源と内部開発によって蓄積していく資源とを分けて考えており，それは実現までの時間とコストを勘案してどちらの戦略を選択するのかが決定されている。

マルチプルM&Aを有効的に活用していくためには，まず全社的戦略をビジョンやコンセプトとして明示した戦略目標を策定することが前提となり，それを実現していく上で必要となる技術や市場を持つ企業を選択することが

重要な課題である。それは，各事例からも見られた傾向であるが，最初にどのような企業を買収するのかというパートナーの選択が成功への第一歩となる。すべての事例企業において買収対象企業の選択は，一貫した基準によって行われており，それは将来必要になる技術と市場の補完という側面からのものであった。一方で，企業の選択が戦略目標の達成というフレームワークの中で行われずに，場当たり的なものとなる場合には，コングロマリットや金融志向型 M&A と同様のものとなってしまう。

また，適合性の視点に基づく多くの M&A 研究では，その失敗比率の高さが指摘されてきた。しかし，マルチプル M&A を実行している企業では，対象とする技術や市場が明確であり，それは不足する経営資源を補完するという性格が強いために，重複資源を保有しないで済むという利点があるために，余計な調整コストを削減することが可能である。さらに，大部分の案件から期待した成果を創出している。シスコにおいては，62社もの買収を行ないながら3社を売却しただけで，その多くは成功基準を達成している（日経ビジネス；2000. 7. 31）。

つまり，マルチプル M&A を積極的に実行している企業では，相手企業に求めていた効果を十分に引き出すことができるという統合マネジメントに関する能力を形成しているという点で M&A の成功比率が高いことが特徴である。反対に，M&A を何度も行っているにも関わらず，その多くが失敗している場合には，M&A に消極的になるためにマルチプルには展開されることはないと考えられる。本研究では，こうした成功率を高めている組織的能力を M&A コンピタンスとして考えてきた。

次に，各事例企業における戦略目標とマルチプル M&A の関係を具体的に比較分析することによって，その関係の特徴とマルチプル M&A のタイプ分類や日米企業間で相違があるのかどうかを考察する。特に，マルチプル M&A は技術獲得型と市場拡大型で，その特徴が大きく異なるために，この分類に基づいて事例企業を整理する。

## 2. 各事例企業の比較分析

　本研究で分析対象にしている各事例は、戦略目標の達成手段としてマルチプルM&Aを実行している。横河電機とシスコシステムズは技術獲得型、資生堂とGEキャピタルは市場拡大型に分類される。ここでは、戦略目標とそれらのマルチプルM&Aの間にどのような関係が存在するのか、その特徴を検討する。なお、以下の図表は各企業の戦略目標とマルチプルM&Aのタイプを整理したものである。

図表4-10　戦略目標とマルチプルM&A

| 企　業　名 | 戦　　略　　目　　標 | M&Aのタイプ |
|---|---|---|
| 横河電機 | ETS，VA21 | 技術獲得型 |
| 資生堂 | グローバルNo.1，グローバル・マルチブランド | 市場拡大型 |
| シスコシステムズ | end to end networking solutions | 技術獲得型 |
| GEキャピタル | No.1，No.2 | 市場拡大型 |

### (1)　技術獲得型M&A

　横河電機ではETSという企業活動全体を対象にしたソリューション事業への変革の中で、シスコでは「end to end networking solutions」というネットワーク全般に渡る問題解決が実現できる製品の提供のためにマルチプルM&Aが実行されている。両社に共通するのは、単に既存の競争環境で必要となる技術だけに焦点を絞っているのではなく、将来の企業間競争において優位性を築いていくための買収という将来志向的な尺度からのものだということである。

　さらに、両社の戦略目標の中には「ソリューション」という言葉が明示されている。これは、製造業であるにも関わらず、情報関連技術が急速に進展している環境の中では、顧客は製品単体だけを要求しているのではなく、それをいかに有効に使用することによって業務を効率的に遂行し、直面する問題を解決していけるのかという視点が重要になってきたことを反映してのものである。つまり、製造業にとってもソフト関連の技術力を向上させていく

ことが課題となってきている。そして，両社とも経営方針の中で顧客満足の向上ということを重視しているために，戦略目標の中に「ソリューション」という言葉を入れて，それを企業内外に明示することによって，将来の事業展開の方向性を確定しているのである。

両社がなぜ自企業の内部経営資源による技術開発ではなく，M&Aによって不足技術の獲得を行っているのかという理由に関しては，ソリューション事業の置かれた環境の特殊性を分析することが必要になる。ソリューション事業は，高度なハード技術とソフト技術を融合することによってシステムを構築していくことが課題であり，この業界は急成長しているために，技術革新が非常に早いという特徴を有する。例えば，シスコの置かれているネットワーク業界ではドッグイヤーと言われる通常のビジネスの数倍のスピードで環境が変化している。そのために，技術開発のスピードが競争上の重要な要素になっている。

現在，横河電機やシスコでも自社開発は行われているが，それよりも外部に有望な技術を持つ企業がある時には，買収によってその技術を取り込んだ方が効果的である場合が考えられる。そして，そうした優れた技術を持つ企業は，比較的規模の小さいベンチャー企業が多く，他の競争企業も買収のターゲットにしている可能性が高いために，他社よりも早く相手企業に接触することが必要になる。つまり，自社がターゲットにした企業を他企業が買収した場合には，競争相手がその技術を獲得してしまい，他の方法によって必要とする技術を獲得することが生じるために労力も大きいものとなってしまう。

また，ソリューション事業は対象となる技術の範囲が広いために，自社が不得意な技術が要求される場合も出てくる。そのような時には，買収によって技術を獲得することが最も効果的な戦略として考えられる。横河電機では，もともとが計測制御機器の製造が中心であったメーカーであるために，ソフト関連の高い専門知識を持つ人材が不足しており，それを補完するための意味もM&Aは持っている。シスコでは，創業当時の頃はルーターを中心

に開発が行われてきた。しかし，その後スイッチと呼ばれる通信機器が登場したことによって，それに関連する技術では遅れていた。そこで，スイッチ技術を持つ企業の買収から同社のA&Dは始まっている。現在では，新たに次世代の高速ネットワークに使われる光通信技術の獲得に焦点が置かれている。

以上のように，本研究で取り上げた技術獲得型M&Aでは戦略目標の中に新しいソリューション事業を確立していくことが明示されており，内部開発に対しての時間短縮効果を狙って実行されている。そして，高い技術力は相手企業の人材の能力に依存している部分が大きいために，人材の獲得という要素も持っている。この点に関しても両企業ともに，優秀な人材をいかに買収後も残ってもらうのかということを重要課題としており，さまざまな動機付けのための施策が用意されている。そして，それは単に金銭的誘因だけではなく，シスコでは技術者のチャレンジ精神を刺激することなど心理面に対しても考慮されている。

### (2) 市場拡大型M&A

市場拡大型M&Aにおける戦略目標の特徴は，資生堂は化粧品業界，GEキャピタルは金融業界と対象とする分野は異なるが，グローバル市場におけるトップ企業を目指していることである。

資生堂では，グローバルな経営展開を本格的に推進するために「グローバルNo.1」という戦略目標を策定し，その中でM&Aによる新事業開拓の重要性を盛り込んでいる。さらに，近年の化粧品業界では1つの企業が複数のブランドを傘下において競争するグループ間競争に直面しているために，資生堂でも「SHISEIDO」ブランド以外のものを成長させていくことが課題になってきた。同社にはアウト・オブ・シセイドーという独立したブランドは以前から形成されており，そうしたブランドの方が成長率が高いという現状も指摘されている。しかし，さらに海外売上高を伸ばしていくには，現在のラインナップだけでは不十分であるために，海外の有力ブランドの買収に

よって，資生堂が所有しない価値を持つブランドを補足することが必要になり，グローバル・マルチブランド戦略が提唱される。そして，こうした戦略目標を達成するためにマルチプル M&A が展開されていくのである。

GEC では，GE 本社の活動する市場において「No.1, No.2」の地位を獲得するという戦略目標を継承して経営が行われている。同社ではシティバンクやメリルリンチのような巨大金融機関が対象とはしないニッチ市場をターゲットにし，進出した市場での確固たる地位の確保を目標としている。そして，金融業界では世界各国における法律や規制の問題，顧客基盤を十分に獲得するまでには時間とコストがかかるために M&A を繰り返すことによってその時間短縮効果を享受している。アンダーセン・コンサルティングは，現在の成功している金融機関のビジネスモデルを分析する中で GEC のようなタイプの企業をコンソリデーター (consolidator) として特徴付けている（アンダーセン，1998）。つまり，自社内部の経営資源による市場拡大戦略ではなく，対象とする市場で活動する既存企業の買収によって，業界におけるシェアを拡大することから支配的なポジションを獲得し，業界全体の構造変革に取り組むのである。そのために，M&A は 1 回限りのものではなく，ニッチ市場において支配的シェアを獲得していくために連続的に行われることが必要になる。

市場拡大型のマルチプル M&A の戦略目標に共通しているのは，活動する市場においてトップのポジションを獲得することを狙いとしていることである。そして，内部成長にだけ依存している場合には，同じ業界の他企業との競争に勝っていかなければならないために，目標達成までに相当の時間と労力がかかってしまう。そして，すでに業界の規模がある程度安定しているために，ゼロサムゲーム的な競争となってしまう。そこで，既存の有力ブランドや多くの顧客基盤を持つ金融機関の買収が，新しくそれらを創設するまでに必要となる時間の短縮になり，さらに競争も回避していけるためにコストも低減させるという効果がある。つまり，競争相手との関係を意識した上での M&A 活動であると指摘できる。

市場拡大型 M&A とその戦略目標の特徴に関して論じてきたが，買収企業と被買収企業の間には技術獲得型とは異なる関係が分析できる。技術獲得型では買収企業は主導的立場にあるものの，被買収企業は買収企業にはない特定の優秀な技術を持つということで，その点に関しては買収企業よりも優れた立場にある。しかし，市場拡大型の場合の事例を分析すると，資生堂では相手企業の売却戦略に基づくブランド買収や，GEC では業績不振企業の買収というように，買収企業の方が多くの場面で優位な立場にあることが認識できる。ただし，これはその立場を利用して相手企業を支配的に経営していくということを意味するのではない。

## 3. 小括

各企業の事例を比較してきたが，戦略目標に関しては，日本企業と米国企業という区別よりも，技術獲得型と市場拡大型というようにマルチプル M&A のタイプによってその特徴が異なると指摘できる。どの企業でも戦略目標を達成するための手段としてマルチプル M&A は実行されている。M&A 自体が目的なのではなく，それを内部成長戦略の代替的戦略として明確に意識した上で取り組んでいるのである。

そして，戦略目標の策定においても，技術獲得型の場合には「ソリューション」という製造業が情報化社会の中での競争に生き残るためには必要な課題が盛り込まれており，市場拡大型の場合には経営のグローバル化を反映することによって，活動する市場においてトップの地位を築いていくという視点から経営展開を考えている。

ただし，戦略目標をどの程度まで達成したのかという水準を，特に技術獲得型の場合には定量的に判断できないという問題点もある。また，No.1 の地位という基準も売上高などによって判断されるが，それはいわば企業が活動していく中での究極的な目標であり，曖昧な水準であるとも指摘できる。これに関しては，資生堂では達成基準を売上高目標という数値として明示しているが，最初に計画した期限の間では達成されなかった。

従って，ここで提示されてきた戦略目標とは全社的レベルからの企業の将来像を描写したものであり，従業員達を含む利害関係者を奮起させ，競争企業に対して自社の意気込みや方向性を示すことによって圧力をかけるという意図もある。しかし，現在のグローバルな寡占化している競争環境の中では上位3，4社位までしか存続することができないという指摘からすれば，やはりトップシェアを目指して経営を展開していかなければ生き残り自体が困難になるということも反映しての戦略目標であるとも認識できる（日経ビジネス；1997.5.26／1997.12.1）。

また，日本企業と米国企業のM&Aでは大きな相違点もある。米国企業では被買収企業に対して「何年後に投資額を回収し，ROE何％以上の達成」ということが明示されており，それが実現できなかった場合には売却されるケースも多い。シスコでは以前に3社は目標基準を達成できなかったとして売却している。しかし，日本企業の場合には一度買収した企業は売却されることがなく，業績不振になった場合でもグループ内の他の事業と結合させることによって存続が図られる。例えば，横河電機では今まで多くのM&Aが実行されながら売却したケースは1つもない。

こうした背景には，日本企業の一旦グループに入ったら運命を共同するという経営意識や従業員に対する考え方が影響しているものと考えられる。現在，日本企業のこのような慣行や意識は変化してきており，買収だけではなく不要な事業の売却戦略も重要な課題として指摘されているために，売却に対するノウハウ（例えば売却事業における従業員の処遇など）も今後議論していくことが必要になると考えられる。

さらに，本研究では戦略目標の達成手段としてマルチプルM&Aという買収に注目して議論を展開してきた。そして，主に内部成長戦略との時間短縮効果やコスト削減効果の視点からその比較が行われてきたが，同じ外部成長戦略としてアライアンスや合弁の存在をどのように考えるのかという課題が残っている。事実，各事例企業においてもアライアンスや合弁はM&Aと並行して実施されている。従って，それらの選択を分けている要因を分析する

ことも必要となる。

　第1に，買収の場合には他の外部成長戦略とは異なり，相手企業の経営資源を独占的に獲得できることである。これには，現在の寡占的な企業間競争も影響しており，競争企業によるターゲット企業の囲い込みを回避することも意図としてある。そして，マルチプルM&Aの最大のメリットは時間短縮効果にあるために，買収による手段の方がその効果を最も享受することができる。

　第2に，相手企業とのパワー関係に関連するものである。時間短縮効果を実現するためには，相手企業の持つ自社にはない技術を迅速に吸収し，また対象とする市場に進出していくことが課題となる。このような場合に，アライアンスや合弁では企業間の対等性が重視され，互恵的主義のもとで運営する必要がある。そのために，自社が主導権を獲得できずに十分なマネジメントが実行できず，効果を創出するまでに長い時間がかかってしまう可能性も懸念される。こうした弊害を避けるためには，相手企業を買収してそれを取り込むことによって，その後で積極的な経営介入を行える体制が形成されることの方が効率的である。従って，各企業ともに主導権の確保は重要な課題となっている。

　第3に，戦略目標の達成手段として事例企業においてはM&Aを推進していくことを対外的に明示している。これは，M&A仲介業者などからの持ち込み案件の増加につながり，買収の機会を以前よりも多く得ることができる。仲介業者は，契約成立やその関連業務などから利益を獲得しているために，持ち込む案件はアライアンスや合弁ではなく買収に関連するものである。つまり，M&A関連の案件の方が彼らの利益にもつながるのである。こうしたことを背景として，各事例企業ではM&Aを実行しやすい環境を外部のM&A関連会社が形成しているという側面も指摘できる。

　第4に，マルチプルM&Aが従来のダイアド関係の議論が対象にしていたM&Aとの大きな違いは，獲得したい技術や市場を明確にしている点である。つまり，どのような企業を買収したいのかが認識可能な状況にある。日本企

業の事例においても，横河電機ではETSからVA21へ，資生堂ではグローバルNo.1からグローバル・マルチブランド戦略というように，戦略目標の絞込みが行われており，それにより買収対象企業も以前よりも明確になり，その範囲も絞り込まれている。従って，場当たり的にM&Aを繰り返しているのではなく，その動機や将来の効果を十分に検討した上で実行されている。そして，自社の真意としてはその企業を買収したいという動機があるが，相手企業に現段階では売却の意識がないために，まずはアライアンスによって企業間関係の構築を図るというケースも見受けられる。つまり，アライアンスは買収に対する準備段階としても機能しているのである。

## 第3節　組織とM&Aコンピタンス

　マルチプルM&Aは，内部経営資源による技術開発や市場拡大の代替的戦略として，不足する技術や市場を補完するために複数の企業を繰り返し買収していくのが特徴であり，それを企業の重要な戦略として位置付けている。また，1つの買収企業が中心となって，複数の企業を買収しているために，1企業対複数企業の関係という特徴を有する。そのために，マルチプルM&Aを企業にとって有効な戦略として確立していくには，個別のM&Aを成功的に実行していくこととともに，他のM&Aを行う時にも同じような効果を上げていくことが課題となる。そして，1回限りではなく，複数のM&Aへ適用可能なマネジメント能力を企業内に確立していることが必要である。
　つまり，こうした企業にはM&Aの形成からその後のマネジメントという一連のM&Aプロセスを効果的に実行していく専門知識やスキルが存在すると考えられる。これは従来のダイアド的な関係のM&A研究からは見られなかったM&Aに関連する組織的能力であり，本研究ではこれをM&Aコンピタンスとして指摘した。M&Aコンピタンスを組織的に形成することによって，マルチプルM&Aをさらに発展させていくことが可能となるのである。そして，M&Aコンピタンスは競争優位の源泉として考えられるコア・コンピタ

ンスの1つとして認識することができる。本節では、M&Aコンピタンスがどのように組織的に形成されていくのかということを事例分析を通じて考察する。

## 1. 組織とM&Aコンピタンス

M&Aコンピタンスを企業のコア・コンピタンスとして形成していくための方法として、専門担当者や常設のプロジェクトチームの設置という企業内におけるM&A推進体制の確立、そしてM&Aコンピタンスの形式知化であるM&Aプロセスのシステム化に関して検討してきた。

まず、M&Aコンピタンスの特徴点は、単に多くのM&Aを実行すれば自然に形成されるというものではないことである。競争優位の源泉として認識されているコア・コンピタンスが過去の経験を反映して経路依存的に形成されていくという指摘のように、M&Aコンピタンスも組織的能力の1つであるために、過去のM&A経験がその形成に対して影響している。つまり、過去に行ったM&Aにおいて失敗したことや不十分なアプローチしか採れなかったという数々の経験から学習していき、それを次のM&Aの実行の時に活用していこうとする姿勢が重要な課題となる。

例えば、シスコでは初期に行われたM&Aに対しては、ポストM&Aの統合マネジメントの重要性を認識していなかったが、それでは十分な効果を引き出せないという過去の経験から、そのプロセスに対するアプローチの方法を改善している。GECでは過去のM&Aに関連してきた人物の持つノウハウや専門知識を集計し、さらにM&Aの各プロセスを成功的に実行していくためのベストプラクティスを抽出し、それを体系化することを実現している。つまり、経験からの学習効果とその中でのベストプラクティスの発見ということが、M&Aコンピタンスの形成には重要な影響を及ぼすのである。

次に、そうした経験からの学習を効果的に行っていくためには、組織内にM&Aに関連する専門の業務を担当する人物を設置することが要求される。これは、単に過去の案件からの学習を重視した経営を展開していくという目

標の設定だけでは効果を創出するには不十分であり，組織内に M&A に関連する専門知識やスキルを蓄積していく人物を特定することが必要である。そして，この担当者は1回限りではなく一連の M&A に携わっていくために，その学習効果を高めることによって自分自身の能力を向上させていくことが可能となる。その結果として以前よりも M&A プロセスを円滑に実行するための能力を形成していくのである。第2章第3節でも指摘したように専門担当者の設置には，環境の不確実性に対する分化された部門調整機能としての役割と，トップマネジメントの意思決定の負担を軽減する役割もある。つまり，組織内に専門担当者を設置することは，マルチプル M&A を一貫したフレームワークの中で実行することを促進し，実際に買収企業と被買収企業の統合プロセスにおいて発生する組織的問題を解決していくための支援的役割の視点からも必要な存在であると認識できる。

そして，専門担当者の所有する M&A コンピタンスは個人ベースのものであり，その人物が組織からいなくなった場合には，外部から同等の専門能力を持つ人物を補充しなければならず，過去の経験が活用されなくなるという問題が発生する。そこで，常設のプロジェクトチームの策定などによって，属人的コンピタンスを他の担当者と共有し，関連知識やスキルを M&A コンピタンスとして組織レベルから考えていくための体制が必要になる。さらに，それが人数的にも大規模になり，意思決定権限を強化させ，企業内にその存在意義を示す場合には部門レベルにまで昇格させることもある。

我が国では M&A に関連する業務は経営企画部（室）と呼ばれる部署が中心的役割を担っている。例えば，『東洋経済統計月報（1999年9月）』によれば，M&A 交渉の折衝について「経営企画部が中心的役割」（36.0%）と「中心ではないが関係する」（45.5%）であり，合計すると調査対象企業1018社の内の81.5%が M&A 交渉に関わっているという結果が出ている。しかし，経営企画部に属するすべての人が M&A に関係しているわけではなく，多様な業務を担当する中での1つであると認識することに注意が必要である。さらに，我が国の場合には，この調査項目にも入っていないものであるが，経

営企画部はプレ M&A を中心的業務として，ポスト M&A の専門担当者は明確に位置付けられていないという現状をも考慮すべきである。

　また，マルチプル M&A は企業の内部経営資源に基づく技術開発戦略や市場拡大戦略などと比較すると，その時間短縮効果が重視された戦略であった。そのために，期待した効果を迅速に実現するような素早い M&A プロセス全体の実行が要求され，特に価値を創出するための統合活動の展開が重要な課題となる。こうしたことを可能にする方法として，組織内に蓄積された知識やノウハウ，さらに外部の成功事例を参考にすることによって，各段階におけるベストプラクティスとして整理し，それを体系化していく作業が有効である。

　これは，M&A プロセスをシステム化していくことであり，暗黙知的特徴を有する M&A コンピタンスを形式知化していくことである。それは，企業内のデータベースにまとめられ，関係者が必要な時に使用できるために，そのフレームワークを基盤に毎回の案件に対処していくので，M&A 実行の労力や不確実性を低減させることが可能となる。そして，米国企業においてはマルチプル M&A 件数が非常に多いために，M&A プロセスをシステム化したモデルに従って，一定のフレームワークのもとで実行していき，短期間のうちに統合も達成することが実現されている。こうした方法は，M&A プロセス実行の1つの指標を提供するものであり，ガイドライン的な役割を担っている。

## 2. 各事例企業の比較分析

　M&A コンピタンスを組織的に形成していくための方法として，組織内に専門担当者やチームなどの M&A 推進体制を構築することの重要性を指摘してきた。さらに，M&A プロセスのシステム化という方法が，M&A コンピタンスを全社レベルで活用して，さらに M&A プロセス自体を短期間で実行して効果を引き出していくには有効なものである。

　こうした点に関しては，日本企業では最近になって M&A が重要な戦略的

位置付けとして認識されてきたことを背景として，米国企業と比較するとまだ確立していない部分も多い。そこで，マルチプル M&A の類型による比較よりも，日米企業間における各事例企業の比較分析を検討する。

## (1) M&A 推進体制の確立

　M&A に対する組織的な取り組み方と，それによって形成される M&A コンピタンスの内容に関しては，日本企業と米国企業では大きな相違があるために，それらを分類して考察する。

### ◎日本企業の事例

　本研究で採り上げた日本企業 2 社の事例は，我が国ではマルチプル M&A を最も効果的に活用している代表的企業である。そして，両社ともに M&A に対する組織的推進体制は，M&A を初めて行った時から現在の形態を採っていたのではなく，戦略目標達成の手段としてマルチプル M&A を展開していくのに従って，次第にその位置付けが確立されてきた。

　横河電機では，過去に海外企業との合弁事業や北辰電機との合併を経験してきた経緯がある。この時に交渉やその後のマネジメントの中心的役割を担っていたのは，当時の横河正三社長を中心とする取締役であった。つまり，経営者層が中心となって相手企業トップとの信頼感の構築や従業員同士の融和を促進するための施策が採られていた。そして，1987年頃に従来のPA を中心とした事業展開では不十分になってきたために，新たに FA 事業やそれらを統合した IA 事業を推進する企業への変革が課題となってきた。そこで，有望な市場において機会があれば，買収や資本参加，アライアンスなどが行われていく。この時期の M&A に関する業務は，各関連事業部レベルで行われており，事業部長などが役割の中心とされていた状況であった。従って，特別に M&A に関連する専門知識やノウハウなどの蓄積ということは考えられておらず，いわば従来の路線と同様のものであった。

　これは，資生堂においても同じことが指摘でき，「グローバル No.1」を提

唱する前までは，常務会の中にX会議と呼ばれるM&Aの最終意思決定機関があり，持ち込まれてきた案件の窓口として新規事業の開発業務を担当する開発部の中にM&Aスタッフが配置されているという状況であった。そして，M&Aも単独的な性格が強く，サロン事業と生産工場の買収だけに留まり，1990年から95年まではM&Aは1件も行われていない。

つまり，戦略目標を策定し，その達成のためにマルチプルM&Aを展開していく以前の段階では，積極的に相手企業を探索していくのではなく，金融機関等からの持ち込み案件や機会があればM&Aを行ってみるという内容のものである。そして，組織内において中心的役割を果たすのは経営者層であり，M&Aに関連するスタッフは存在するものの，彼らに特別の権限などは与えられておらず，組織上の位置付けも必ずしも明確なものではなかった。従って，M&Aは特別な戦略であり，各々の案件は独立したものとして認識されていた。M&Aに関連する専門知識やスキルを蓄積し，それを将来に活用していこうとする概念はなかったと考えられる。

M&Aに対する意識が変化し始めたのは，戦略目標を達成するために必要となる技術や市場を獲得する手段としてM&Aを展開していく姿勢を打ち出してからである。そして，それに従って組織における推進体制も変化してくる。横河電機では，ETSの発表を契機として新事業戦略機能を強化するために担当部署を設立し，そこに過去にさまざまなM&Aに携わってきた人物を置いて，全社的なM&A展開においても彼らの専門知識やスキルを活用していくことが狙いとされた。マルチプルM&Aでは各事業部門が単独でM&Aを実行していくのではなく，全社的視点から展開していくことが必要なので，専門の担当者を1ヵ所に設置することが必要になってきたのである。さらに，技術の獲得のためのM&Aに焦点を絞っているために，以前よりは比較的小規模のものであり，また数多くの案件を実行していくので，経営者層がすべての案件における一連のプロセスに関係していくことは業務上の負担を増加させることになる。それを回避するためにも担当者の存在は重要である。

資生堂においても,「グローバルNo.1」を提唱してからX会議を発展させたものとしてM&A委員会を設置し,さらに海外事業の買収が中心となるために国際事業本部の中に専門スタッフが配属されている。しかし,この体制では意思決定機関と実行機関が分離しているために,多くの問題点も残っていた。そこで,「グローバル・マルチブランド戦略」提唱後に,さらにM&A体制が変更される。意思決定の迅速化と情報収集の強化を目的に,約20人のスペシャリストによって構成される事業開発部として部門化されている。つまり,従来は社長を含む経営者層もM&Aに対して負担が課されていたが,関連業務の大部分を専門部署に任せ,経営者は最終的なチェック機能だけを果たす体制を構築している。

　このような,M&A推進体制の一連の変更は,M&Aが企業の重要な戦略として位置付けられてきたことが背景にあり,さらにM&Aに携わってきた人物を集めることによって,過去の経験から培ってきたノウハウやスキルを共有化し,将来の案件に対してはより効果的に対応していくことを目的としたものである。つまり,M&Aコンピタンスの形成に関して組織的に取り組んでいこうとする姿勢の表れであるとも認識できる。また,M&Aの性質そのものが,自社の存続自体に多大な影響を与える横河電機の北辰電機との合併や資生堂のゾートス買収などよりも小規模であり,獲得したい技術や市場・ブランドを明確に決定した上で取り組んでいるというように,従来のM&Aとは異なるという特徴も反映している。

　しかし,我が国のこのような専門担当者は,プレM&Aにおける対象企業の選択や交渉を中心的業務としている。専門担当者の中には金融機関などからスカウトされてきた人物もいるが,彼らはプレM&Aに対する業務の専門家であった。そして,ポストM&Aの統合に関しては,相手企業を取り込んだ関連事業部が管理していくことになる。従って,プレM&AにおけるM&Aコンピタンスの形成には積極的な展開を見せているが,ポストM&Aに関しての統合担当者などはまだ設置されておらず,それに関わるM&Aコンピタンスの形成は不十分であると指摘できる。

## ◎米国企業の事例

次に,米国企業の事例を考察する。事例で採り上げた2つの企業は,世界で最もM&Aを積極的に展開している企業であるとビジネス誌等によって評価されており,実際に他社からのベンチマーキングの対象にもなっている。それは,M&Aは1回だけの場合でも失敗する比率が高いとする指摘が大半を占める中で,GECでは10年間で300社以上,シスコでは8年間で約70社以上という非常に多くの買収を実施しており,そのほとんどすべてを成功させていることにある。これは,M&Aコンピタンスを明確に企業のコア・コンピタンスとして認識した上で,M&Aに対する組織的推進体制も確立されていることが重要な要因となっている。

シスコやGECにおいても,戦略目標をマルチプルM&Aによって達成することを明確にしてから,それに取り組むための組織構造が整備されてきた。そして,プレM&AとポストM&Aの両方に専門の担当チームを設置しているのが特徴である。

まず,プレM&Aに関しては,シスコでは事業開発部が専門的役割を担うが,他のさまざまな部署からも専門知識を持った人材が集められ,対象企業の選択,評価,交渉は別個のチームによって進められる。これは,各段階が非常に高度で異なった知識を要求するために,それぞれの専門家が対処していく方が効率が高いからである。そして,GECにおいても海外市場の開拓が中心となるために地域別に組織化された事業開発チームが同様の働きを担っている。そして,プレM&Aの担当者の多くは以前に金融機関やコンサルティング会社でM&Aの経験を持ち,関連する高度な専門知識やスキルを有する人材から構成されている。

ポストM&Aにおいては,両社ともに統合活動を専門業務とする統合担当チームが設置されている。マルチプルM&Aでは内部開発などに比較して時間短縮効果を重視しているために,いかに迅速に統合を完了させて成果を引き出すのかが課題となる。そこで,彼らはプレM&Aにおける買収監査の段階から統合計画を策定し始め,契約締結時からすぐに統合作業に入ってい

く。業務面における統合だけではなく，企業文化や行動規範，価値観というソフト面に対しても働きかけ，優秀な人材を引き留め，従業員の将来への不安や不満を解消していくためのコミュニケーション能力が要求される。従って，プレ M&A で必要とされた専門知識や能力とは，異質な資質が担当者には求められる。

以上のように，M&A に対する組織的推進体制には日本企業と米国企業では大きな相違があり，本研究における日本企業の事例では近年になってマルチプル M&A が本格的に展開してきたために，その整備に対しては現在進行中であると指摘できる。そして，M&A コンピタンスが持つ重要性に関しても最近になってようやく認識されてきた段階である。例えば，金融業界においては日本市場にも GEC のような強力な M&A コンピタンスを持つ外資系企業が買収を通して参入している。そうした中において，消費者金融業 4 位のアイフルは，会社更生手続き中の信販会社であるライフのスポンサーになるための優先交渉権を GEC などの外資に奪われることを懸念して，米モルガン・スタンレー証券をアドバイザーに迎えて，初めて業態を超えた M&A に着手している（日経産業新聞；2000.10.3）。

つまり，M&A コンピタンスは短期間のうちに形成されるものではないために，外部の M&A 専門機関として有名な金融業者やコンサルティング会社を活用することも，海外企業と競争していく上では必要なことである。そして，M&A に関しては先行している米国企業の事例から，一連の M&A プロセスに専門の担当者やチームを置くことが重要であり，それによって関連知識や能力を組織内に蓄積して M&A コンピタンスをコア・コンピタンスの 1 つとして考えていくことが可能となることが認識できる。

### (2) M&A プロセスのシステム化

企業が競争優位を獲得していく上で，企業内に蓄積された情報や，従業員の専門知識やノウハウという暗黙知をドキュメント化することによって形式

知に変換し，組織的レベルから活用を図っていくナレッジマネジメントが，経営戦略上の重要な課題の1つとなっている。M&Aにおいても同様のことが適用されており，専門担当者や担当チームに蓄積されたM&Aコンピタンスを組織的レベルから考えていくことを目的として，M&Aに関連するベストプラクティスを抽出することによって，M&Aプロセスのシステム化という作業が実現されている。ただし，日本企業ではこの段階までは達しておらず，事例として取り上げたシスコやGECでは具体化されており，マルチプルM&Aを数多く展開していく上で効果を発揮している。

シスコでは，5年前までは1つの案件の契約までに6カ月以上かかる場合も多かったが，現在では1カ月以内に交渉から契約まで完了することが可能になっている。また，組織統合においても100日統合プランと呼ばれるデータベース化されたマニュアルがあり，相手企業の資産管理から人事マネジメント，さらに企業文化などの浸透までを100日以内に実行していくことが実現されている。また，このシステム以外にも日常業務の中から統合を促進し，相手企業の技術者などを動機付けるさまざまなプログラムが用意されている。GECでは10年間の経験から各段階におけるベストプラクティスを抽出して，Ashkenas et al.（1998）がその結果をパスファインダーモデルとして体系化した。このモデルは4つの段階から構成され，M&Aに関連する担当者はこれを基盤にしてM&Aプロセスを展開していく。そして，GEでも効果を発揮しているシックスシグマなどの経営手法を相手企業に導入することによって，経営改善だけではなくGECの価値観や仕事の進め方の伝達も行われる。従来の一般的に指摘されてきた統合プログラムの多くは，買収企業から相手企業への移転という一方的な内容のものであり，相手企業は常に受動的な立場に置かれていた。しかし，GECでは彼らを能動的に扱い，さまざまな側面から刺激し動機付けることによって，新しい価値の創造を促進している。

M&Aプロセスのシステム化において特に重要視されているのは，ポストM&Aの統合プロセスを体系化している所にある。日本企業では，組織構造

と人材の融合を重要な課題としているものの,具体的な統合手段というものは存在せず,大合併において良く指摘されるたすき掛け人事のような曖昧なものや,トップや関連担当者の個人的能力に依存する部分が大きかった。その結果,統合完了までに時間がかかり,なかなか成果が生み出されないというケースが多かった。

しかし,米国企業の事例では担当者の個人的能力だけでは迅速な統合の実現は困難であることを認識しており,統合の手順や指針をプログラムとして整合化し,それをデータベース化することによって関係者同士で共有可能な体制を構築している。これは,担当者が組織から離反した場合にも,M&A関連の専門知識やスキルは他の関係者で補完することができ,M&Aコンピタンスは組織的能力として形成されているために,大きなマイナス的影響を受けないという効果もある。さらに,このようなシステムが組織内に存在するために,数多くのM&Aを成功的に実行していくことが可能となるのである。そして,1度構築されたデータベースも,案件に携わった人から新たな情報を収集することによってその都度更新し,その水準を向上させることによって,次のM&Aの時にはより高い水準のアプローチを実践していくことが目的とされる。

以上のように,M&Aプロセスのシステム化は,数多くのM&Aから期待した成果を引き出していく上では非常に重要なものであり,M&Aコンピタンスを組織内に定着する上でも有効な手段である。そして,近年の情報技術環境の革新なども,これを後押ししていると認識できる。

## 3. 小括

本節では,マルチプルM&Aを有効な戦略として展開する上で必要であるM&Aコンピタンスが,組織的に形成されていく内容に関して事例企業を考察した。まず,専門の担当者や常設のプロジェクトチームという企業内の推進体制を確立することの意義,さらに属人的なコンピタンスを組織的レベルから活用を図っていくM&Aプロセスのシステム化に関して整理してきた。

そして，M&A コンピタンスに対する認識とその形成レベルは，代表的な日本企業と米国企業の間で大きな相違が存在することが認識できた。そこで，第2章第3節で図示した M&A に対する組織的推進体制の発展に関するフレームワークを用いて，各国企業がどの段階に位置付けられ，これらの段階が発展していく背景的要因に関して分析する。

### (1) M&A コンピタンスの形成段階の分析

米国企業では，一連の M&A プロセスに専門担当者が設置され，M&A プロセスのシステム化も実践されており，M&A コンピタンスを企業のコア・コンピタンスとして認識した上でその取り組みがなされている。一方，日本企業では近年になってプレ M&A に対しての業務を中心的な役割とする専門担当者の設置が行われてきた段階である。

**図表4-11　M&A に対する組織的推進体制**
(事例の各国企業の段階)

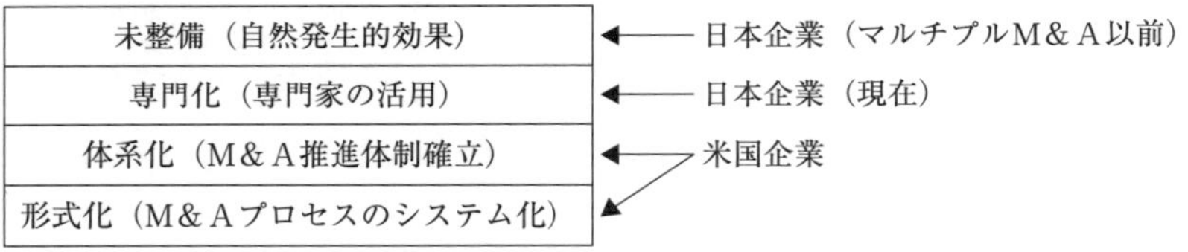

|  |  |
|---|---|
| 未整備（自然発生的効果） | ← 日本企業（マルチプルM&A以前） |
| 専門化（専門家の活用） | ← 日本企業（現在） |
| 体系化（M&A推進体制確立） | ← 米国企業 |
| 形式化（M&Aプロセスのシステム化） | |

本研究では，日本企業と米国企業のどちらの組織的推進体制が優れているのかを分析することが目的ではない。日本企業と米国企業では M&A に対する認識やそれを取り巻く環境が大きく異なり，日本企業は近年になってようやく M&A を戦略的視点から考え始めてきた状況である。従って，マルチプル M&A も最近になって一部の企業で活発に展開され始めてきたために，現在 M&A コンピタンスの重要性を認識し，その形成に取り組み始めてきた段階であると指摘できる。一方で，米国企業は M&A コンピタンスを企業のコア・コンピタンスとして確立しているために，両者の置かれている段階には大きな相違があると認識できる。この相違点を分析することによって，M&A コンピタンスの形成プロセスを検討することが可能となる。

第4章　M&Aコンピタンスの形成要因　255

　つまり，M&Aに対する組織的推進体制の発展とM&Aコンピタンスの発展に関しては密接に関係していると第2章第3節において論じてきた。このフレームワークに従えば，マルチプルM&Aを実行する前の日本企業は未整備段階であり，現在では専門化段階に位置付けられる。一方で米国企業では，体系化と形式化の段階まで達している。従って，日本企業と米国企業が位置している段階は異なり，特に専門化段階と体系化段階には大きな隔たりが存在する。そこで，この専門化から体系化のレベルへM&A推進体制が発展していく背景にある要因を考察する。

　この2つの段階の大きな違いは，体系化段階ではM&Aコンピタンスがコア・コンピタンスの1つとして形成されているという点にある。そのために，企業がM&Aコンピタンスを新しい組織的能力の1つとして開発する意図があるのかということがその発展に影響する。これには，企業が経営戦略を展開していく中でのM&Aの戦略的重要性が関係している。日本企業の事例ではマルチプルM&Aの展開に当たって，以前とはM&Aに対する意識は変化しているが，米国企業に比較すると現段階ではM&Aに対する依存度は低いと認識できる。それは，M&A案件の数によって反映されている。つまり，M&A件数の数量的な増加は，企業内におけるM&A関係者の人数も増加させていくことを示す。関係者の人数が多くなり，彼らが組織内に分散して存在する場合には，M&A関連の専門知識とスキルも分散していることを意味する。このような状況では，組織的なM&Aコンピタンスの形成は実現されない。そこで，彼らを専門チームや専門部署に集結させることが必要になり，M&Aコンピタンス形成への組織的推進体制を確立していくのである。

　現在の日本企業では米国企業ほど多くのM&Aは実行されてはおらず，M&A関連の専門知識やスキルの重要性は認識していても，それを組織的レベルからのコア・コンピタンスとして位置付けるまでには至っていない。つまり，多くの先行研究や実務レベルにおいて技術開発能力や事業システムなどはコア・コンピタンスとして十分に考えられているが，M&Aに関してはまだ一般的に認知されているとは言い難い状況である。

そして，体系化段階ではポストM&Aにも専門担当者を設置しているのが特徴である。このようなM&A関連の専門担当者の設置に関しては，企業に重要な影響を与えるために，従来はトップマネジメントからの意向によって決定されると一般的に認識されてきた。しかし，シスコの事例ではある役員が統合担当者の必要性を提案し，GECでも同様に人事担当責任者からの提案によって設置に至っている。つまり，現場の関係者が現状の対応では不十分であると認識し，統合担当者の必要性をトップに提案しているという点が指摘でき，必ずしもトップ主導ではないということである。従って，すべてをトップに負担させるのではなく，被買収企業に接している人たちからの現状改善に対する提案が大きい影響力を持つので，提案が出た場合には迅速に対応していく姿勢が要求される。次に，日本企業がM&A推進体制をさらに発展させ，M&Aコンピタンスを強化していくための方法に関して考察する。

### (2) M&Aコンピタンスの強化方法

　日本企業と米国企業の組織的推進体制の段階における相違を考察することによって，M&Aコンピタンスの組織的形成に対するプロセスを認識することが可能となる。つまり，どのような組織構造上の変化からM&Aコンピタンスの形成に対する取り組みが開始され，それをコア・コンピタンス化していくまでの経過を分析できるのである。従って，日本企業の取り組み方もマルチプルM&Aをさらに展開していく場合には，今後は米国企業で実践されている方向に近くなっていくと考えられる。そこで，M&Aコンピタンスの形成段階を専門化レベルから体系化レベルに発展させるための方法に関して考察する。

　このような現状に対して，我が国でも最近になってM&Aの専門家を養成する民間機関や講座が開設され始めている。例えば，商工会議所が主催するM&Aセミナーや各種団体が開催しているM&Aに関する講演会などがあり，さらに民間のビジネススクールのプログラムの中にもM&A関連の講座が導入されている。これは，我が国においてM&Aが重要な戦略として認識され

てきながら，GEC の現会長のデニス・ダマーマンも指摘するように，M&A に関する専門家が非常に不足していることを背景としている（日本経済新聞；2000.3.9）。

　しかし，専門家を育成するための教育プログラムの大部分は，プレ M&A の分析・評価・交渉に関する専門知識や法務・財務的知識の習得を中心的課題としている。従って，M&A から効果を引き出していく段階であるポスト M&A の統合マネジメントに関する相手企業の従業員とのコミットメントや信頼を築いていくための対人関係能力や調整能力などは，外部機関から学習していくことは困難であるために，企業内において統合担当者としての経験から学習していくことが重要である。従って，現在ではまだ設置されていない統合担当者の教育やその育成も今後の重要な課題となってくる。

　また，組織統合における被買収企業の人材配置の問題を解決するためのツールとして，社員1人1人の性格を科学的に分析し，適材適所を達成することを目標とするためのソフトの開発も実現されている。これは，富士銀ソフトウエアサービスが開発した「ストラキャスト」というもので，用意された80項目の質問に答えることによって，人間同士の相性の良し悪しを視覚的に認識することが可能になる（日刊工業新聞；2000.2.18）。こうした外部機関が作成したシステムを補足的に利用して統合スキルの向上を図ることも可能になってきている。

　つまり，単に組織内だけの経験に依存した学習効果に基づく M&A コンピタンスの形成に取り組むのだけではなく，外部専門機関の持つ専門知識やシステムツールを利用することによって，自社内部の力だけで行うよりも短期間のうちにコンピタンスを強化することも可能である。従って，M&A コンピタンスの形成においては，組織内部で実際の M&A を行う中で蓄積していく部分と，組織外部の専門機関から提供が可能なものを活用していくことができる。そして，それをいかに選択していくのかということも重要な課題の1つである。

## 第4節　M&Aコンピタンスと影響要因

　M&Aコンピタンスはコア・コンピタンスの一部分であり，企業特殊的な特徴を有するために，その形成には過去の経験が大きく影響している。トップマネジメントや専門担当者は，経験からの学習を通じてM&Aに関連する専門知識やスキルのレベルを向上させていく。その学習効果を促進するものとして，各個人の持つ知識の共有化のために，担当者を集合させるというプロジェクト・チーム化や部門化，さらにM&Aコンピタンスの形式知化であるM&Aプロセスのシステム化という手段が考えられてきた。つまり，個人的レベルからのM&Aコンピタンスの形成だけでは不十分であるので，組織的レベルからその形成のための仕組みを構築することが重要な課題として考えられてきた。

　さらに，M&Aコンピタンスの形成過程を通じて影響を与えている要因に関しても考察することが必要である。例えば，個人の能力が学習を通じてスキルアップしていく場合には，主体である個人のキャパシティの問題だけではなく，さまざまな要因から多くの影響を受けている。これと同様に，M&Aコンピタンスは組織的推進体制が構築されれば形成されていくというものではない。ある一時点ではなく，マルチプルM&Aを展開していく中での経験を通じて形成されていくために，その過程で企業内部と企業外部からさまざまな影響を受けている。そして，この影響要因はM&Aコンピタンスの形成を促進し，強化していくとともに，さらにマルチプルM&Aを展開していくための誘因としての側面も持っている。以下，こうしたことが指摘できる理由と，各要因がどのM&Aプロセスのコンピタンスに影響するのかということに関して検討する。

### 1. M&Aコンピタンスと影響要因

　まず，内部的影響要因の中でプレM&AにおけるM&Aコンピタンスに対す

第4章 M&Aコンピタンスの形成要因　259

るものとしては，戦略目標の達成手段としてマルチプルM&Aを展開することを明示したことによって，社内においてM&Aに対する意識の変化が挙げられる。戦略目標の達成にはM&A以外にも内部開発や社内ベンチャー等の多くの方法が考えられる。その中にあって，あえてM&Aによる目標達成ということを明示する行為は，非日常的な戦略としてのイメージが持たれていたM&Aを，企業の重要な成長戦略の選択肢の1つとして，その重要性を内部関係者に認知させることが意図としてある。つまり，関係者はさまざまな戦略を思案する中で，M&Aには時間短縮効果やコスト低減効果があり，さらに相手企業の経営資源を独占的に取得したい場合に，M&Aを選択する機会を増加させる。

　戦略目標達成の手段としてマルチプルM&Aを行使するということの明確化は，それ自身がM&Aコンピタンスなのではなく，プレM&Aの意思決定プロセスの戦略策定・選択・評価能力にプラスの影響を与える要因として認識できる。

　次に，内部的影響要因の中でポストM&Aに影響するものは，統合活動における戦略的ケイパビリティの移転や企業間学習を促進する風土・雰囲気の存在である。これは，企業が経営活動の中で培ってきた経営理念や企業文化が大きく関係している。そして，自然発生的に形成されてきた要因ではなく，企業の積極的な働きかけが必要になり，特に経営者が重要な役割を担う。つまり，相手企業の価値観や文化を理解し，常にアウトサイダーとでも協力して行動することができる組織風土や雰囲気を構築することが課題であり，トップからこれらのことを実践し，従業員にその重要性を示すことが初期段階では必要になる。従って，外部企業に対して閉鎖的な企業文化が形成されている場合には，円滑なポストM&Aマネジメントは実行することが不可能となる。そして，こうした要因は直接的にM&Aコンピタンスの一部分として構成されているのではなく，それを強化するためのサポート的な要因として考えられるものである。

　一方の外部的影響要因としては，その企業の持つ評判と威信の効果を指摘

してきた。これは，両方のM&Aプロセスに影響する要因である。企業に対する評判とは，その企業と直接的な取引を通じて形成されているものや，企業社会での一致した認識となっているものがある。評判は，過去の事業展開の中から形成されていくものであり，M&Aに関連する評判としては，過去のM&Aの成功の経験やM&Aの積極的な展開の対外的発表によってもたらされる。そして，M&Aに関連した良い評判を形成することは，案件の持ち込みなどを増加させて選択の幅が広がることや，交渉時においても相手企業を迅速に納得させる要因となる。さらに，統合過程においても相手企業の従業員は，その評判を信用しているために，信頼関係の構築が円滑に実現でき，組織的問題の未然防止にもつながる。

戦略目標の達成手段としてマルチプルM&Aを展開することを対外的に発表することは，M&A関連のビジネスを行っている企業に対しても大きな影響を与える。戦略目標を策定した初期の段階では，経営者がマスコミなどのインタビューの度に，その意義と内容を強調する傾向が見られる。このような行為は，自社がM&Aに積極的な企業であるということのアピールにつながり，金融機関やコンサルティング会社等のM&A仲介業者からの持ち込み案件を増加させる。自社の分析を中心として買収対象企業を選択した場合には，それが最終的に契約に結び付くかは不確実なものである。しかし，持ち込み案件の場合には，先方に売却する意思があるために，相手企業が自社のニーズに適合し，買収監査によっても問題がなければ，素早く契約までの段階を達成することが可能である。これは，交渉時間やそれに伴う労力を軽減することができ，その分を他の業務に活用することが可能となる。

また，威信とは買収企業が被買収企業と比較して，業界において有名な企業である場合に効果を発揮する。技術力があるベンチャー企業の場合には，業界で強いポジションを獲得している企業に買収されることによって，現在よりも高い成長を実現できる可能性が出てくる。つまり，これは相手企業の売却に対する誘因として働く要因である。そして，統合プロセスに対しても相手企業に買収されたいという意識が強くあるために，効果的なマネジメン

第4章　M&Aコンピタンスの形成要因　261

トが遂行できる。

　以上のように，M&Aコンピタンスの形成に対する影響要因を企業内部と外部の視点から分類し，さらにM&Aプロセスとの関係から整理してきた。次に，これらのことが事例企業においてはどのように分析することができるのか考察する。

図表4-12　影響要因とM&Aプロセス

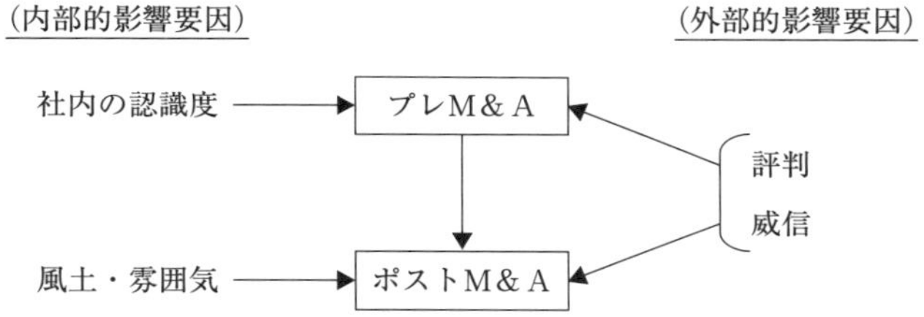

（内部的影響要因）　　　　　　　　　　（外部的影響要因）

社内の認識度　→　プレM&A　←　┐
　　　　　　　　　　↓　　　　　├　評判
　　　　　　　　　　　　　　　　├　威信
風土・雰囲気　→　ポストM&A　←　┘

## 2. 各事例企業の比較分析

　M&Aコンピタンスの形成に対する影響要因は，大きく企業内部と企業外部の視点から分類することができる。そして，企業が創業以来培ってきた歴史や今までのM&A関連の経験が大きく関係している。従って，企業毎にその内容には差異があると認識できる。ここでは，内部的影響要因と外部的影響要因から事例企業における特徴点を分析し，マルチプルM&Aの種類や日米企業間においても何らかの相違が存在するのか検討する。

### (1) 内部的影響要因の分析

　内部的影響要因としては，すべての事例企業において戦略目標を達成するための手段としてM&Aを重要な戦略として明示していることが特徴である。横河電機では，ETSを推進する上での新しいソリューション関連の技術を獲得するための手段としてM&Aを位置付けている。シスコにおいても自社内部での技術開発や研究開発に対する時間短縮効果を創出するための代替的戦略としてM&Aが実行されている。資生堂ではマルチブランド戦略を展開する上で同社にはない価値を持つ有力ブランドの買収を，GECではグ

ローバル市場展開において各国市場で短期間のうちに顧客基盤を築くためには，買収が最適な手段であると認識されている。つまり，各企業によってM&Aの目的は異なるものの，戦略目標の達成手段としてマルチプルM&Aを行うことを明確にしている点では共通している。

　我が国の場合では，従来はM&Aは特別な戦略というイメージが強いために戦略的視点からはあまり実行されることはなかった。しかし，戦略目標の明示という行為がもたらす効果としては，従業員の意識改革につながり，M&Aを行いやすい内部環境を構築することにつながる。この点に関して，横河電機でもETS以降は各事業のスタッフは，常に新しい技術を獲得するための選択肢の1つとして内部開発とM&Aを比較することからどちらが効果的であるかを分析している。そして，M&Aに関連する財務や法務のスタッフも従来はM&Aは非日常的な業務であるために，日常業務遂行上の障害として余計な仕事という認識をしている傾向にあったが，これに対する意識も変化してきている。資生堂でもグローバル・マルチブランド戦略の発表によって社内に専門の事業開発部が開設された。

　また，米国企業ではM&Aは従来から一般的な戦略として位置付けられてきたが，戦略目標の達成手段としてM&Aを積極展開するということの明確化は，社内における組織体制や関連するシステムを整備する上でも効果を発揮し，その結果としてプレM&Aプロセスに関連する能力強化が実現される。シスコではこの影響から，M&A担当チームも整備され，買収対象企業の選択基準が決定されるようになった。GECでも専門担当者やチェンジ・アクセラレーションという行動指針を体系化する方法が行われるようになっていく。

　次にM&Aを取り巻く風土や雰囲気の存在である。これは，ポストM&Aの統合プロセスに関わってくるものであり，特に技術獲得型のマルチプルM&Aの場合に強く影響する要因である。市場拡大型の場合には，買収企業が統合マネジメントの主導的役割を担って運営していくことは重要な課題であり，資生堂では買収後の計画を遂行できる有能な責任者の存在が成否を決

定すると考え，GEC では業績不振企業を買収するので積極的な経営改善策が実行される。しかし，これらのことはどのような人材を責任者として任命し，そのマネジメントを遂行させるのかということが焦点にあり，トップよりも下位の人材に関してはそれほど重要な取り扱いはなされてはいない。

　一方で，技術獲得型の場合には，ブランドや顧客基盤を取得することが目的ではなく，技術を対象としているために優秀な技術者に買収後も残ってもらい，現在の環境よりも優れた場やインセンティブを提供し，能力をいかんなく発揮してもらうことが課題となる。従って，相手企業の技術者達の買収後の離職を避け，将来も安心して働けるような雰囲気が重要な影響要因となる。横河電機では，創業以来「人を大切にする経営」「信義を重んじる経営」という理念の下で運営されており，これらのことは被買収企業の従業員に対しても同様の考えを持っている。特に，北辰電機との合併の時にはこの理念が徹底され，それが成功につながったという経験があるために，現在のM&A の時にも常に人事面に細心の注意を払ったマネジメントの実践に励んでいる。シスコでは，現在のような巨大企業になっても創業時のベンチャー精神を維持しており，アウトサイダーを受け入れる文化が構築されている。これは，買収した企業の従業員に対しても常に友好的に接していくということであり，実際に重要なポジションも買収によって獲得した人材が就任しているケースが一般的である。そして，買収後の離職率も他企業に比較すると非常に低いという統計も出ている。

　以上のように，M&A を取り巻く風土や雰囲気の存在は，ポスト M&A の人材マネジメントにおいて重要な影響を及ぼす要因である。こうしたことは，相手企業の従業員に安心感を与え，統合プロセスで発生する組織的問題の未然防止にもつながるものである。そして，外部から獲得してきた人達を歓迎するという雰囲気を持つことは，買収企業の従業員が相手企業の従業員と日常業務を遂行する中でも，無駄な対立や誤解を回避することができるという効果を持ち，戦略的ケイパビリティとしての技術や企業間学習を促進する要因として位置付けられる。

## (2) 外部的影響要因の分析

外部的影響要因としては買収企業に対する評判と威信が重要な効果である。評判や威信による効果は，一見するとM&Aコンピタンスとは直接的には無関連であると考えられる要因であるが，一連のM&Aプロセスに重大な影響を及ぼしている。例えば，横河電機のフェアな企業であるという評価や計測制御機器のトップメーカーの威信，資生堂のプレステージイメージや高いスキンケア技術を有すること，シスコの社会的ネットワークを重視する経営や高株価・高収益企業の評価，GECの世界最大のノンバンクという評価やトリプルAの資金調達力，さらに300社以上の買収経験がこれに該当する。こうした要因は相手企業との交渉や統合マネジメントを実行する中で，間接的に影響していると認識できる。つまり，相手企業が買収企業に対して持つ印象やイメージによって，その反応が異なってくるからである。

評判や威信による効果は各企業によって異なるものであり，通常の経営活動や過去のM&A関連の経験を反映して形成されてきたものである。従って，マルチプルM&Aの分類や日米企業間で比較するよりも，企業毎にこの影響要因を検討することによって，外部的影響要因がどのようにM&Aコンピタンスと関連しているのかを分析することが有効であると考える。

まず，横河電機では過去の不況期でも人員削減を行わなかったなど，常に経営理念を遵守した経営が展開されてきたために，同社は「人にやさしい企業」として企業社会において評価されている。さらに，HPやGEとの合弁事業，北辰電機との合併の成功的評価によって，同社は自社中心の利益を追求した経営だけをしているのではなく，パートナーに対しても利益を与える企業として，ビジネスにおいて非常にフェアな企業であるという評価を獲得している。こうした評判は，買収の際に相手企業に対して安心感や信用を与えるために円滑な交渉プロセスや，人を大切にしたマネジメントが統合プロセスでも実践されるために，期待した効果を創出する過程で肯定的な影響を与える要因として考えられるものである。

資生堂では，1957年の海外進出以来プレステージ・マーケティングを展開

しており，高いスキンケア技術に基づくプレステージ・イメージが構築されている。しかし，海外売上高を拡大するには，ミドルやマス市場を対象にした製品販売が必要になり，マルチブランド戦略を達成する上で自社にはない価値を有するブランド買収が行われている。相手企業から資生堂を見た場合には，プレステージという威信を持つ企業として認識されているために，そうした企業に買収されることは，グローバル規模での販路の拡大などさまざまな側面で恩恵を受け，現在よりも優れたポジションを獲得できるという期待や魅力につながる。そして，そうした要因は，交渉や統合マネジメントに対してプラスの効果を与える。

　米国企業では日本企業以上に評判や威信の効果は，M&Aの実行において重要な影響を及ぼしている。まず，シスコのようにシリコンバレーにある企業は企業同士の社会的ネットワークを重視し，「今日の顧客は明日の雇主」という言葉があるように，M&Aが盛んな地域であり，さらにビジネスを展開する上での信頼の獲得が重要な資産になっている。そこで，同社でも信頼に基づいた経営を展開することを重視している。また，同社の米国史上で最も成長した高株価・高成長企業という評価は，買収先のベンチャー企業にとっても魅力のあることであり，シスコの一員になることは名誉なことであるとも認識されている。最近では，こうした評判を形成したことにより買収の話を持ちかければ，余計な説明も必要なく交渉は進んでいくまでに至っていると指摘される。つまり，外部からの評判やM&Aによる企業成長モデルであるA&Dという手法を考案したことが，世界的規模で認知される段階まで達しており，そうした要因が一連のM&Aプロセスの実行に効果的な影響を与えているのである。

　GECにおいては，GEグループ全体の半分以上の売上高を誇る世界最大のノンバンクという評価やトリプルAの格付けによる資金調達力は，買収対象企業に対しても大きな魅力になっている。実際に，同社は業績不振企業をターゲットにして，そうした企業の経営改善によって利益を獲得している。つまり，GECに買収されることは，業績不振企業でも再建されることを意

味しているのである。過去の全世界で300社以上に渡る買収経験や，一連のM&Aプロセスをパスファインダーモデルとして体系化して，それを公表していることも，同社のM&Aに対する姿勢を明確に対外的にも示していることの表れである。

さらに，外部のM&A関連業務をビジネスとする企業に対しても影響を与えている。M&Aを推進することを対外的に発表することは，金融機関などのM&Aの仲介業務を担う会社からの持ち込み案件を増加させる。横河電機や資生堂においても現在では多数の持ち込みがあり，選択の幅が広がるという利点が指摘されている。また，日本ではM&Aに対する一般認識がまだ不十分であるので，積極的に相手企業に買収の話題を持ちかけるだけではなく，相手企業に売却の意思がないと契約段階まで話を進めることは困難である。そこで，持ち込み案件の増加は日本企業を買収対象にする場合には重要な機会を提供する場としての役目も持つ。また，GECは近年から日本市場をターゲットにM&Aを展開しているが，我が国の有力銀行や証券会社などでもノンバンク関係の案件がある場合には，まずGECに話を持っていくという指摘もある。つまり，こうした効果は対象企業選択や交渉段階における時間と労力を低減させるものであり，時間短縮効果を重要課題とするマルチプルM&Aにとっては非常に有効なものと認識される。そして，プレM&Aに関連するコンピタンスに対してサポート的な影響を与えるのである。

以上のように，各企業のM&Aコンピタンスの形成に対する外部的影響要因である評判と威信の効果に関して整理してきた。近年の企業経営の中では，こうした評判や威信は競争優位を構築する要因の1つとして認識されるようになってきた。そして，1度壊れてしまった評判を再度構築することは非常に困難なことである。これらの企業でも常にすべてのM&Aに対して，過去の企業活動を通じて形成されてきた評判を壊さないように対処することが課題であり，さらに高い評価を獲得できるように取り組んでいく姿勢が求められる。特に，日本企業の場合はM&Aが企業成長のための戦略的手段として認識されてきたのは最近になってからなので，過去の企業経営全般に渡

るイメージが大きく影響している。マルチプル M&A は 1 回限りで終結する特徴のものではなく,繰り返し実行されていくために,組織内部の M&A に対する取り組み方を整備していくだけではなく,できる限り外部的要因の持つ効果を活用することが有効な方法である。

## 3. 小括

　M&A コンピタンスに対する影響要因は,直接的に観察することは非常に困難であるために,事例研究の中からそれに関連する要素を抽出し,いかに解釈していくかが課題となる。そのために,各要因の内容や影響先に対する関係を明確に認識できないという問題点も有する。しかし,これらの影響要因は,企業の過去に活動してきた経緯やマルチプル M&A を取り巻く環境を分析することによって,その存在を把握することができる。つまり,影響要因は M&A にだけ関係しているものではなく,企業経営全般に渡って考えられるべきものである。そして,これらの要因は,M&A コンピタンスの形成をサポートし,さらに強化するための役割を持つのである。

　従って,戦略目標や組織体制に関しては,一律の視点から分析することが可能であったが,影響要因は経路依存的な特徴を有するために,企業によって大きな相違があり,比較分析することは困難である。しかし,M&A 戦略の明確化,評判・威信が及ぼす影響に関しては,すべての企業にとってマルチプル M&A を展開する上では欠かせないものである。つまり,M&A コンピタンスの形成は組織的推進体制にすべてを依存するだけではなく,それを強化する影響要因の存在にも注目して取り組んでいく必要がある。さらに,内部的影響要因である風土や雰囲気の存在は,技術獲得型の M&A を行う場合には,ポスト M&A の人事マネジメントやインセンティブの提供などが重要な課題になるために,特に考慮すべき要因である。

　以上のように,M&A コンピタンスの形成を考察するには,企業の戦略と組織の側面だけではなく,それらに対する影響要因の存在にまで視点を広げることが必要である。その影響要因をさらに多くの事例から比較分析してい

くことによって，同じ業界にありながら M&A を行いやすい企業とそうではない企業を区別することが可能となるかもしれない。そして，現在の研究段階ではまだ不十分であるが，さまざまな影響要因に対する積極的なマネジメントということも新たな課題として考えられる。

# 第5章

# 結　　論

## 第1節　M&Aコンピタンスの形成と競争優位

　本研究では，従来のM&A研究の中では議論されることのなかったテーマの1つであるM&Aの形成からその後のマネジメントという一連のM&Aプロセスを効果的に実行していく専門的知識やスキルの集合としての組織的能力をM&Aコンピタンスとして概念化した。そして，M&AコンピタンスはマルチプルM&Aを効果的な経営戦略として実行する上で不可欠であり，その内容と形成要因の分析を焦点に理論研究と事例研究の両方を用いて議論を展開してきた。本節は要約部分である。そこで，本研究が経営学的視点によるM&A研究に対してどのような理論的な意義を持つのかを整理する。本研究の独自性をM&A研究というフレームワークの中で再度明確にしていくことである。

　さらに，M&Aコンピタンスという概念は単に既存のM&A研究において新しい視点を導入するだけではなく，企業が競争優位性を獲得していく上でのコア・コンピタンスの1つとして位置付けられるべきものである。従って，M&Aコンピタンスを形成している要因に関する事例研究の分析と考察から得られた結論を検討し，それと企業の競争優位性の関係について整理する。

## 1. M&A 研究に対する意義

本研究は経営学的視点による M&A の先行研究に対して大きく3つの特徴点を有する。これらは，各々が独立したものではなく，本書の展開に従って認識されてきたものである。

### (1) プロセス・パースペクティブ

先行研究の多くは，M&A から価値を創出するための決定要因や関連指標の存在を分析することを重要なテーマの1つとしていた。例えば，買収企業と被買収企業の間における戦略的側面や組織的側面の適合性が高い場合には，優れたパフォーマンスを獲得できるとする研究である。そして，どのような要因が特に影響するのかということを財務的指標や株価指標によって分析する。本研究では，これらの研究を適合性研究として指摘し，プレ M&A を対象にした戦略的適合性研究と，ポスト M&A に対する組織的適合性研究に分類した。この研究は M&A の価値創造を静態的に考え，プレ M&A は経営戦略論で扱うテーマを中心に，ポスト M&A では経営組織論や人的資源管理論のテーマを対象にしているということで，M&A プロセスの一方だけを分析し，2つのプロセスは関連ないものとして認識されてきた。つまり，M&A には準備・交渉・統合という段階から構成されているにもかかわらず，それらを一貫した視点から分析したものではなく，M&A の一部分を対象にした議論である。

経営組織論においても，単に静態的な組織構造を分析することから，その変化を扱う組織変革に関する動態的な議論が中心的課題になってきたことと同様に，M&A 研究においても動態的な視点から考えていくことが必要である。つまり，この視点に基づく M&A 研究とは，時間的経過とともにどのように M&A が変動していくのかということを扱い，M&A を準備・交渉・統合という各段階に分類しながらも，それらを一連のプロセスとして認識していくことである。M&A の価値創造の源泉を組織間の適合性ではなく，M&A プロセスに依拠するものとし，本研究ではこれをプロセス・パースペクティブ

として提唱した。そして，こうした視点からM&Aを分析することによって，各M&Aプロセスに存在するさまざまな問題点やそれに対するマネジメント上の課題が検討された。そして，特にポストM&Aの組織統合段階では単に経営資源の共有だけではなく，戦略的ケイパビリティの移転や組織間学習ということが重要な課題であると議論を展開した。

M&Aプロセス全体を体系的に論じる研究は，Haspeslagh & Jemison (1991) を契機にその重要性が注目され始めてきた。そして，最近ではBirkinshaw et al. (2000) が，ポストM&Aの統合プロセスをプロセス・パースペクティブにより分析し，人的資源の側面だけではなくタスクの側面も焦点にして，その統合プロセスがどのように価値創造と相互作用の関係にあるのかを論じている。つまり，M&Aに関する先行研究は研究分野によって扱うテーマが断片化しているという問題点があり，M&Aの価値創造を議論する場合にはM&Aプロセス全般に渡る視点が必要であるにもかかわらず，それは実現されていなかったのである (Baden-Fuller & Boschetti, 1996／Larrson & Finkelatein, 1999)。従って，プロセス・パースペクティブではプレM&AとポストM&Aは相互に関連し合っているものと考え，断片化していた研究視点を統合した考え方である。

プロセス・パースペクティブに基づく研究では，適合性研究がM&Aのパフォーマンスの指標として用いた定量的データによる分析よりも，少数の企業をサンプルとして事例対象企業のM&Aプロセスの変遷を詳細に分析することが課題とされる (Kaplan et al., 2000)。そのために，2つの研究では扱う対象だけではなく，その方法論まで異なることが特徴である。そして，本研究でも少数事例を詳細に分析することによって，提示した研究フレームワークの検討が行われている。

以上のように，本研究では第1章において先行研究のサーベイによってプロセス・パースペクティブによるM&A研究の内容と特徴に関して整理し，その意義を強調してきた。従って，本研究の第1の特徴点は，M&Aプロセスを明確に意識した上でその後の議論や事例研究が行われていることであ

る。

### (2) マルチプル M&A の分析

　先行研究では1つの買収企業と1つの被買収企業というダイアド的関係のM&Aを暗黙の前提として議論が展開されてきた。そして，M&Aは単独的な1回限りのものであり，企業が複数のM&Aを実行する場合でもその中の1つの案件に注目して，2者間の関係に焦点を絞って議論する傾向にある。しかし，近年のM&Aの特徴として，戦略目標を達成するための成長戦略の手段として複数の買収を連続的に行っているマルチプルM&Aと言えるべき新しいタイプのものが展開されている。これは，情報技術の高度化や市場のグローバル化の急激な進展を背景としており，企業もこれらの環境変化に迅速に対応していくことが課題とされる。従って，自社内部の経営資源に基づく技術開発や市場拡大戦略では，戦略目標を達成するまでには時間とコストが多大に必要となるために，その代替的戦略として該当する技術や市場を有する企業を買収していくのである。それによって時間短縮効果とコスト低減効果を獲得することが可能となる。つまり，マルチプルM&Aは1つの買収企業と複数の被買収企業という関係を持ち，先行研究では想定されていなかったものである。

　マルチプルM&Aを展開している企業では，1回のM&Aでも期待した成果を生み出すのは困難であると指摘される中で，数多くのM&Aを成功的に実行しているという特徴がある。本研究では複数企業を買収し，それらから価値を創造していくための買収企業が有する組織的能力や，過去の買収経験が将来の案件に影響を与える組織的仕組みの存在に注目してきた。従って，個別のM&Aの1つ1つはダイアド関係であるが，戦略目標の達成という手段の中でのマルチプルM&A全体を議論の対象としていることが第2の特徴点である。

　そして，マルチプルM&Aの経営戦略とマネジメントがダイアド関係のものとどのように異なるのかを，複数企業との関係をテーマにした先行研究を

参考にして第2章第1節において論じてきた。その中から指摘されたことは，買収企業と被買収企業という関係はあるものの，主従関係ではなく双方が単独では獲得できなかった利益を享受していくために協働関係が重視されているということである。つまり，技術獲得型M&Aでは特定技術に関しては被買収企業の方が優位な立場にあり，市場拡大型M&Aでは対象とする市場における顧客基盤の面では優位にある。従って，複数の企業を同時に運営していく必要があるために，その形成や構造はダイアド関係のものよりも複雑になり，企業間の調整を行って期待効果を引き出していくことが課題となるので高度なマネジメント上の能力が求められる。

### (3) M&Aコンピタンスの提唱

　第3の特徴点は，M&Aの準備・交渉・統合という一連のプロセスを効果的にマネジメントする専門的知識やスキルをM&Aコンピタンスとして提唱し，それがマルチプルM&Aを積極的な経営戦略として展開している企業にとってはコア・コンピタンスとして位置付けられることを論じていることである。M&Aコンピタンスは，プロセス・パースペクティブとマルチプルM&Aという2つの概念を提示したことによって初めて意義を持って論じることが可能となったものであり，それは個別のM&Aプロセスとともに複数のM&Aの間にあるプロセスも対象にすることを課題としている。つまり，各M&Aを独立的ではなく一連の流れの中で考えて，過去の経験や他企業のベストプラクティスからの学習効果を将来の案件に活用していく組織内メカニズムを考察している。

　従って，M&Aコンピタンスに関する議論は，M&A研究に新しい視点を提供するものである。Spekman et al.（2000）はアライアンスを対象に，従来のアライアンス研究はその形成やマネジメント上の課題を焦点に展開されてきたという特徴を有し，アライアンス自体をマネジメントする組織的能力の存在を対象とする議論を第2世代の新しい研究として位置付けている。これは，M&A研究においても同様のことが指摘でき，先行研究では買収企業の

有するM&Aに関する専門的知識やスキルの集合としてのコンピタンスの存在や，それを組織的レベルから形成し，マルチプルM&Aを効果的に実行していくための組織的推進体制やその方法論などについての議論はされてこなかった。

本研究では，M&Aコンピタンスの内容とその組織的形成に焦点を当てて議論を展開してきた。そして，M&Aコンピタンスの形成にはM&Aに対する組織的推進体制とそれに対する影響要因として考えられる企業内部でのM&Aに対する認識度や風土・雰囲気，企業外部における他企業からの評判や威信の効果を指摘した。実際に，マルチプルM&Aを内部開発等の代替的戦略として使用して成長を図っている企業では，M&Aコンピタンスを企業のコア・コンピタンスとして認識している。特に，事例企業として取り上げた米国企業のシスコシステムズやGEキャピタルでは，M&Aコンピタンス形成のための組織的推進体制が確立され，M&Aプロセスのシステム化が実践されている。日本企業の横河電機や資生堂でも米国企業のレベルには達していないが，専門担当者や常設のプロジェクトチームの設置を通して，その形成の途中段階に位置付けられる。次に，M&Aコンピタンスが企業の競争優位に対してどのように関係するのかを整理する。

## 2. M&Aコンピタンスと競争優位

企業の有するコンピタンスに関しては，競争優位の源泉を独自性のある企業特殊的な経営資源や能力に依拠するRBVによる研究において積極的に議論されている。これらの議論では，特定の技術や研究開発能力，事業システムなどの機能レベルに注目しているという特徴がある。つまり，企業内部の経営資源を活用することによって，他企業が模倣困難なコンピタンスを形成することが競争優位性につながるとしている。従って，それは企業内部で開発された経営資源や能力などを焦点としており，外部の他企業の有するそれらに対しては考慮されていない。

しかし，本研究の対象としたマルチプルM&Aの場合には，時間短縮効果

やコスト削減効果に注目して，内部開発の代替戦略として買収を行い，外部企業の持つ経営資源や能力を獲得して，それを活用することを目指したものである。このように考えれば，内部開発によって獲得される効果や機能をM&Aが担っているために，M&Aを企業の経営戦略として形成し，さらにその後のマネジメントを効果的に行っていくという組織的能力も存在し，それは企業ごとに特徴が異なるはずである。そして，そうした能力をM&Aコンピタンスとして提唱し，それもコア・コンピタンスの1つとして認識することが可能であるというのが本研究の主張である。

従って，M&Aの実行が企業の競争優位に直接的につながるわけではないということを認識する必要がある。マルチプルM&Aは企業成長のための戦略目標を達成する手段として用いられてきた。特に，自社が活動する市場において必要とされる経営資源を補完することを目的にM&Aの時間短縮効果を最大限に活用する形で行われる。技術獲得型M&Aではソリューション事業の拡大などの新しい技術の開発時間を短縮するために，市場拡大型M&Aでは短期間のうちに新しいブランドや顧客基盤を獲得して市場地位を向上させるために買収が実行されるのである。つまり，マルチプルM&Aの分類によって戦略目標の焦点も異なる。

そして，戦略目標を達成する上で自社の必要とする経営資源を有する企業を選択するとともに，ポストM&Aの統合マネジメントにより価値が創造されるのかが決定される。期待した成果を創出したM&Aは戦略目標の達成に貢献し，それが企業の競争優位性を向上させることにつながっていく。重要であることは，M&Aを行ったという事実ではなく，いかに目的に適合した企業を選択し，その後の効果の創出に重要な影響を及ぼすM&Aコンピタンスが存在しているかどうかという問題である。つまり，マルチプルM&Aはすべての企業が有効な戦略として実行できるのではなく，M&Aコンピタンスを形成することが必要となり，そうした企業に対して競争優位を向上させていく経営戦略である。

M&A研究において組織の能力に関しては，企業間における重要な経営資

源や戦略的ケイパビリティの移転，組織間学習との関係で議論されてきた。しかし，これらの研究は，一方の企業で開発された経営資源や能力を他方に移転することや，企業間で新たな資源などを開発するということがテーマであり，ポストM&Aで行われる活動を中心としたものである。従って，プレM&Aに関してはその対象から除外されている。M&Aコンピタンスはプレ M&A からポスト M&A までの一連のプロセスに関わる専門知識や能力であるために，従来の議論ではその一部分しか論じていないことになる。つまり，本研究ではプロセス・パースペクティブによって，それぞれのプロセスに関わる M&A コンピタンスの具体的内容に関して整理した。それは，事例研究の分析においても見られたように，各企業によって特徴が異なり，それが独自性としての意義を持っていると考えられる。

本研究では M&A コンピタンスの内容を考察していくとともに，その形成要因を第4章第1節において1つのフレームワークとして提示した。マルチプル M&A は，内部開発の代替的戦略としての性格を持つために，それに効果的に対応することが可能な専門の組織的推進体制を構築する必要がある。そして，組織体制の整備とともに組織内に M&A 関連の専門知識やスキルが蓄積されて M&A コンピタンスとして形成されるのである。

つまり，M&A に対する組織的推進体制の発展と M&A コンピタンスの強化とは密接に関係し合っているのである。事例企業の分析において米国企業の2社は M&A コンピタンスをコア・コンピタンスとして認識しており，そのための専門チームの設置や M&A プロセスがシステム化されていることを検討した。一方で，日本企業は最近になって M&A が重要な戦略となってきたことなども背景にあり，プレ M&A 段階に専門担当者や専門部署を設置しているに過ぎない。そして，まだ M&A コンピタンスをコア・コンピタンスとして確立するまでには至っていない段階である。

日米企業間で単純に M&A コンピタンスの内容が異なるのではなく，M&Aを取り巻く組織体制が大きく異なるために，それによって形成される M&A コンピタンスの位置付けやその内容も異なるということが考察できる。ま

た，組織的推進体制が発展していく背景には，企業の戦略におけるM&Aの依存度やその件数が関係していることが論じられた。従って，今後は日本企業もさらにマルチプルM&Aを積極的に展開していく可能性が高いために，米国企業の採用している形態に近くなり，その結果としてM&Aコンピタンスも現在よりも重視され，それを強化することが課題となると考えられる。

企業のコア・コンピタンスが経路依存的な特徴を有することに注目し，M&AコンピタンスもM&Aをマルチプルに展開していく過程で，過去の案件や他企業のベストプラクティスからの学習効果がその形成に関係し，さらに企業内部と外部の影響要因の存在を指摘した。影響要因はマルチプルM&Aの種類や日米企業間で相違があるのではなく，企業毎の相違が大きく関係し，それはM&A関連の経験だけではなく，企業経営全般に渡って関係していることが認識できた。そして，内部的影響要因であるM&A戦略の明確化による効果はプレM&Aに，M&Aを取り巻く風土や雰囲気はポストM&Aのコンピタンスに影響を与える。外部的影響要因である評判や威信の効果は一連のM&Aプロセスに関わるコンピタンスに関係しており，その形成の強化につながっている。従って，影響要因の存在を無視してM&Aコンピタンスを論じるのでは不十分であり，影響要因が企業ごとに異なるために，その結果として形成されるM&Aコンピタンスが企業特殊的な特徴を有するのである。

以上のように，本研究ではM&Aプロセスを研究視点とするプロセス・パースペクティブに基づき，マルチプルM&Aを分析対象にすることによってM&Aコンピタンスの存在を概念化してきた。そして，その内容と形成要因に注目してフレームワークを設定し，その検証を目的に事例企業の分析と考察を行ってきた。M&Aコンピタンスに関する議論は，M&A研究に新しい視点を提供するとともに，RBVに関しても新しい課題を導入するものである。従って，まだ検討すべき課題も存在する。それに関して次節において若干の展望を整理する。

## 第2節　今後の研究課題

　本研究ではM&Aコンピタンスの内容とその形成要因を中心に議論を展開してきたが，今後の研究課題としては，M&Aコンピタンスの概念をより精緻化し，そのコア・コンピタンスとしての特徴をさらに深く分析していくことにある。研究の方向性としては，M&Aコンピタンスの強弱という具体的な評価に関する課題，企業の有する他のコンピタンスとの関係という2つの視点からの展開，さらに研究手法に関連する課題を検討する。

　まず，個別のM&Aの成功基準を評価するための尺度に関しては，多くの先行研究で議論されてきたテーマである。そして，調査手法や対象サンプルの相違などを背景として，現段階ではまだ一致した見解はないと指摘してきた。本研究では，こうした議論に関しては深く介入していないが，実行したM&Aの成否そのものではなく，M&Aを成功に導くためのM&Aコンピタンスの具体的な評価に関していくつかの課題が残されている。つまり，組織内におけるM&A推進体制の発展に従って，M&Aコンピタンスも強化されていくことを前提として考えてきたが，同じ発展段階にある他の企業のM&Aコンピタンスとの強弱の関係はどのように位置付けられるのか，M&Aコンピタンス自体を客観的に認識するための指標は存在するのかという問題である。M&Aコンピタンスを具体的に評価するための何らかの指標が存在すれば，企業としてもそれに関連する側面を集中して強化すれば良いために，その取り組みも容易になると考えられる。

　現在，経営資源の評価に関しても，有形資産よりも無形資産や知的資産の方が企業が競争していく上では重要な要因として認識されており，このような無形資産や企業能力を評価することが課題となっている（岡田，2002）。そして，その評価には従来の財務的指標や株価尺度では不十分であると指摘されている。Evinsson & Malone（1997）は競争優位に大きな影響を与えているこのような経営資源を知的資本（intellectual capital）として指摘し，そ

の測定のための指標を具体的に検討している。さらに，Kaplan & Norton (1996) は企業経営における無形資産の存在を重視した上で，企業の業績評価とその経営管理を効果的に行うためにバランス・スコアカード（Balanced Scorecard；BSC）という業績評価指標を体系化している。

これらの評価指標の特徴は，財務的業績評価指標と非財務的業績評価指標，短期目標と長期目標，過去と将来の業績評価指標，外部的視点と内部的視点のバランスをとることを意図していることである。BSCは企業が変革し成長するための戦略目標を達成する上での重要成功要因分析を計量的に測定可能な業績評価指標として設定されたものである。そして，単なる業績評価だけではなく，経営を変革し，さらなる成長を目指すための指針として位置付けられている。

つまり，M&Aコンピタンスの強化を図る場合に，組織内にM&A推進体制を確立して，関連知識やスキルの蓄積を行っていくことは最も必要とされる方法である。さらに，米国企業ではそれよりも進んだ段階としてM&Aプロセスのシステム化が実行されていると指摘した。BSCの概念はM&Aプロセスをシステム化する作業において効果を発揮すると考えられる。

GEキャピタルのパスファインダーモデルにも見られるように，M&Aプロセスのシステム化においては，一連のM&Aプロセスにおけるベストプラクティスを抽出して，それを体系的に整理したものである。システム化したM&Aプロセスのさまざまな指標にBSCの業績評価システムを導入することによって，その効果を具体的に分析することが可能になる。それによって，企業がM&Aプロセスにおいて強い部分と弱い部分を認識することができ，弱い部分の強化に力を注ぐことによって，M&Aコンピタンス全体を強化することができる。さらに，M&Aプロセスをシステム化する前の段階においても，M&Aプロセスのさまざまなポイントにおいて評価システムを導入すれば，改善すべき点を認識することができ，以前よりも優れた効果の発揮が期待できる。こうした方法を企業間において使用すれば，その比較も実現することが可能であろう。つまり，BSC等の新しい業績評価指標の活用は，

M&Aコンピタンスの具体的評価に一歩近づくための効果的なツールとして認識できる。

　次に，本研究においては企業の内部開発に基づくコンピタンスとM&Aコンピタンスの異質性に関しては論じてきたものの，その関係については詳細には触れていない。つまり，同じ企業の中で外部成長戦略であるM&Aと並行して技術開発や社内ベンチャー等の企業内部の経営資源を使うことによる成長も図られている。そのような現状を考えた場合に，M&Aを含む外部成長の場合には，社内に蓄積されたコンピタンスがどのように活用されていくのか，M&Aコンピタンスは内部成長のために必要になるコンピタンスとどのような関係にあるのか，という点を分析していくことも重要な課題となる。

　この課題は，先行研究の中では成長戦略の選択に関する議論で行われてきたが，その多くは二者択一的な解釈であり，その関係までは論じていない。つまり，企業の戦略目標に対する達成手段の相違によって，その関係が異なるという指摘が今までの考え方であるが，企業の内部的影響要因や外部的影響要因の存在も関係するために，同じ業界にありながらM&Aを積極的に実行できる企業とそうではない企業に分かれるという仮説も設定できる。M&Aを行いやすい環境に置かれている企業とそうではない企業が存在するのである。そして，そうした企業における内部成長戦略の位置付けを分析することにより，その関係を考えていくのである。こうした議論を展開していくには，さらに詳細な事例研究を実行するとともに，新規事業戦略や分社化などの先行研究も参考にすることによって考察することが必要であろう。

　さらに，M&Aコンピタンスの形成において，内部的・外部的影響要因が関係することを指摘してきたが，それよりも進んだものとして，現時点で形成されているM&Aコンピタンスが影響要因や組織に対してどのような関係を持つのかを検討することも時間の経過を考慮すれば重要な課題となる。つまり，各要因の相互関係を考察していくことであり，よりダイナミックな視点からの分析を行うことも必要である。

研究手法に関しては，プロセス・パースペクティブに基づく M&A 研究では個別事例研究が中心であった。しかし，従来から積極的に議論されている M&A 研究であった適合性研究では，定量的データに基づいた統計的手法が重視されてきた。従って，両者の研究手法は全く異なっているという特徴がある。この点に関して，Larsson & Finkelstein（1999）は M&A におけるシナジー効果の実現プロセスの分析に対してケースサーベイ法（case survey method；Larsson, 1993）という手法を使用している。この調査方法は多くの事例研究で報告された詳細で複雑なデータを数値化することによって，複数事例間の比較を定量的に行い，事例研究の一般的妥当性の欠如という問題点を解決することを目的としている。つまり，これは大量なデータベースを用いるクロスセクショナル分析と詳細な洞察を行う個別事例研究を結び付けたものであり，両者の持つ短所を補完する研究手法である。

しかし，事例研究を分析する中から認識されたデータを数値化する際に，明確な指標が存在せず，調査者自身がそのウェート付けをすることから，その客観性が十分に確保できないという問題も指摘されている。そうした批判の上でも，こうした新しい研究方法を取り入れて M&A プロセスを分析していくことは，さらなる研究レベルの向上につながるものであり，新しい研究課題を導くものであるために有益な方法の１つであると考えられる。

従って，現在一般的に行われている研究手法や研究視点にだけ固執するだけではなく，さまざまな新しい研究蓄積を常に把握することによって，M&A コンピタンスという概念をさらに洗練されたものにしていくことが今後の挑戦課題である。

# 参考文献

Adler, N.J. [1991], *International Dimensions of Organizational Behavior*, South-Western Publishing.（江夏健一・桑名義晴監訳『異文化組織のマネジメント』セントラル・プレス，1996年）

Amit, R. & P.J.H.Schoemaker [1993], Strategic Assets and Organizational Rent, *Strategic Management Journal*, Vol. 14, pp. 33-46.

Anand, J. & H.Singh [1997], Asset Redeployment, Acquisitions and Corporate Strategy in Declining Industries, *Strategic Management Journal*, Vol. 18, Special Issue Summer, pp. 99-118.

Anders, G. [1992], *Merchants of Debt*, Basic Books.（近藤博之訳『マネーゲームの達人』ダイヤモンド社，1993年）

アンダーセン・コンサルティング [1998]『金融業 勝者の戦略』東洋経済新報社

アンダーセン [2001]『統合的M&A戦略』ダイヤモンド社

Anslinger, P.L. & T.E.Copeland [1996], Growth through Acquisitions, *Harvard Business Review*, Jan-Feb, pp. 126-135.

Ansoff, H.I. [1965], *Corporate Strategy*, McGraw-Hill.（広田寿亮訳『企業戦略論』産能大学出版部，1969年）

Ansoff, H.I., R.G.Brandenburg, F.E.Portner & R.Radosevich [1971], *Acquisition Behavior of U.S.Manufacturing Firms 1946-1965*, Vanderbilt University Press.（佐藤禎男監訳『企業の多角化戦略』産業能率短期大学出版部，1972年）

Ashkenas, R.N., L.J.DeMonaco & S.C.Francis [1998], Making the Deal Real : How GE Capital Integrates Acquisitions, *Harvard Business Review*, Jan-Feb, pp. 165-178.（「GEキャピタルが実践する事業統合のマネジメント」『ダイヤモンド・ハーバード・ビジネス』1998年4-5月，pp. 104-117.）

Ashkenas, R.N. & S.C.Francis [2000], Integration Managers, *Harvard Business Review*, Nov-Dec, pp. 108-116.（「インテグレーション・マネジャーの要件」『ダイヤモンド・

ハーバード・ビジネス』2001年2月, pp. 70-83.)

Badaracco, J.L. [1991], *The Knowledge Link*, Harvard Business School Press. (中村元一・黒田哲彦訳『知識の連鎖』ダイヤモンド社, 1991年)

Baden-Fuller, C. & C.Boschetti [1996], Creating Competitive Advantage through Mergers. (in H.Thomas. & D.O'Neal eds, *Strategic Integration*, John Wiley & Sons, pp. 91-112.)

Baden-Fuller, C. & J.M.Stopford [1994], *Rejuvenating The Mature Business*, Harvard Business School Press. (石倉洋子訳『成熟企業の復活』文眞堂, 1996年)

Balmer, J.M.T. & K.Dinnie [1999], Merger Madness, *Journal of General Management*, Vol. 24, No. 4, pp. 53-70.

Barkema, H.G. & F.Vermeulen [1998], International Expansion through Start-up or Acquisition : A Learning Perspective, *Academy of Management Journal*, Vol. 41, No. 1, pp. 7-26.

Barney, J.B. [1988], Returns to Bidding Firms in Mergers and Acquisitions, *Strategic Management Journal*, Vol. 9, pp. 71-78.

Barney, J.B. [1991], Firm Resources and Sustained Competitive Advantage, *Journal of Management*, Vol. 17, No. 1, pp. 99-120.

Barney, J.B. [1997], *Gaining and Sustaining Competitive Advantage*, Addison-Wesley.

Barney, J.B. & G.A.Walter [1990], Management Objectives in Mergers and Acquisitions, *Strategic Management Journal*, Vol. 11, pp. 79-86.

Bartlett, C.A. & S.Ghoshal [1989], *Managing Across Borders*, Harvard Business School Press. (吉原英樹監訳『地球市場時代の企業戦略』日本経済新聞社, 1990年)

Bartlett, C.A. & S.Ghoshal [1992], *Transnational Management*, Times Mirror Higher Education Group. (梅津祐良訳『MBAのグローバル経営』日本能率協会マネジメントセンター, 1998年)

Bartlett, C.A. & S.Ghoshal [1997], *The Individualized Corporation*, Harper Collins. (グロービス・マネジメント・インスティテュート訳『個を活かす企業』ダイヤモンド社, 1999年)

Bergquist, W., J.Betwee & D.Meuel [1995], *Building Strategic Relationships*, Jossey-Bass.

Bettis, R.A. & W.K.Hall [1982], Diversification Strategy, Accounting Determined Risk and Accounting Determined Return, *Academy of Management Journal*, Vol. 25, No. 2, pp. 254-264.

Bhagat, R.S. & S.J.McQuaid [1982], Role of Subjective Culture in Organizations, *Journal of Applied Psychology*, Vol. 67, No. 5, pp. 653-685.

Bing, G. [1996], *Due Diligence Techniques and Analysis*, Greenwood Publishing Group. (佐藤寿・田中眞彌・小山御稔訳『デュー・ディリジェンス成功戦略』東洋経済新報

社, 2000年)

Birkinshaw, T., H.Bresman & L.Hakanson [2000], Managing the Post-Acquisition Integration Process, *Journal of Management Studies*, Vol. 37, No. 3, pp. 395-425.

Bleeke, J. & D.Ernst [1993], The Way to Win in Cross-Border Alliances. (in J.Bleeke & D.Ernst eds, *Collaborating to Compete*, John Wiley & Sons, pp. 17-34.)

Borys, B. & D.B.Jemison [1989], Hybrid Arrangement as Strategic Alliances, *Academy of Management Review*, Vol. 14, No. 2, pp. 234-249.

Bower, J.L. & M.E.Raynor [2001], Lead from the Center, *Harvard Business Review*, May, pp. 92-100. (「戦略本社の共創リーダーシップ」『ダイヤモンド・ハーバード・ビジネス』2001年8月, pp. 80-92.)

Bresman, H., J.Birkinshaw & R.Nobel [1999], Knowledge Transfer in International Acquisitions, *Journal of International Business Studies*, Vol. 30, No. 3, pp. 439-462.

Brouthers, K.D. & L.E.Brouthers [2000], Acquisition or Greenfield Start-Up? Institutional, Cultural and Transaction Cost Influences, *Strategic Management Journal*, Vol. 21, pp. 89-97.

Bruner, R.F., M.R.Eaker, R.E.Freeman, R.E.Spekman & E.O.Teisberg [1998], *The Portable MBA, 3rd edition*, John Wiley & Sons. (嶋口充輝・吉川明希訳『MBA講座 経営』日本経済新聞社, 1998年)

Brush, T.H. [1996], Predicted Change in Operational Synergy and Post-Acquisition Performance of Acquired Businesses, *Strategic Management Journal*, Vol. 17, pp. 1-24.

Bruton, G.D., B.M.Oviatt & M.A.White [1994], Performance of Acquisitions of Distressed Firms, *Academy of Management Journal*, Vol. 37, No. 4, pp. 972-989.

Bunnell, D. & A.Brate [2000], *Making the Cisco Connection*, John Wiley & Sons.

Buono, A.F. & J.L.Bowditch [1989], *The Human Side of Mergers and Acquisitions*, Jossey-Bass. (上田武・高梨智弘訳『合併・買収の人材戦略』日経BP社, 1991年)

Burgelman, R.A. [1983], A Model of the Interaction of Strategic Behavior, Corporate Context, and the Concept of Strategy, *Academy of Management Review*, Vol. 8, No. 1, pp. 61-70.

Burgelman, R.A. & L.R.Sayles [1986], *Inside Corporate Innovation*, Free Press. (小林肇・海老沢栄一・小山和伸訳『企業内イノベーション』ソーテック社, 1987年)

Calori, R., M.Lubatkin & P.Very [1994], Control Mechanisms in Cross-border Acquisition, *Organization Studies*, Vol. 15, No. 3, pp. 361-379.

Camp, R.C. [1995], *Business Process Benchmarking*, Quality Press. (高梨智弘監訳『ビジネス・プロセス・ベンチマーキング』生産性出版, 1996年)

Campbell, A. & M.Goold [1999], *The Collaborative Enterprise*, Perseus Books.

Campbell, A., M.Goold & M.Alexander [1995], Corporate Strategy, *Harvard Business Review*, Mar-Apr, pp. 120-142.

Campbell, A. & K.S.Luchs eds [1998], *Strategic Synergy*, International Thomson Business Press.

Cannella, A.A. & D.C.Hambrick [1993], Effects of Executive Departures on the Performance of Acquired Firms, *Strategic Management Journal*, Vol. 14, special issue, pp. 137-152.

Cartwright, S. & C.L.Cooper [1993], The Role of Culture Compatibility in Successful Organizational Marriage, *Academy of Management Executive*, Vol. 7, No. 2, pp. 57-70.

Cartwright, S. & C.L.Cooper [1996], *Managing Mergers, Acquisitions and Strategic Alliances, 2nd edition*, Butterworth-Heinemann.

Chandler, A.D. [1962], *Strategy and Structure*, MIT Press. (三菱経済研究所訳『経営戦略と組織』実業之日本社, 1967年)

Chandler, A.D. [1990], *Scale and Scope*, Harvard University Press. (安部悦生・川辺信雄・工藤章・西牟田祐二・日高千景・山口一臣訳『スケール・アンド・スコープ』有斐閣, 1993年)

Chatterjee, S. [1986], Types of Synergy and Economic Value, *Strategic Management Journal*, Vol. 7, pp. 119-139.

Chatterjee, S. [1992], Sources of Value in Takeovers, *Strategic Management Journal*, Vol. 13, pp. 267-286.

Chatterjee, S., M.H.Lubatkin, D.M.Schweiger & Y.Weber [1992], Cultural Differences and Shareholder Value in Related Mergers, *Strategic Management Journal*, Vol. 13, pp. 319-344.

Child, J. & D.Faulkner [1998], *Strategies of Co-operation*, Oxford University Press.

Child, J., D.Faulkner & R.Pitkethly [2001], *The Management of International Acquisitions*, Oxford University Press.

Chiles, T.H. & J.F.McMAckin [1996], Integrating Variable Risk Preferences, Trust, and Transaction Cost Economics, *Academy of Management Review*, Vol. 21, pp. 73-99.

Christensen, H.K. & C.A.Montgomery [1981], Corporate Economic Performance : Diversification Strategy versus Market Structure, *Strategic Management Journal*, Vol. 2, No. 4, pp. 327-344.

Clemente, M.N. & D.S.Greenspan [1998], *Winning at Mergers and Acquisitions*, John Wiley & Sons.

Coff, R.W. [1999], How Buyers Cope with Uncertainty when Acquiring Firms in Knowledge-Intensive Industries, *Organization Science*, Vol. 10, No. 2, pp. 144-161.

Cohen, W.M. & D.A.Levinthal [1990], Absorptive Capacity, *Administrative Science Quarterly*, Vol. 35, pp. 128-152.

Collis, D.J. & C.A.Montgomery [1996], Competing on Resources, *Harvard Business Review*, July-Aug, pp. 118-128.（「コア・コンピタンスを実現する経営資源再評価」『ダイヤモンド・ハーバード・ビジネス』1996年6-7月, pp. 93-106.）

Collis, D.J. & C.A.Montgomery [1998], *Corporate Strategy*, Irwin.

Collis, D.J. & C.A.Montgomery [1998], Creating Corporate Advantage, *Harvard Business Review*, May-June, pp. 71-83.（「連結経営時代の全社戦略」『ダイヤモンド・ハーバード・ビジネス』1999年2-3月, pp. 10-25.）

Copeland, T., T.Koller & J.Murrin [1994], *Valuation : Measuring and Managing the Value of Companies*, John Wiley & Sons.（伊藤邦雄訳『企業評価と戦略経営（新版）』日本経済新聞社, 1999年）

Cray, D. & G.Mallory [1998], *Making Sense of Managing Culture*, International Thomson Business Press.

Datta, D.K. [1991], Organizational Fit and Acquisition Performance, *Strategic Management Journal*, Vol. 12, pp. 281-297.

Datta, D.K. & J.H.Grant [1990], Relationships between Type of Acquisition, the Autonomy given to the Acquired Firm, and Acquisition Success, *Journal of Management*, Vol. 16, pp. 29-44.

Datta, D.K., G.E.Pinches & V.K.Narayanan [1992], Factors Influenceing Wealth Creation from Mergers and Acquisitions, *Strategic Management Journal*, Vol. 13, No. 1, pp. 67-84.

Davenport, T.H. & L.Prusak [1997], *Working Knowledge*, Harvard Business School Press.（梅本勝博訳『ワーキング・ナレッジ』生産性出版, 2000年）

Davies, G., R. Chun, R.V. Silva & S. Roper [2003], *Corporate Reputation and Competitiveness*, Routledge.

Deal, T.E. & A.A.Kennedy [1982], *Corporate Cultures*, Addison-Wesley Longman.（城山三郎訳『シンボリック・マネジャー』新潮社, 1983年）

Deiser, R. [1994], Post-Acquisition Management : A Process of Strategic and Organizational Learning.（in G.V. Krogh, A.Sinatra & H.Singh eds, *The Management of Corporate Acquisitions*, Macmillan, pp. 359-390.）

Dowling, G. [2001], *Creating Corporate Reputations*, Oxford University Press.

Doz, Y.L. [1996], The Evolution of Cooperation in Strategic Alliances, *Strategic Management Journal*, Vol. 17, pp. 55-83.

Doz, Y.L. [1997], Managing Core Competency for Corporate Renewal.（A.Campbell &

K.S.Luchs eds, *Core Competency-Based Strategy*, International Thomson Business Press, pp. 53-75.)

Doz, Y.L. & G.Hamel [1998], *Alliance Advantage*, Harvard Business School Press. (志太勤一・柳孝一監訳『競争優位のアライアンス戦略』ダイヤモンド社, 2001年)

Dranove, D. & M.Shanley [1995], Cost Reductions or Reputation Enhancement as Motives for Mergers, *Strategic Management Journal*, Vol. 16, pp. 55-74.

Drucker, P.F. [1981], The Five Rules of Successful Acquisition, *The Wall Street Journal*, Oct 15.

Duhaime, I.M. & C.R.Schwenk [1985], Conjectures on Cognitive Simplification in Acquisition and Divestment Decision Making, *Academy of Management Review*, Vol. 10, No. 2, pp. 287-295.

Duysters, G., Ard-Pieter de Man, & L.Wildeman [1999], A Network Approach to Alliance Management, *European Management Journal*, Vol. 17, No. 2, pp. 182-187.

Dyer, J.H. & H.Singh. [1998], The Relational View, *Academy of Management Review*, Vol. 23, No. 4, pp. 660-679.

Edvinsson, L. & M.S.Malone [1997], *Intellectual Capital*, HarperCollins. (高橋透訳『インテレクチュアル・キャピタル』日本能率協会マネジメントセンター, 1999年)

Eisenhardt, K.M. [1989], Building Theories from Case Study Research, *Academy of Management Review*, Vol. 14, No. 4, pp. 532-550.

Elsass, P.M. & J.F.Veiga [1994], Acculturation in Acquired Organizations, *Human Relations*, Vol. 47, No. 4, pp. 431-453.

Fama, E.F. & M.C.Jensen [1983], Separation of Ownership and Control, *Journal of Law and Economics*, Vol. 26, pp. 301-325.

Finkelstein, A. [1997], Interindustry Merger Patterns and Resource Dependence, *Strategic Management Journal*, Vol. 18, pp. 787-810.

Fombrun, C.J. [1996], *Reputation : Realizing Value from the Corporate Image*, Harvard Business School Press.

Foss, N.J. ed [1997], *Resources, Firms, and Strategies*, Oxford University Press.

Fowler, K.L. & D.R.Schmidt [1989], Determinants of Tender Offer Post-Acquisition Financial Performance, *Strategic Management Journal*, Vol. 10, pp. 339-350.

Fray, L.L., D.H.Gaylin & J.W.Down [1984], Successful Acquisition Planning, *The Journal of Business Strategy*, Vol. 5, No. 1, pp. 46-55.

藤江俊彦・舘輝和 [1999]『経営とイメージ戦略』国元書房

藤本隆宏 [1997]『生産システムの進化論』有斐閣

Galbraith, J. [1973], *Designing Complex Organizations*, Addison-Wesley. (梅津祐良訳

『横断組織の設計』ダイヤモンド社,1980年)
Galbraith, J.R. & E.F.Lawler Ⅲ [1993], *Organizing For The Future*, Jossey-Bass. (寺本義也監訳『21世紀企業の組織デザイン』産能大学出版部,1996年)
Galbraith, J.R. & D.A.Nathanson [1978], *Strategy Implementation*, West Publishing. (岸田民樹訳『経営戦略と組織デザイン』白桃書房,1989年)
Gaughan, P.A. [1996], *Mergers, Acquisitions, and Corporate Restructuring*, John Wiley & Sons.
Gertsen, M.C., Anne-Marie Soderberg & J.E.Torp eds [1998], *Cultural Dimensions of International Mergers and Acquisitions*, Walter de Gruyter.
Geneen, H. & B.Bowers [1997], *The Synergy Myth*, St.Martin's Press.
Gomes-Casseres, B. [1994], Group Versus Group, *Harvard Business Review*, July-Aug, pp. 62-74. (「新たな競争優位:グループ VS グループ」『ダイヤモンド・ハーバード・ビジネス』1994年8-9月,pp. 4-12.)
Gomes-Casseres, B. [1996], *The Alliance Revolution*, Harvard University Press.
Granstrand, O. & S.Sjolander [1990], The Acquisition of Technology and Small Firms by Large Firms, *Journal of Economic Behavior and Organization*, Vol. 13, pp. 367-386.
Grant, R.M [1991], The Resource-Based Theory of Competitive Advantage, *California Management Review*, Spring, pp. 114-135.
Gray, B. & A.Yan [1997], Formation and Evolution of International Joint Venture. (in P.W.Beamish & J.P.Killing eds, *Cooperative Strategies : Asian Pacific Perspectives*, Lexington Books, pp. 57-88.)
Gruca, T.S., D.Nath & A.Mehra [1997], Exploiting Synergy for Competitive Advantage, *Long Range Planning*, Vol. 30, No. 4, pp. 605-611.
Gulati, R. [1998], Alliances and Networks, *Strategic Management Journal*, Vol. 19, pp. 293-317.
Gulati, R. & H.Singh [1998], The Architecture of Cooperation : Managing Coodination Costs and Appropriation Concerns in Strategic Alliances, *Administrative Science Quartely*, Vol. 43, No. 4, pp. 781-814.
Hagedoorn, J. [1993], Understanding the Rationale of Strategic Technology Partnering, *Strategic Management Journal*, Vol. 14, pp. 371-385.
Hagedoorn, J. & R.Narula [1996], Choosing Organizational Modes of Strategic Technology Partnering, *Journal of International Business Studies*, Vol. 27, No. 2, pp. 265-284.
Hagedoorn, J. & B.Sadowski [1999], The Transition from Strategic Technology Alliances to Mergers and Acquisitions, *Journal of Management Studies*, Vol. 36, No. 1, pp. 87-107.
Haleblian, J. & S.Finkelstein [1999], The Influence of Organizational Acquisition Experi-

ence on Acquisition Performance : A Behavioral Learning Perspective, *Administrative Science Quartely*, Vol. 44, No. 1, pp. 29-56.

Hambrick, D.C. & A.A.Cannella [1993], Relative Standing : A Framework for Understanding Departures of Acquired Executives, *Academy of Management Journal*, Vol. 36, No. 4, pp. 733-762.

Hamel, G & C.K.Prahalad [1994], *Competing for the Future*, The Harvard Business School Press.（一條和生訳『コア・コンピタンス経営』日本経済新聞社，1995年）

Hakanson, L. [1995], Learning through Acquisitions, *International Studies of Management & Organization*, Vol. 25, No. 1-2, pp. 121-157.

Harbison, J. & P.Pekar Jr [1998], *Smart Alliances*, Jossey-Bass.（日本ブーズ・アレン・ハミルトン訳『アライアンス・スキル』ピアソン，1999年）

Harrigan, K.R. [1986], *Managing for Joint Venture Success*, D.H.Heath & Company.（佐伯光彌訳『ジョイントベンチャー成功の戦略』有斐閣，1987年）

Harrigan, K.R. & W.H.Newman [1990], Bases of Interorganization Co-operation, *Journal of Management Studies*, Vol. 27, No. 4, pp. 417-434.

Harris, P.R. & R.T.Moran [1979], *Managing Cultural Differences*, Gulf Publishing.（国際商科大学国際交流研究所監訳『異文化経営学』興学社，1983年）

Haspeslagh, P.C. & A.B.Farquhar [1994], The Acquisition Integration Process : A Contingent Framework. (in G.V. Krogh, A.Sinatra & H.Singh eds, *The Management of Corporate Acquisitions*, Macmillan, pp. 414-447.)

Haspeslagh, P.C. & D.B.Jemison [1987], *Acquisitions : Myth and Reality*, Sloan Management Review, Winter, pp. 53-58.

Haspeslagh, P.C. & D.B.Jemison [1991], *Managing Acquisitions*, Free Press.

Haspeslagh, P.C. & D.B.Jemison [1994], Acquisition Integration : Creating the Atmosphere for Value Creation. (in G.von Krogh, A.Sinatra & H.Singh eds, *The Management of Corporate Acquisitions*, Macmillan, pp. 448-479.)

林伸二 [1993]『日本企業の M&A 戦略』同文舘

林伸二 [2000]「組織イメージと組織の評判」『青山経営論集』第35巻第1・2号，pp. 1-19.

Hayward, M.L.A. [2002], When do Firms Learn from their Acquisition Experience? Evidence from 1990-1995, *Strategic Management Journal*, Vol. 23, pp. 21-39.

Hax, A.C. & N.S.Majluf [1991], *The Strategy Concept and Process*, Prentice-Hall.

Hennart, J.F. & S.B.Reddy [1997], The Choice between Mergers/Acquisitions and Joint Ventures, *Strategic Management Journal*, Vol. 18, pp. 1-12.

Hennart, J.F. & S.B.Reddy [2000], Digestibility and Asymmetric Information in the Choice between Acquisitions and Joint Ventures, *Strategic Management Journal*, Vol. 21, pp. 191-193.

Hitt, M., J.Harrison, R.D.Ireland & A.Best [1998], Attributes of Successful and Unsuccessful Acquisitions of US Firms, *British Journal of Management*, Vol. 9, No. 2, pp. 91-114.

Hitt, M.A., J.S.Harrison & R.D.Ireland [2001], *Mergers & Acquisitions*, Oxford University Press.

Hitt, M.A., R.E.Hoskisson & R.D.Ireland [1990], Mergers and Acquisitions and Managerial Commitment to Innovation in M-form Firms, *Strategic Management Journal*, Vol. 11, Special Issue Summer, pp. 29-47.

Hitt, M.A. & R.D.Ireland [1986], Relationships among Corporate Level Distinctive Competencies, Diversification Strategy, Corporate Structure and Performance, *Journal of Management Studies*, Vol. 23, No. 4, pp. 401-416.

Hitt, M.A., R.D.Ireland & R.E.Hoskisson [2001], *Strategic Management : Concepts, Fourth Edition*, South-Western College Publishing.

Hofstede, G. [1991], *Cultures and Organizations*, McGraw-Hill International. (岩井紀子・岩井八郎訳『多文化世界』有斐閣, 1995年)

星野靖雄 [1990]『企業合併の計量分析 (改訂版)』白桃書房

Hubbard, H. [1999], *Acquisition : Strategy and Implementation*, Macmillan Press.

Hunt, J.W. [1990], Changing Pattern of Acquisition Behaviour in Takeovers and the Consequences for Acquisition Processes, *Strategic Management Journal*, Vol. 11, pp. 66-77.

一條和生 [1998]『バリュー経営』東洋経済新報社

稲葉元吉 [1979]『経営行動論』丸善

稲葉元吉 [2000]『コーポレート・ダイナミックス』白桃書房

Inkpen, A.C. [1997], An Examization of Knowledge Management in International Joint Ventures. (in P.W.Beamish & J.P.Killing eds, *Cooperative Strategies : North American Perspectives*, Lexington Books, pp. 337-369.)

Inkpen, A.C. [1998], Learning and Knowledge Acquisition through International Strategic Alliances, *Academy of Management Executive*, Vol. 12, No. 4, pp. 69-80.

Inkpen, A.C. & P.W.Beamish [1997], Knowledge, Bargaining Power, and the Instability of International Joint Ventures, *Academy of Management Review*, Vol. 22, No. 1, pp. 177-202.

Inkpen, A.C., A.K.Sundaram & K.Rockwood [2000], Cross-Border Acquisitions of U.S. Technology Assets, *California Management Review*, Vol. 42, No. 3, pp. 50-71.

石田英夫 [1994]「日本企業のクロスボーダー企業買収後の管理」『慶應経営論集』第11巻第2号, pp. 1-18.

石井淳蔵・奥村昭博・加護野忠男・野中郁次郎 [1996]『経営戦略論（新版）』有斐閣
伊丹敬之 [1984]『新・経営戦略の論理』日本経済新聞社
伊藤邦雄 [1999]『グループ連結経営』日本経済新聞社
伊藤邦雄 [2000]『コーポレートブランド経営』日本経済新聞社
Jackson, T. ed [1995], *Cross-cultural Management*, Butterworth-Heinemann.
Jemison, D.B. & S.B.Sitkin [1986], Corporate Acquisitions, *Academy of Management Journal*, Vol. 11, No. 1, pp. 145-163.
Jemison, D.B. & S.B.Sitkin [1986], *Acquisitions, Harvard Business Review*, Mar-Apr, pp. 107-116.
Jensen, M.C. [1988], Takeovers, *Journal of Economic Perspectives*, Vol. 2, No. 1, pp. 21-48.
Jensen, M.C. [1989], Eclipse of the Public Corporation, *Harvard Business Review*, Sep-Oct, pp. 61-74.（「LBO アソシエーション」『ダイヤモンド・ハーバード・ビジネス』1990年12-1月号, pp. 47-63.）
Jensen, M.C. & W.H.Meckling [1976], Theory of the Firm : Managerial Behavior, Agency Costs and Ownersip Structure, *Journal of Financial Economics*, Vol. 3, No. 4, pp. 305-360.
Jensen, M.C. & R.S.Ruback [1983], The Market for Corporate Control：the scientific evidence, *Journal of Financial Economics*, Vol. 11, pp. 5-50.
加護野忠男 [1980]『経営組織の環境適応』白桃書房
加護野忠男 [1999]『競争優位のシステム』PHP研究所
金井壽宏 [1991]「エスノグラフィーにもとづく比較ケース分析」『組織科学』第24巻第1号, pp. 46-59.
Kanter, R.M. [1989], *When Giants Learn to Dance*, Simon & Schuster.（三原淳雄・土屋安衛訳『巨大企業は復活できるか』ダイヤモンド社, 1991年）
Kanter, R.M. [1994], Collaborative Advantage, *Harvard Business Review*, July-Aug pp. 96-108.
Kaplan, S.N., M.L.Mitchell & K.H.Wruck [2000], A Clinical Exploration of Value Creation and Destruction in Acquisitions.（in S.N.Kaplan ed, *Mergers and Productivity*, The University of Chicago Press, pp. 179-237.）
Kaplan, R. & D.Norton [1996], *The Balanced Scorecard*, Harvard Business School Press.（吉川武男訳『バランス・スコアカード』生産性出版, 1997年）
Kester, W.C. [1991], *Japanese Takeovers*, Harvard Business School Press.
Kester, W.C. & T.A.Luehrman [1995], Rehabilitating the Leveraged Buyout, *Harvard Business Review*, May-June, pp. 119-130.

Khanna, T., R.Gulati & N.Nohria [1998], The Dynamics of Learning Alliances : Competition, Cooperation, and Relative Scope, *Strategic Management Journal*, Vol. 19, pp. 193-210.

菊地敏夫 [2000]「企業の合併行動の新局面」(日本経営教育学会編『経営教育研究　第3巻 - 21世紀の経営教育』学文社, pp. 73-87.)

岸田民樹 [1985]『経営組織と環境適応』三嶺書房

Kitching, J. [1967], Why do Mergers Miscarry ?, *Harvard Business Review*, Nov-Dec, pp. 84-101.

河野豊弘 [1999]「コア・コンピタンスと組織構造」『日本経営学会誌』第4号, pp. 3-17.

Kotter, J.P. [1996], *Leading Change*, Harvard Business School Press. (梅津祐良訳『21世紀の経営リーダーシップ』日経BP社, 1997年)

Krug, J.A. & W.H.Hegarty [1997], Postacquisition Turnover among U.S. Top Management Teams, *Strategic Management Journal*, Vol. 18, No. 8, pp. 667-675.

Kubler-Ross, E. [1969], *On Death and Dying*, Macmillan. (鈴木晶訳『死ぬ瞬間（完全新訳改訂版）』読売新聞社, 1998年)

Kusewitt, J.B. [1985], An Exploratory Study of Strategic Acquisition Factors Relating to Performance, *Strategic Management Journal*, Vol. 6, pp. 151-169.

楠木建・野中郁次郎・永田晃也 [1995]「日本企業の製品開発における組織能力」『組織科学』第29巻第1号, pp. 92-108.

桑田耕太郎 [1995]「経営資源の戦略的価値」『経済と経済学』第78号, pp. 37-55.

桑田耕太郎 [1996]「他者の経験からの組織学習」『経済と経済学』第80巻, pp. 69-84.

桑嶋健一 [1999]「医薬品の研究開発プロセスにおける組織能力」『組織科学』第33巻第2号, pp. 88-104.

Lajoux, A.R. [1998], *The Art of M&A Integration*, McGraw-Hill.

Lane, P.J. & M.Lubatkin [1998], Relative Absorptive Capacity and Interorganizational Learning, *Strategic Management Journal*, Vol. 19, pp. 461-477.

Larsson, R. [1993], Case Survey Methodology, *Academy of Management Journal*, Vol. 36, No. 6, pp. 1515-1546.

Larsson, R. & S.Finkelstein [1999], Integrating Strategic, Organizational, and Human Resource Perspectives on Mergers and Acquisitions : A Case Survey of Synergy Realization, *Organization Science*, Vo.10, No. 1, pp. 1-26.

Lawrence, P.R. & J.W.Lorsch [1967], *Organization and Environment*, Harvard University Press. (吉田博訳『組織の条件適応理論』産業能率短期大学出版部, 1977年)

Leonard-Barton, D. [1992], The Factory as a Learning Laboratory, *Sloan Management Review*, Vol. 34, No. 1, pp. 23-38.

Leonard-Barton, D. [1998], *Wellsprings of Knowledge*, Harvard Business School Press. (阿

部孝太郎・田畑暁生訳『知識の源泉』ダイヤモンド社, 2001年)

Lewis, J.D. [1990], *Partnerships for Profit*, Free Press. (中村元一・山下達哉・JSMS アライアンス研究会訳『アライアンス戦略』ダイヤモンド社, 1993年)

Lorange, P. & J.Roos [1992], *Strategic Alliances*, Blackwell.

Lorenzoni, G. & C.Baden-Fuller [1995], Creating a Strategic Center to Manage a Web of Partners, *California Management Review*, Vol. 37, No. 3, pp. 146-163.

Lubatkin, M. [1983], Mergers and the Performance of the Acquiring Firm, *Academy of Management Review*, Vol. 8, No. 2, pp. 218-225.

Lubatkin, M. [1987], Merger Strategies and Stockholder Value, *Strategic Management Journal*, Vol. 8, pp. 39-53.

Lubatkin, M., D.Schweiger & Y.Weber [1999], Top Management Turnover in Related M&A's, *Journal of Management*, Vol. 25, No. 1, pp. 55-73.

Manne, H.G. [1965], Mergers and the Market for Corporate Control, *The Journal of Political Economy*, Vol. 73, No. 2, pp. 110-120.

Markides, C.C. & P.J.Williamson [1994], Related Diversification, Core Competences and Corporate Performance, *Strategic Management Journal*, Vol. 15, Summer Special Issue, pp. 149-165.

Marks, M.L. [1982], Merging Human Resources, *Mergers and Acquisitions*, Vol. 17, No. 2, pp. 38-44.

Marks, M.L. & P.H.Mirvis [1985], Merger Syndrome, *Mergers and Acquisitions*, Vol. 20, No. 2, pp. 50-55.

Marks, M.L. & P.H.Mirvis [1998], *Joining Forces*, Jossey-Bass Publishers.

松行康夫・松行彬子 [2002]『組織間学習論』白桃書房

McCann, J.E. & R.Gilkey [1988], *Joining Forces*, Prentice-Hall. (浅野徹・石本聡訳『M&A 成功法』商事法務研究会, 1992年)

McKiernan, P. & Y.Merali [1997], Integrating Information System after a Merger. (B.Lloyd ed, *Creating Value through Acquisitions, Demergers, Buyouts and Alliances*, Pergamon, pp. 59-76.)

Mirvis, P.H. [1985], Negotiations after the Sale, *Journal of Occupational Behaviour*, Vol. 6, No.1, pp. 65-84.

Mirvis, P.H. & M.L.Marks [1992], *Managing The Merger*, Prentice Hall.

溝口周二 [1993]「情報システム組織と情報資源の管理戦略」『横浜経営研究』第13巻第4号, pp. 45-58.

溝口周二 [1999]「情報システムのソーシング戦略」『横浜経営研究』第20巻第4号, pp. 11-26.

森本三男 [1998]『現代経営組織論』学文社

Mueller, D.C. [1969], A Theory of Conglomerate Mergers, *Quarterly Journal of Economics*, Vol. 83, pp. 643-649.

村松司叙 [1987]『合併・買収と企業評価』同文舘

村松司叙 [1989]『企業合併・買収』東洋経済新報社

村松司叙・宮本順二朗 [1999]『企業リストラクチャリングとM&A』同文舘

Myers, P.S. ed [1996], *Knowledge Management and Organizational Design*, Butterworth-Heinemann.

Nahavandi, A. & A.R.Malekzadeh. [1988], Acculturation in Mergers and Acquisitions, *Academy of Management Review*, Vol. 13, No. 1, pp. 79-90.

Nahavandi, A. & A.R.Malekzadeh [1993], *Organizational Culture in the Management of Mergers*, Quorum Books.

中村公一 [1999]「M&A研究の新展開-プロセス・パースペクティブの構想」『横浜国際開発研究』第4巻 第3号, pp. 64-78.

中村公一 [2001a]「M&Aコンピタンスの組織的形成-マルチプルM&Aによる競争優位の獲得」(日本経営教育学会編『経営教育研究 第4巻-経営の新課題と人材育成』学文社, pp. 91-108.)

中村公一 [2001b]「M&Aの価値創造マネジメント-適合性研究からプロセス研究へ」『駒大経営研究』第33巻第1・2号, pp. 1-60.

中村公一 [2002a]「マルチプルM&Aによる成長戦略-戦略とマネジメントの課題」『駒大経営研究』第33巻第3・4号, pp. 31-55.

中村公一 [2002b]「M&Aコンピタンスとコア・コンピタンス-マルチプルM&Aにおける競争優位の源泉」『駒澤大学経営学部研究紀要』第32号, pp. 35-63.

中村公一 [2003]「情報システム統合と競争優位-M&Aにおける組織統合の課題」『駒大経営研究』第34巻第3・4号, pp. 41-58.

延岡健太郎 [1996]『マルチプロジェクト戦略』有斐閣

Noble, A.F.D., L.T.Gustafson & M.Hergert [1988], Planning for Post-merger Integration : Eight Lessons for Merger Success, *Long Range Planning*, Vol. 21, No. 4, pp. 82-85.

Nohria, N. & S.Ghoshal [1997], *The Differentiated Network*, Jossey-Bass.

野中郁次郎 [1991]「戦略提携序説」『ビジネス・レビュー』第38巻第4号, pp. 1-14.

野中郁次郎・加護野忠男・小松陽一・奥村昭博・坂下昭宣 [1978]『組織現象の理論と測定』千倉書房

Nonaka, I. & H.Takeuchi [1995], *The Knowledge-Creating Company*, Oxford University Press. (梅本勝博訳『知識創造企業』東洋経済新報社, 1996年)

野中郁次郎・紺野登 [1999]『知識経営のすすめ』筑摩書房

沼上幹 [1995]「個別事例研究の妥当性について」『ビジネス・レビュー』第42巻第3号, pp. 55-70.
沼上幹 [2000a]『行為の経営学』白桃書房
沼上幹 [2000b]「われらが内なる実証主義バイアス」『組織科学』第33巻第4号, pp. 32-44.
岡田依里 [2002]『企業評価と知的資産』税務経理協会
奥村昭博 [1987]「経営戦略プロセス論」『慶應経営論集』第7巻第1・2号, pp. 50-65.
Oliver, C. [1997], Sustainable Competitive Advantage, *Strategic Management Journal*, Vol. 18, No. 9, pp. 697-713.
Olve, N.G., J.Roy & M.Wetter [1999], *Performance Drivers*, Wiley.（吉川武男訳『戦略的バランス・スコアカード』生産性出版, 2000年）
大滝精一・金井一頼・山田英夫・岩田智 [1997]『経営戦略』有斐閣
Osborn, R.N. & J.Hagedoorn [1997], The Institutionalization and Evolutionary Dynamics of Interorganizational Alliances and Networks, *Academy Management Journal*, Vol. 40, No. 2, pp. 261-278.
Pablo, A.L. [1994], Determinants of Acquisition Integration Level : A Decision-Making Perspective, *Academy of Management Journal*, Vol. 37, No. 4, pp. 803-836.
Paine, F.T. & D.J.Power [1984], Merger Strategy : An Examination of Drucker's Five Rules for Successful Acquisitions, *Strategic Management Journal*, Vol. 5, pp. 99-110.
Paulson, E. [2001], *Inside CISCO*, John Wiley & Sons.
Penrose, E.T. [1959], *The Theory of the Growth of the Firm*, Basil Blackwell.（末松玄六訳『会社成長の理論』ダイヤモンド社, 1980年）
Perlmutter, H.V. & D.A.Heenan [1986], Cooperative to Compete Globally, *Harvard Business Review*, Mar-Apr, pp. 136-142.（「国際競争への新たな選択」『ダイヤモンド・ハーバード・ビジネス』1986年6-7月, pp. 30-36.）
Peteraf, M.A. [1993], The Cornerstones of Competitive Advantage : A Resource-Based View, *Strategic Management Journal*, Vol. 14, pp. 179-191.
Peters, T.J. & R.H.Waterman [1982], *In Search of Excellence*, Harper & Row.（大前研一訳『エクセレント・カンパニー』講談社, 1983年）
Pfeffer, J. [1972], Merger as Response to Organizational Interdependence, *Administrative Science Quarterly*, Vol. 17, No. 3, pp. 382-394.
Pfeffer, J. [1987], A Resource Dependence Perspective on Intercorporate Relations. (in M.S.Mizruchi & M.Schwartz eds, *Intercorporate Relations*, Cambridge University Press, pp. 25-55.)
Pfeffer, J. & G.R.Salancik [1978], *The External Control of Organizations*, Harper & Row.

Porter, M.E. [1980], *Competitive Strategy*, Free Press.（土岐坤・中辻萬治・服部照夫訳『競争の戦略』ダイヤモンド社，1982年）

Porter, M.E. [1985], *Competitive Advantage*, Free Press.（土岐坤・中辻萬治・小野寺武夫訳『競争優位の戦略』ダイヤモンド社，1985年）

Porter, M.E. [1986], Changing Patterns of International Competition, *California Management Review*, Vol. 28, Winter, pp. 9-40.

Porter, M.E. [1987], From Competitive Advantage to Corporate Strategy, *Harvard Business Review*, May-June, pp. 43-59.（「競争優位戦略から総合戦略へ」『ダイヤモンド・ハーバード・ビジネス』1987年8‐9月，pp. 4-18.）

Powell, T.C. [1992], Organizational Alignment as Competitive Advantage, *Strategic Management Journal*, Vol. 13, pp. 119-134.

Powell, W.W. [1987], Hybrid Organizational Arrangements, *California Management Review*, Fall, pp. 67-89.

Prahalad, C.K. & G.Hamel [1990], The Core Competence of the Corporation, *Harvard Business Review*, May-June, pp. 71-91.（「コア競争力の発見と開発」『ダイヤモンド・ハーバード・ビジネス』1990年8‐9月，pp. 4-18.）

Pritchett, P., D.Robinson & R.Clarkson [1997], *After the Merger, revised edition*, McGraw-Hill.

Ramanujam, V & P.Varadarajan [1989], Research on Corporate Diversification, *Strategic Management Journal*, Vol. 10, pp. 523-551.

Rappaport, A. [1986], *Creating Shareholder Value*, Free Press.（岡野光喜監訳『株式公開と経営戦略』東洋経済新報社，1989年）

Reger, R.K. & A.S.Huff [1993], Strategic Groups, *Strategic Management Journal*, Vol. 14, pp. 103-124.

Roberts, E.B. & C.A.Berry [1985], Entering New Businesses, *Sloan Management Review*, spring, pp. 3-15.

Roll, R. [1986], The Hubris Hypothesis of Corporate Takeovers, *Journal of Business*, Vol. 59, No. 2, pp. 197-216.

Root, F.R. [1982], *Foreign Entry Strategies*, AMACOM.（中村元一・桑名義晴訳『海外市場戦略』HBJ出版局，1984年）

Rumelt, R.P. [1974], *Strategy, Structure, and Economic Performance*, Harvard University Press.（鳥羽欽一郎・山田正喜子・川辺信雄・熊沢孝訳『多角化戦略と経済成果』東洋経済新報社，1977年）

榊原清則・大滝精一・沼上幹 [1989]『事業創造のダイナミクス』白桃書房

Salter, M.S. & W.A.Weinhold [1978], Diversification via Acquisition, *Harvard Business Re-*

*view,* July-Aug, pp. 166-176.

Salter, M.S. & W.A.Weinhold [1979], *Diversification through Acquisition*, Free Press.

Schein, E.H. [1985], *Organizational Culture and Leadership*, Jossey-Bass. (清水紀彦・浜田幸雄訳『組織文化とリーダーシップ』ダイヤモンド社, 1989年)

Schweiger, D.M. [2002], *M&A Integration*, McGraw-Hill.

Schweiger, D.M., E.N.Csiszar & N.K.Napier [1994], A Strategic Approach to Implementing Mergers and Acquisitions. (in G.von Krogh, A.Sinatra & H.Singh eds, *The Management of Corporate Acquisitions*, Macmillan, pp. 23-49.)

Schweiger, D.M. & A.S.Denisi [1991], Communication with Employees Following a Merger, *Academy of Management Journal*, Vol. 34, No. 1, pp. 110-135.

Schweiger, D.M., J.M.Ivancevich & F.R.Power [1987], Executive Actions for Managing Human Resources Before and After Acquisition, *Academy of Management Executive*, Vol. 1, No. 2, pp. 127-137.

Schweiger, D.M. & J.P.Walsh [1990], Mergers and Acquisitions : An Interdisciplinary View, *Research in Personnel and Human Resources Management*, Vol. 8, pp. 41-107.

Schweiger, D.M. & Y.Weber [1989], Strategies for Managing Human Resources during Mergers and Acquisitions, *Human Resource Planning*, Vo.12, No. 2, pp. 69-86.

Schwenk, C.R. [1988], *The Essence of Strategic Decision Making*, D.C.Heath & Company. (山倉健嗣訳『戦略決定の本質』文眞堂, 1998年)

Seth, A. [1990], Value Creation in Acquisitions, *Strategic Management Journal*, Vol. 11, pp. 99-115.

Shanley, M.T. [1994], Determinants and Consequences of Post-Acquisition Change. (in G.von Krogh, A.Sinatra & H.Singh eds, *The Management of Corporate Acquisitions*, Macmillan, pp. 391-413.)

Shanley, M.T. & M.E.Correa [1992], Agreement between Top Management Teams and Expectations for Post Acquisition Performance, *Strategic Management Journal*, Vol. 13, pp. 245-266.

Shelton, L.M. [1988], Strategic Business Fits and Corporate Acquisition, *Strategic Management Journal*, Vol. 9, pp. 279-287.

柴田悟一・中橋國藏 [1997]『経営管理の理論と実際』東京経済情報出版

清水剛 [2001]『合併行動と企業の寿命』有斐閣

Shrivastava, P. [1986], Postmerger Integration, *The Journal of Business Strategy*, Vol. 7, No. 1, pp. 65-76.

周佐喜和 [1988]「グローバル戦略の展開と経営資源の相互利用」『組織科学』第22巻第1号, pp. 72-82.

周佐喜和 [1994]「企業の多国籍化」(稲葉元吉編『現代経営学の構築』同文舘, pp. 39-53.)
Simon, H.A. [1976], *Administrative Behavior, 3rd edition*, Free Press. (松田武彦・高柳暁・二村敏子訳『経営行動』ダイヤモンド社, 1989年)
Sinatra, A. & P.Dubini [1994], Predicting Success after the Acquisition. (in G.von Krogh, A.Sinatra & H.Singh eds, *The Management of Corporate Acquisitions*, Macmillan, pp. 480-512.)
Singh, H. & C.A.Montgomery [1987], Corporate Acquisition Strategies and Economic Performance, *Strategic Management Journal*, Vol. 8, pp. 377-386.
Sirower, M.L. [1997], *The Synergy Trap*, Free Press. (宮腰秀一訳『シナジー・トラップ』トッパン, 1998年)
Spekman, R.E., T.M.FobesIII, L.A.Isabella & T.C.MacAvoy [1998], Alliance Management : A View from the Past and a Look to the Future, *Journal of Management Studies*, Vol. 35, No. 6.
Spekman, R.E., L.A.Isabella, T.C.MacAvoy & T.Fobes III [1996], Creating Strategic Alliances which Endure, *Long Range Planning*, Vol. 29, No. 3, pp. 346-357.
Spekman, R.E., L.A.Isabella & T.C.MacAvoy [2000], *Alliance Competence*, John Wiley & Sons.
Stalk, G., P.Evans & Shulman [1992], Competing on Capabilities, *Harvard Business Review*, Mar-Apr, pp. 57-69.
Stigler, G.J. [1968], A Theory of Oligopoly. (in G.J.Stigler ed, *The Organization of Industry*, Irwin, pp. 39-63.)
Sudarsanam, P.S. [1995], *The Essence of Mergers and Acquisitions*, Prentice-Hall.
鈴木貞彦 [1993]『日本企業による欧米企業の買収と経営』慶應通信
鈴木秀一 [1997]『経営文明と組織理論 (増訂版)』学文社
髙井透 [2001]「企業間学習による価値協創」(寺本義也・中西晶編『知識社会構築と理念革新 価値創造』日科技連出版社, pp. 117-193.)
髙井透 [2001]「組織間学習と合弁企業の組織能力」『組織科学』第35巻第1号, pp. 44-62.)
竹田志郎 [1998]『多国籍企業と戦略提携』文眞堂
田尾雅夫・若林直樹 [2001]『組織調査ガイドブック』有斐閣
Teece, D.J. [1980], Economics of Scope and the Scope of the Enterprise, *Journal of Economic Behavior and Organization*, Vol. 1, No. 3, pp. 223-247.
Teece, D.J., G.Pisano & A.Shuen [1997], Dynamic Capabilities and Strategic Management, *Strategic Mangement Journal*, Vol. 18, No. 7, pp. 509-533.

寺本義也 [1989]「ネットワーク組織論の新たな課題」『組織科学』第23巻第1号, pp. 4-14.

Thompson, J.D. [1967], *Organizations in Action*, McGraw-Hill.（高宮晋監訳『オーガニゼーション・イン・アクション』同文舘, 1987年）

Tichy, N.M. & M.A.Devanna [1986], *The Transformational Leader*, John Wiley & Sons.（小林薫訳『現状変革型リーダー』ダイヤモンド社, 1988年）

Trautwein, F. [1990], Merger Motives and Merger Prescriptions, *Strategic Management Journal*, Vol. 11, pp. 283-295.

Vermeulen, F. & H.Barkema [2001], Learning through Acquisitions, *Academy of Management Journal*, Vol. 44, No. 3, pp. 457-476.

Vicari, S. [1994], Acquisitions as Experimentation. (in G.von Krogh, A.Sinatra & H.Singh eds, *The Management of Corporate Acquisitions*, Macmillan, pp. 337-358.)

Walsh, J.P. [1988], Top Management Turnover following Mergers and Acquisitions, *Strategic Management Journal*, Vol. 9, pp. 173-183.

Walter, G.A. [1985], Culture Collisions in Mergers and Acquisitions. (in P.J.Frost, L.F.Moore, M.R.Louis, G.C. Lundberg, & J.Martin eds., *Organizational Culture*, Sage Publications, pp. 301-314.)

Walter, G.A. & J.B.Barney [1990], Management Objectives in Mergers and Acquisitions, *Strategic Management Journal*, Vol. 11, pp. 79-86.

Weber, Y. [1996], Corporate Cultural Fit and Performance in Mergers and Acquisitions, *Human Relations*, Vol. 49, No. 9.pp. 1181-1202.

Weber, Y., O.Shenkar & A.Raveh [1996], National and Corporate Cultural Fit in Mergers/Acquisitions, *Management Science*, Vol. 42, No. No. 8, pp. 1215-1227.

Weigelt, K. & C.Camerer [1988], Reputation and Corporate Strategy, *Strategic Management Journal*, Vol. 9, pp. 443-454.

Wernerfelt, B. [1984], The Resource-Based View of The Firm, *Strategic Management Jouranal*, Vol. 5, pp. 171-180.

Wernerfelt, B. [1995], The Resource-Based View of The Firm : Ten Years After, *Strategic Management Jouranal*, Vol. 16, pp. 171-174.

Williamson, O.E. [1975], *Markets and Hierarchies*, Free Press.（浅沼萬里・岩崎晃訳『市場と企業組織』日本評論社, 1980年）

山田幸三 [2000]『新事業開発の戦略と組織』白桃書房

山倉健嗣 [1981]「組織間関係論の生成と展開」『組織科学』第15巻第4号, pp. 24-34.

山倉健嗣 [1988]「革新的組織の視点」『横浜経営研究』第9巻第2号, pp. 1-13.

山倉健嗣 [1989]「組織論の現在」『横浜経営研究』第10巻第2号, pp. 1-10.

山倉健嗣 [1993]『組織間関係』有斐閣
山倉健嗣 [1995]「組織間関係と組織間関係論」『横浜経営研究』第16巻第2号，pp. 56-68.
山倉健嗣 [1999]「経営戦略と組織間関係論」『横浜国際開発研究』第4巻第3号，pp. 1-9.
山倉健嗣 [2001]「アライアンス論・アウトソーシング論の現在」『組織科学』第35巻第1号，pp. 81-95.
山本哲三 [1997]『M&Aの経済理論』中央経済社
安室憲一 [1992]『グローバル経営論』千倉書房
Yin, R.K. [1994], *Case Study Research, second edition*, Sage Publications.（近藤公彦訳『ケース・スタディの方法』千倉書房，1996年）
横山禎徳・本田桂子 [1998]『マッキンゼー 合従連衡戦略』東洋経済新報社
吉原英樹 [1986]『戦略的企業革新』東洋経済新報社
吉原英樹・佐久間昭光・伊丹敬之・加護野忠男 [1981]『日本企業の多角化戦略』日本経済新聞社
Yoshino, M.Y. & U.S.Rangan [1995], *Strategic Alliances*, Harvard Business School Press.
Zeira, Y. & W.Newburry [1999], Equity International Joint Ventures（EIJVs）and Inernational Acquisitions（Ias）, *Management International Review*, Vol. 39, April, pp. 323-352.
Zeira, Y. & O.Shenkar [1990], Interactive and Specific Parent Characteristics : Implications for Management and Human Resources in International Joint Ventures, *Management International Review*, Vol. 30, pp. 7-22.
銭佑錫・清水剛 [2001]「M&A後のマネジメントと企業の生存」（薄井彰編『M&A21世紀 バリュー経営のM&A投資』中央経済社，pp. 173-199.）

# 索　引

**＜あ行＞**

アーサー・アンダーセン　231
アライアンス　18-20, 73, 241-242
アライアンス・ウェッブ　74
アライアンス・コンピタンス　91-92
アライアンス・ネットワーク　73-74
アライアンス・ポートフォリオ　73-74
アライアンス・マネジャー　113
RBV（Resource-based View）　25, 81
暗黙知　92, 116, 251

意思決定の階層　48-49
意思決定の質　47-48
意思決定負担の軽減　106
意思決定プロセス　46, 50
異種融合型アプローチ　70
威信　101-102, 260, 264
ETS（Enterprise Technology Solutions）
　　141, 212, 236
イベント・スタディ　126
イメージ　100, 264
インターナショナル企業　71

A&Dマネジメント　65, 169, 174, 221
エージェンシー・コスト　12
M&A　10-11
M&Aコンピタンス　78, 84, 207, 244-246,
　　256, 269, 273-274
M&A推進体制　109
M&A担当者　113
M&A担当チーム　178, 222
M&Aに対する認識　97
M&Aの価値創造　21-24, 271
M&Aの準備期間　20
M&Aプロセス　41-43, 270-271
M&Aプロセスのシステム化　116, 120,
　　182, 246, 252, 279
M&Aマップ　63
end to end networking solutions　169, 172,
　　221, 236

**＜か行＞**

会計ベースの尺度　126
会社支配権　12
外部アドバイザー　48
外部成長戦略　16
外部専門家　111, 148
外部専門機関　122, 231-232, 257
外部的影響要因　100, 264-267, 259-260,
　　277
学習（に関する）能力　89
株主利益の最大化　13-14
価値獲得　21
価値活動の共同化　51-52

303

価値創造　21-22
価値創造の評価尺度　22
活動の調整　72
活動の配置　72
合従連衡戦略　11
合併　11
カルチャー・ワークアウト・セッション　202-203
カルチュラル・シナジー管理　72
環境の不確実性　104
関係会社管理　68
関係性の視点　25
管理的相互作用　99
管理的問題　94

企業の消化不良　95
技術獲得型 M&A　65, 236
機能的スキルの移転　52
規模の経済　13
キャピタル・ユニバーシティ　203
吸収　57
吸収能力　89
共生　57
協調戦略　18
競争優位　24-26, 274-277
業務的資源共有　52
業務評価指標　279
金融コングロマリット　189
金融的 M&A　12, 22
金融ニッチ　190

グループ・シナジー　68
グループ・マネジメント　68
グローバル企業　71
グローバル戦略的パートナーシップ　73
グローバル No.1 計画　157, 218, 238
グローバル・マルチブランド戦略　162, 219

経営企画部（室）　245
経営戦略　62
経営トップ　49
経営理念　134, 149, 151
経験からの学習　96, 244
形式化段階　255
形式知化　116, 122, 246
計測器　134
ケースサーベイ法　281
ケーススタディ　128

コア・コンピタンス　82-83, 223, 230, 254-255, 275
交渉段階　41
交渉（に関する）能力　87
行動的要因　56
合弁　18-20, 241-242
コンソリデーター　239
コンピタンス　83, 85, 274

＜さ行＞
差別化されたネットワーク　72
サロン事業　155, 159
産業構造の視点　25

GE キャピタル　133, 187, 225
CAP（Change Acceleration Process）　199
事業開発チーム　194, 226
事業開発部　166, 249
事業間競争　56
事業間の相互関係　51
事業戦略　64
事業部制組織　55-56, 106
事業ポートフォリオ　190
資源依存パースペクティブ　18
資源ベースの視点　25, 81
資源ベースの戦略論（RBV）　24-25
市場開発戦略　64
市場拡大型 M&A　66, 238

市場支配力　13
市場浸透戦略　64
市場ベースの尺度　126
シスコシステムズ　133, 168, 221
資生堂　132, 151, 216
シックスシグマ　202, 228
シナジー　12, 27, 30
社会的ネットワーク　224, 265
社内ベンチャー　15-16
集約提携型アプローチ　70
準備段階　41
象徴的相互作用　99
情報システムの統合　35-36
情報処理パラダイム　104
自律化戦略　18
自律連携モデル　69
事例研究　128, 207
新設　17
人材マネジメント　181
人的・行動的要因　56
新陳代謝　69

水平戦略　59
水平組織　59
スキル　108
スキルの移転　51
スタートアップ　174

製品開発戦略　64
セグメント・マーケティング　190, 255
選択パースペクティブ　43
全社戦略　64
全般管理スキルの移転　52
専門化段階　255
専門担当者　103, 209, 231, 245
戦略的意思決定　106
戦略的M&A　12
戦略的グループ・マネジメント　68
戦略的ケイパビリティ　52, 58, 76, 83

戦略的柔軟性　69
戦略的相互依存性　57
戦略的タスク　33
戦略的適合性　30-31
戦略フィールド理論　59
戦略分析モデル　69
戦略目標　62-63, 233

操業時のシナジー　27
創業時のシナジー　27
相互関係　51
相互作用　99
組織間学習　53
組織間協働　58
組織間調整メカニズム　18
組織構造的要因　55
組織知　90
組織的経験　93-96
組織的自律性　57
組織的推進体制　251, 255, 274, 277
組織的タスク　33
組織的適合性　40
組織的能力　82, 255
組織的フレームワーク　78
組織的問題　55, 58
組織統合　32-34
組織統合（に関する）能力　90
組織統合のソフト的側面　36-39
組織統合のハード的側面　34-36
組織統合のレベル　32-34
組織文化　38-39
ゾートス　155
ソリューション　135, 236-238

&lt;た行&gt;
ダイアド関係　61
対境担当者　113
体系化段階　255-256
タイプR　53-54

タイプL　54
大量サンプル調査　127
多角化戦略　27-28, 64

チェンジ・アクセラレーション　199, 227
知識　108, 117
知的資本　278
調整（に関する）能力　88, 257

適合　44
適合性研究　26, 40, 271

統計的実証研究　127
統合　11
統合創発モデル　69
統合段階　41-42
統合担当者　105, 113, 195-197
統合担当チーム　179, 195, 223, 250
統合ネットワーク　71
統合部門　105
統合プロセス　51-53
統合メカニズム　104
トラウマ　37
トランスナショナル企業　71

＜な行＞
内部成長戦略　15, 63
内部的影響要因　97, 258-259, 261-263, 277
ナレッジマネジメント　117, 252
No.1, No.2　239

＜は行＞
ハイブリッド協定　18
ハイブリッド戦略　18, 212
買収　11
買収経験　94
買収による成長（戦略）　64, 234
買収前の分析と計画　28-29
パスファインダーモデル　118-122, 246

パフォーマンス・スタディ　126
バランス・スコアカード　279
範囲の経済　13

比較分析　130
ビジネスコンセプト　141
100日統合計画（プラン）　122, 182, 201, 252
評判　100-101, 260, 264-266
広がりと深堀り戦略　191, 226

VA21（VISION-21&ACTION-21）　143
風土　97, 259, 262-263
不均衡情報　47
フリーキャッシュフロー　12
プレM&A　46
プレステージ・マーケティング　153, 265
プロセス対応型ベンチマーキング　119
プロセス・パースペクティブ　44-46, 270-271
雰囲気　98-99, 259, 262-263
分化　104
分析型戦略論　29
分析評価能力　87

ベンチマーキング　118

北辰電機　137
保持　57
ポストM&A　51
本質的相互作用　99

＜ま行＞
マインドセット　115
マスタープラン　172
マルチナショナル企業　70
マルチブランド戦略　66
マルチプル・アライアンス　73, 76
マルチプルM&A　62, 234-235, 243, 272-

　　　　273
マルチプロジェクト管理　77

見えざる資産　83
未整備段階　120, 255

メタボリズム　69

目的　62
目標　62
問題対応型ベンチマーキング　118

〈や行〉
横河総合生産支援システム構想　140, 212
横河電機　132, 134, 212
横河ヒューレット・パッカード（YHP）
　　135
横河メディカルシステム（YMS）　136

〈ら行〉
リスクの分散　14
理論的フレームワーク　129

ルーター　168

■著者紹介

中村 公一〔なかむら こういち〕
- 1973年　東京都に生まれる
- 1996年　立教大学経済学部卒業
- 1998年　立教大学大学院経済学研究科博士前期課程修了
- 2001年　横浜国立大学大学院国際開発研究科博士後期課程修了
　　　　　博士（学術）（横浜国立大学）学位授与
- 現　在　駒澤大学経営学部准教授（経営戦略論担当）

---

■ M&Aマネジメントと競争優位　　　　　〈検印省略〉

■ 発行日──2003年9月26日　初版第1刷発行
　　　　　　2009年1月26日　初版第5刷発行

■ 著　者── 中村公一

■ 発行者── 大矢栄一郎

■ 発行所── 株式会社　白桃書房
　〒101-0021　東京都千代田区外神田5-1-15
　☎03-3836-4781　📠03-3836-9370　振替00100-4-20192
　http://www.hakutou.co.jp/

■ 印刷・製本── 松澤印刷／渡辺製本

© Koichi Nakamura 2003 Printed in Japan　ISBN978-4-561-26392-8 C3034

JCLS 〈㈳日本著作出版権管理システム委託出版物〉
本書の無断複写は著作権法上での例外を除き禁じられています。複写される場合は，そのつど事前に，㈳日本著作出版権管理システム（電話 03-3817-5670, FAX 03-3815-8199, e-mail: info@jcls.co.jp）の許諾を得てください。

落丁本・乱丁本はおとりかえいたします。

## 好評書

稲葉元吉著
**コーポレート・ダイナミックス** 本体3500円

伊丹敬之著
**経営と国境** 本体1429円

加護野忠男著
**経営組織の環境適応** 本体5000円

榊原清則・大滝精一・沼上　幹著
**事業創造のダイナミクス** 本体3500円

山田幸三著
**新事業開発の戦略と組織** 本体2800円
　―プロトタイプの構築とドメインの変革―

大薗恵美・児玉　充・谷地弘安・野中郁次郎著
**イノベーションの実践理論** 本体3500円
　―Embedded Innovation―

寺本義也著
**コンテクスト転換のマネジメント** 本体4400円
　―組織ネットワークによる「止揚的融合」と「共進化」に関する研究―

沼上　幹著
**行為の経営学** 本体3300円
　―経営学における意図せざる結果の探究―

谷口真美著
**ダイバシティ・マネジメント** 本体4700円
　―多様性をいかす組織―

井上達彦編著
**収益エンジンの論理** 本体2800円
　―技術を収益化する仕組みづくり―

――――白桃書房――――

本広告の価格は本体価格です。別途消費税が加算されます。